经管
前沿文献选读

田 华◎主 编
万 欣 田文迪◎副主编

中国财经出版传媒集团

经济科学出版社
Economic Science Press
·北 京·

图书在版编目（CIP）数据

经管前沿文献选读／田华主编；万欣，田文迪副主
编 . -- 北京 ： 经济科学出版社，2024.9. -- ISBN 978 -
7 - 5218 - 6379 - 6

Ⅰ. F2 - 53

中国国家版本馆 CIP 数据核字第 20241EB978 号

责任编辑：撖晓宇
责任校对：刘　娅
责任印制：范　艳

经管前沿文献选读

田　华　主　编

万　欣　田文迪　副主编

经济科学出版社出版、发行　新华书店经销

社址：北京市海淀区阜成路甲 28 号　邮编：100142

总编部电话：010 - 88191217　发行部电话：010 - 88191522

网址：www. esp. com. cn

电子邮箱：esp@ esp. com. cn

天猫网店：经济科学出版社旗舰店

网址：http：//jjkxcbs. tmall. com

北京季蜂印刷有限公司印装

710 ×1000　16 开　25. 25 印张　400000 字

2024 年 9 月第 1 版　2024 年 9 月第 1 次印刷

ISBN 978 - 7 - 5218 - 6379 - 6　定价：98. 00 元

（图书出现印装问题，本社负责调换。电话：010 - 88191545）

（版权所有　侵权必究　打击盗版　举报热线：010 - 88191661

QQ：2242791300　营销中心电话：010 - 88191537

电子邮箱：dbts@ esp. com. cn）

前　　言

在经济全球化的今天，经济与管理学的交叉与融合日益加深，新的理论、方法和实践不断涌现。为了更好地把握这一领域的最新动态，我们精心策划并编写了这本《经管前沿文献选读》。本书旨在为读者提供一个全面了解经济管理前沿研究成果的平台，以期激发创新思维，推动学科发展。

经济学与管理学研究的发展离不开对前人研究成果的继承与创新。本书所选文献均来自近年来国外顶级学术期刊，涵盖了宏观经济、微观经济、公共经济学、劳动经济学等多个领域。这些文献不仅代表了当前经济管理学科的最新研究成果，也为我们提供了深入探究经济管理现象的新视角和新方法。

在编写过程中，我们力求保持文献的原汁原味，同时注重内容的系统性和连贯性。每一篇文献都附有原文信息，方便读者快速查阅文献原文。此外，我们对每篇文献进行了深入解读和点评，帮助读者更好地理解文献的学术价值和实践意义。

阅读本书，读者将能够领略到经济管理学科的广阔天地和无限魅力。你将看到经济学家们如何运用数学模型和计量方法揭示经济现象的内在规律；你将看到金融学家们如何洞察金融市场的风云变幻，提出有效的投资策略；你将看到财税专家们如何运用财政与税收政策提升国家的治理能力。

当然，本书只是经济管理前沿文献的一个缩影，更多的研究成果和实践经验等待着我们去发掘和学习。我们希望通过本书的出版，激发更多读者对经济管理学科的兴趣和热情，推动学科研究的深入发展。

在此，我们要感谢所有为本书付出辛勤劳动的567Seminar的成员和编辑人员。他们的专业精神和严谨态度确保了本书的高质量和高水平。同时，我们也要感谢广大读者对本书的关注和支持。我们相信，在大家的共同努力下，经济管理学科一定能够迎来更加美好的未来。最后，我们要强调的是，阅读本书不仅是为了获取知识，更是为了培养一种批判性思维和创新能力。我们希望读者在阅读过程中能够保持独立思考，勇于质疑和挑战，不断探索新的研究领域和方法。只有这样，我们才能真正把握经济管理学科的精髓和实质，为未来的学科发展贡献自己的力量。

《经管前沿文献选读》一书是我们对经济管理学科前沿研究成果的一次梳理和展示。我们希望通过这本书，能够让读者更加深入地了解经济管理学科的最新动态和发展趋势，激发创新思维和实践能力，共同推动经济管理学科的繁荣和发展。

目　录

I　公共财政

II　全球公共经济学

Ⅲ 税收理论与政策

Ⅳ 发展经济学

V　劳动经济学

I 公共财政

权均力齐：财政分权、公共支出与女性劳动供给[*]

一、引　　言

在发展中国家，地方财政自主性对经济增长、社会发展的重要性正日益提升。但是，财政分权对地方公共服务的理论分析仍然莫衷一是：一方面，财政分权可以通过提高地方官员的问责激励，减少浪费和加强有效支出，也可以通过促进政府间竞争提高支出效率；另一方面，财政分权也可能使地方利益集团更容易影响地方官员，进而加剧腐败与不平等。此外，政府间竞争也可能通过降低公共服务支出的方式为吸引资本流入提供税收优惠。

尽管理论上存在诸多竞争性的假设，但是实证研究上却面临诸多挑战：首先，财政分权过程通常是逐渐发生的，在缺乏政策冲击下难以剥离其他趋势性因素的干扰；其次，财政改革力度往往较大以致会对所有地方政府产生影响，导致现有文献主要依赖于跨国比较进行分析，难以对混淆因素进行控制；最后，尽管已有研究试图探讨财政分权与政府支出的关系，但它们忽略了对劳动力市场的影响，这一问题的分析有赖于更为丰富的数据。

基于此，本文结合了城市资产负债表、劳动力市场调查等不同类型数据，

* 推荐人：中南财经政法大学财政税务学院，盛倩。

推送日期：2023 年 2 月 17 日。

原文信息：Bianchi N. , Giorcelli M. , Martino E. M. The effects of fiscal decentralization on publicly provided services and labor markets [J]. *National Bureau of Economic Research*，2021.

并利用 1993 年意大利实施的房产税改革构造双重差分模型，全面分析了财政分权对地方公共服务供给和劳动力市场表现的影响。研究发现，财政分权降低了地方公共支出但增加了公共服务供给，如托儿所。这一经济效应在政治竞争激烈的地区更为显著。从劳动力市场表现来看，由于托儿所服务可得性的增加，财政分权提高了年轻女性的劳动供给，从而降低就业方面的性别差距。相比于已有研究，本文可能存在以下几点边际贡献：（1）提供了财政分权新的识别策略，充分利用意大利房产税改革在时间和截面的双重差异来缓解其他不可观测因素的干扰；（2）深入分析了财政分权对地方公共服务供给和劳动力市场表现的影响及其作用机制；（3）补充儿童照料对女性就业影响的相关文献。

二、意大利房产税改革及数据

（一）房产税改革

为了提高地方政府的财政独立性，意大利在 1992～1993 年相继出台了两项政策。作为初步尝试，中央政府于 1992 年制定了临时性的房产税，只在当年进行征收，且地方政府不能选择税率。从 1993 年开始，地方房产税成为永久性税种，地方政府可以自主将税率设定在 0.4%～0.7% 之间。经过改革，1993 年来自地方税的收入大幅增加，政府转移支付减少，通过地方房产税获得的收入取代了政府层级间的转移支付。到 1994 年，地方税成为地方收入的主要来源。需要注意的是，房产税的税基是按照房地产的地籍价值（cadastral value）而不是市场价值计算。地籍价值来源于意大利的一个机构（类似于美国的国税局）中登记注册的房地产创造收入的能力。地籍价值与房产的大小、质量、类型以及位置有关，而且它仅在建筑物修建时或者有重大翻修后才会被估值。

（二）数据来源

本文利用了来自意大利 8 092 个城市的数据，主要有四个来源：（1）利用城市资产负债表构建了一个横跨 1990～2010 年的面板数据集，1998 年开始提供了地方公共服务的相关数据；（2）将 1951～2011 年的人口与工业普查数据进行匹配，得到的数据集包含房产税实施前 5 期的观测值（1951～1991 年，每十年一次）和实施后 2 期的观测值（2001 年和 2011 年）；（3）意大利社会保障研究所（INPS）提供的 1974～2011 年期间的行政数据，主要提供了私营企业所有员工的信息；（4）二战期间盟军轰炸信息，该数据包含了二战期间盟军对意大利每次空袭投放爆炸物的位置、日期、目标类型和数量等详细信息。

三、实证策略

（一）地籍价值与建筑物年龄的关系

为了比较在房产税引入在不同城市间的影响差异，本文从房产税计算公式（支付的房产税＝地籍价值×乘数因子×税率）出发，将地籍价值作为房产税收入差异的外生来源，发现地籍价值与建筑物年龄具有负相关关系。由于较旧的建筑物与较低的地籍价值相关，这些旧的建筑物使得城市在 1993 年后较少受到财政分权的影响。结果发现，二战前建筑物比例增加使得房产税实施后的人均地方税收入有所下降。

（二）盟军轰炸的影响

由于房产税是在全国同步推行，为识别财政分权对公共服务和劳动力市场的因果效应，作者将盟军轰炸作为衡量财政分权的差异来源。通过将 1991 年二战前建筑比例与 1943 年卡西比尔停战协定签署后盟军对意大利的轰炸强度进行回归，发现更多的轰炸大幅度降低了战前建筑的比例，拉低了房地产存量的平均年限，进而影响 1993 年后地方房产税收入。这表明改革后轰炸数量增加和建筑物老化与地方税收大幅增加有关。进一步发现，盟军轰炸次数增加与女性劳动力市场改善有关。

（三）　匹配估计的样本

为了缓解控制组差异大、盟军轰炸目标选择内生性以及处理变量存在测量误差等问题，本文利用 1991 年人口普查数据，采用 PSM 方法，将每个被轰炸的城市与未被轰炸的城市进行匹配，最终得到 314 个被轰炸城市和 314 个匹配城市。通过构造的匹配样本进行估计，结果具有高度稳健性。另外，本文通过只关注非目标地点，将 1943 年停战后轰炸的 314 个地点附近的所有 1 384 个城市与 314 个匹配城市附近的所有 1 058 个城市进行比较。证据表明，被轰炸地点附近的城市同样受到了盟军的轰炸，其二战前建筑有所减少，而且在房产税引入之后，这些城市的人均地方税收入有所增加。上述结论表明二战期间轰炸地点附近的城市无意中受到袭击，使其在 1993 年后经历了更高程度的财政分权。

（四）　基准回归模型

本文的基准回归模型设定如下：

$$y_{mt} = \alpha_m + \gamma_{rt} + \sum_t \delta_t Near\ bombed_m \times Year_t + \varepsilon_{mt}$$

y_{mt} 衡量的是城市 m 在第 t 年的公共服务提供水平，$Near\ bombed_m$ 为主要处理变量，当某城市位于 1943 年卡尔西比停战后盟军轰炸城市附近时，取值为 1，位于与轰炸地点匹配城市距离较远时，取值为 0。γ_{rt} 包括了许多与可观测特征相关的非线性趋势，标准误在城市层面聚类。

四、财政分权、公共支出与女性劳动供给

（一）　财政分权对公共支出的影响

在引入房产税后，与轰炸偏远城市相比，轰炸邻近城市的地方税收入出现增长，且政府转移支付收入相应减少。如表 1 所示，轰炸邻近城市，城市预算总体规模下降，但将更多资源用于地方公共服务。并且，公共支出类型发生变

化，优先考虑创收服务的支出，如扩大了对公立托儿所的投资。更高的公共服务供给转化为更高的利用率，在轰炸邻近城市中，托儿所的入学人数相应增加，比房产税实施前的平均数显著提高。

表1　　　　　　　财政权力下放对市政开支和服务的影响

	Rrgion-year fixed effects			Province-year fixed effects				
	Near bombed x Post	Obs.	R^2	Near bombed x Post	Obs.	R^2	Mean outcome	Std. Dev.
	(1)	(2)	(3)	(4)	(5)	(6)	(7)	(8)
Panel A: Dependent variables are available before and after LPT								
Rev. from local taxes	12. 321 *** (4. 481)	47 157	0. 892	14. 122 *** (4. 745)	47 028	0. 903	158. 54	108. 92
Rev. from gow. transfers	− 19. 357 *** (5. 655)	47 156	0. 843	− 16. 759 *** (5. 966)	47 027	0. 854	528. 31	218. 83
Revemes per capita	− 64. 355 ** (31. 944)	47 153	0. 608	− 26. 235 (35. 098)	47 024	0. 630	1 677. 24	1 197. 95
Spending per capita	− 60. 612 * (32. 496)	47 140	0. 607	− 24. 035 (35. 998)	47 012	0. 629	1 674. 14	1 203. 15
Deficit per capita	1. 994 (4. 601)	47 120	0. 106	4. 160 (6. 155)	46 992	0. 131	− 4. 24	148. 30
Pupils in nursery schools	2. 475 *** (0. 746)	7 277	0. 879	2. 774 *** (0. 775)	7 259	0. 900	10. 43	21. 23
Residents below 3	3. 415 (2. 416)	9 589	0. 972	3. 256 (3. 550)	9 565	0. 974	124. 64	243. 34
Share below 3	0. 063 ** (0. 026)	9 589	0. 735	0. 083 *** (0. 029)	9 565	0. 753	2. 84	1. 03
Panel B: Dependent variables are available only after LPT								
Has fiscal infraction	− 0. 006 (0. 012)	17 954	0. 192	− 0. 011 (0. 013)	17 888	0. 243	0. 51	0. 5
Spending for local services （%）	1. 195 *** (0. 337)	28 401	0. 266	0. 835 ** (0. 365)	28 319	0. 327	54. 8	16. 25

续表

	Rrgion-year fixed effects			Province-year fixed effects				
	Near bombed x Post	Obs.	R^2	Near bombed x Post	Obs.	R^2	Mean outcome	Std. Dev.
	(1)	(2)	(3)	(4)	(5)	(6)	(7)	(8)
Panel B：Dependent variables are available only after LPT								
Rev. for admin. tasks per employee	257. 568 ** (121. 449)	28 560	0. 063	292. 717 ** (136. 087)	28 478	0. 123	2 244. 73	3 756. 45
Has program for lo- cal develop.	0. 074 *** (0. 016)	28 430	0. 163	0. 050 *** (0. 018)	28 347	0. 233	0. 61	0. 49
Has nursery schools	0. 054 *** (0. 014)	28 430	0. 222	0. 042 *** (0. 016)	28 347	0. 296	0. 63	0. 48
Spending for nursery shools （%）	0. 178 *** (0. 065)	28 248	0. 283	0. 045 *** (0. 065)	28 165	0. 387	1. 01	2. 03
Public unrsery schools	0. 052 *** (0. 015)	17 326	0. 319	0. 005 (0. 016)	17 194	0. 504	0. 26	0. 61
Pupils in private nurs- ery schools	0. 015 (0. 403)	2 403	0. 771	0. 159 (0. 414)	2 397	0. 804	11. 88	21. 18

注：*、**、*** 分别表示在 10%、5%、1% 的水平上显著。全书余同。

（二） 财政分权对女性劳动供给的影响

房产税引入后，轰炸邻近城市的女性劳动力参与率显著增加，而轰炸邻近城市与轰炸偏远城市的男性劳动力参与却没有显示出系统性差异，就业方面可以得到相同的结论。进一步发现，在年轻父母比例位居前四分位的轰炸邻近城市中，女性劳动力参与人数增加最多；而在低比例城市，劳动力中女性人数比例在房产税引入后没有显著增加。此外，财政分权对当地企业数量并没有产生重大影响，说明房产税的引入没有显著改变劳动力的需求，女性劳动参与率的提高与女性就业人数的增加，可能源于当地公共服务的改善，如公立托儿所的增加。如果扩建公立托儿所是女性劳动力供应增加的主要驱动因素之一，不同年龄段女性受到改革的影响应该存在异质性。本文利用意大利社会保障数据证实了这一点，女性劳动力供应的增加在年轻女性中更显著。

（三）政治竞争与问责激励

财政分权影响公共服务有两种潜在的机制：（1）政治竞争。通过分析发现，政治竞争更为激烈的轰炸地区，其财政违规的可能性更低，福利项目支出的比例更大，托儿所的学生数量也更多。这些差异进一步转化为对女性劳动力参与和就业更大的影响。（2）问责激励。本文利用欧洲社会调查数据发现，财政分权程度越高，地方官员的政治参与水平越高。

五、研究结论

本文利用意大利 1993 年实施的房产税改革，研究了财政分权对公共服务和劳动力市场的影响。研究发现，财政分权减少了地方支出但增加了托儿所等公共服务的数量。由于托儿所服务的可获得性增加，这促进了年轻女性的劳动供给，缩小了就业中的性别差距。

推 荐 理 由

财政分权是财税体制改革的重要方面，同时也是经济发展研究领域备受关注的话题。本文利用巧妙的策略识别财政分权程度的差异，即二战期间盟军对意大利的轰炸所引起的建筑物平均年龄差异，并证明了改善公共服务和缩小就业性别差距的机制，这为后续思考财政分权更广泛的经济影响拓展了思路。

化繁为简：医疗保险市场中的
消费者决策优化[*]

一、引　言

　　美国医疗保险市场最典型的特征是充斥着琳琅满目的保险计划，而计划过于复杂会产生诸多问题。其中，最重要的问题之一是消费者能否从众多保险计划中挑出最优选项。一些研究表明消费者在该决策过程中会产生"选择不一致"（choice inconsistencies）现象，即无法选到最大化自身长期效用的计划。尽管有文献试图从信息干预、自我学习等方面寻找解决"选择不一致"问题的方法，但仍未找到行之有效的手段。一个比较激进的方案就是限制可选保险计划的数量，更少的保险计划虽然可以有效避免"选择不一致"的问题，但同时就无法满足消费者的异质性偏好。遗憾的是，尚未有文献进一步分析将如何作用于消费者在保险计划选择时的决策行为。

　　本文利用俄勒冈州独特的医疗保险制度以及详细的教职工医疗保险登记和索赔数据对"选择不一致"问题及其解决方法进行研究：首先，基于医疗保险登记和索赔数据的分析发现，如果个体选择成本最低的医疗保险计划，人均可以节省 600 美元，意味着在医疗保险市场中个体的消费决策存在严重的"选

　　＊ 推荐人：中南财经政法大学财政税务学院，黄永颖。
　　推送日期：2023 年 3 月 4 日。
　　原文信息：Abaluck J. , Gruber J. When less is more：Improving choices in health insurance markets［J］. *The Review of Economic Studies*，2022.

择不一致"问题。其次，结构模型的估计结果显示，"选择不一致"主要表现为两个方面：一是对保费和自费的感知价值不同；二是消费的"近似惯性"（approximate inertia），即选择变更医疗保险计划的个体往往会选择与以往年度近似但保费更低的保险计划。再次，利用学区层面可选的医疗保险计划数量的差异进行分析发现，可选的医疗保险计划数量越少时，消费者越有可能选到成本较低的计划。从次，政策模拟分析表明，相较于信息干预，科学限制可选的计划数量更有助于改善个体在医疗保险市场中的决策行为，原因在于"近似惯性"削弱了信息干预的效果。最后，机制分析表明更多的可选保险计划平均而言意味着更高的保险成本，而这是个体的决策调整无法避免的，科学限制可选的计划数量能够有效避免这一问题。

相比于已有文献，本文具有以下边际贡献：（1）提出一种新的消费者决策行为影响因素——"近似惯性"；（2）首次提供经验证据表明减少保险计划数量有利于改善消费者在医疗保险市场中的决策行为；（3）首次对"选择负荷过载"（choice overload）问题以及消费者面临更多选择时是否会改变决策函数进行实证检验。

二、俄勒冈州医疗保险的制度与数据

俄勒冈州的学区下辖教育服务中心、社区大学等教育单位，这些单位的教职工可选择加入俄勒冈州教职工协会（OSEA）、俄勒冈州教育协会（OEA）和俄勒冈州美国教师联合会（AFT）三个工会之一。在 2008 年之前，教职工可以通过 OSEA 或者两个医疗保险信托组织之一购买员工医疗保险计划。从 2008 年开始，由俄勒冈州教育福利委员会（OEBB）向学区的教职工提供医疗保险计划等，医疗保险计划的费率由 OEBB 与三家保险公司（Kaiser Permanente, OMED and Providence）进行协商。各个学区具有较大的自由裁量权，包括学区的医疗保险计划数量的选择（2008~2011 年不得超过 4 个，2012 年开始没有限制）、医疗保险计划缴费的确定以及健康储蓄账户（HAS 和 HRA）的管理。本文使用的数据包括各个学区历年的医疗保险计划的数量结构与缴费政策、教职工的医疗保险登记与索赔记录等。医疗保险计划费用包括保费和净自费两部分（下文也称总成本），净自费部分等于原始自费金额减去健康储蓄账户可递减的金额，原始自费金额用完全预期法（perfect foresight）、完全追溯法（perfect backcast）以及理性预期法（rational expectations）三种方法计算得到。

三、"选择不一致"：事实与模型

（一）特征事实

本文定义个体决策的损失储蓄（foregone savings）为受益人选择的医疗保险计划总成本减去最低的医疗保险计划成本，数值越大代表个体的医疗保险计划决策越差。结果显示，使用不同方法计算得到的损失储蓄平均值介于 511 ~ 522 美元之间（见图 1），意味着医疗保险市场中存在严重的"选择不一致"现象。进一步分析发现，个体消费决策存在"惯性"（inertia）现象，即 71% 的消费者不会变更医疗保险计划。对于变更医疗保险计划的个体，其决策存在"近似惯性"，即选择变更医疗保险计划的个体往往会选择与以往年度近似但保费更低的保险计划。

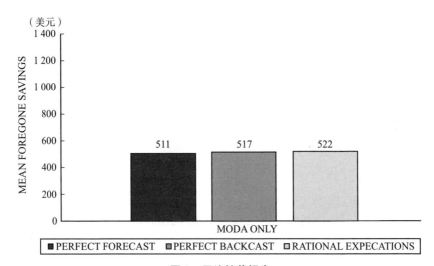

图 1　平均储蓄损失

（二）模型分析

为了进一步考察保费与自费如何影响个体的医疗保险计划选择，本文利用模型（1）进行分析，如下所示：

$$u_{ijt} = \beta_{0i} Gross\ Premium_{ijt} + \beta_{1i} Residual\ Premium_{ijt} + \beta_{2i} E\ (OOP)_{ijt}$$
$$+ \beta_{3i} Var_{ijt} + d_{jt} + \xi_{ij} + \theta_{ij} + \varepsilon_{ij} \tag{1}$$

其中，下角标 i、j、t 分别代表受益人、医疗保险计划和年份，u_{ijt} 代表个体是否选择医疗保险计划 j 的二值虚拟变量，$Gross\ Premium$ 表示医疗保险计划的原始保费，$Net\ Premium = \max\{0, Gross\ Premium - Employer\ Contribution\}$，$Residual\ Premium = Net\ Premium - Gross\ Premium$，$E(OOP)_{ijt}$ 表示受益人的自费成本，Var_{ijt} 表示自费成本的方差（仅使用理性预期法估计自费成本时存在），d_{jt} 表示计划—年份固定效应，ξ_{ij} 表示消费"惯性"的二值虚拟变量，θ_{ij} 表示消费"近似惯性"的虚拟变量。在一些回归中，$d_{jt} = x_{jt}\gamma + e_{jt}$，$x_{jt}$ 表示医疗保险计划的费用特征，包括起付线（deductible）、年度最高个人自费支付限额（Max OOP）以及共付额（PCP copay）。

回归结果如表 1 所示。从表 1 中可以看出，保费的估计系数明显大于自费成本的估计系数，意味着受益人对保费的反应程度更大。医疗保险计划的费用特征均在 1% 的统计性水平显著，意味着受益人在消费决策过程也会看重这些因素。"近似惯性"在受益人的决策行为中十分重要，以第（3）列为例，选择"近似惯性"计划的概率相当于保费增加 1 962 美元。通过模拟发现，在模型中考虑"近似惯性"能够使得保险计划的市场份额预测均方误差下降 60%。由此来看，个体在医疗保险计划的决策中存在严重的"选择不一致"现象。

表1　　　　　　　　　　　计划选择的对数模型

	Perfect Backcast	Perfect Forecast	Rational Expectations
	(1)	(2)	(3)
Gross Premium (*hundreds*)	− 0.073 *** (0.006)	− 0.073 *** (0.006)	− 0.073 *** (0.006)

续表

	Perfect Backcast	Perfect Forecast	Rational Expectations
	(1)	(2)	(3)
Residual Premium (*hundreds*)	−0.026 *** (0.004)	−0.026 *** (0.004)	−0.026 *** (0.004)
Mean OOP Costs (*hundreds*)	−0.028 *** (0.003)	−0.035 ** (0.004)	−0.035 *** (0.007)
Variance OOP Costs (*times* 10^6)	—	—	0.006 (0.033)
Inertia	3 700 *** (82)	3 702 *** (82)	3 706 *** (82)
Approximate Inertia	1 957 *** (64)	1 958 *** (65)	1 962 *** (65)
Deductible, in network (*hundreds*)	−0.048 *** (0.001)	−0.046 *** (0.001)	−0.046 *** (0.001)
Max OOP, in network (*hundreds*)	−0.035 *** (0.0005)	−0.034 *** (0.0005)	−0.036 *** (0.0005)
PCP copay, in network (*hundreds*)	−0.733 *** (0.177)	−0.475 *** (0.178)	−0.501 *** (0.1)

四、决策优化：信息干预还是选择干预

前面的分析表明受益人的"选择不一致"会使其储蓄显著损失。因此，本文探讨是否存在方法可以改善消费者的医疗保险计划选择行为，主要考虑信息干预和减少保险计划数量两种手段。基于学区医疗保险计划数量的差异，表1刻画了个体面临的可选医疗保险计划数量与平均损失储蓄的关系，发现随着可选医疗保险计划数量的增加，平均损失储蓄也会显著增加，回归结果还显示个体的总成本也会显著增加，意味着个体决策质量在不断下降。以2012年改革为例，改革之后个体面临的平均可选医疗保险计划数量从3.5增加到5.4，对应的医疗保险计划成本增加了 157 美元。

表 2 比较了选择干预（choice set intervention）与信息干预（equivalent information intervention）在帮助个体节省损失储蓄的效应大小，两种干预的力度一样。第（2）列～第（4）列表示消费者选择同一年份或同一学区或全样本中最低成本的医疗保险计划可以节省的损失储蓄平均值，第（5）列～第（7）列表示移除同一年份或同一学区或全样本中成本最高的两份医疗保险计划可以帮助个体节省的损失储蓄平均值。"Status Quo Impact" 表示在消费者决策行为中同时考虑"惯性"和"近似惯性"，"Only Approximate Inertia" 表示在消费者决策行为中只考虑"近似惯性"，"No Inertia" 表示在消费者决策行为中均不考虑"惯性"和"近似惯性"。第（2）行～第（4）行的结果显示"惯性""近似惯性"不会影响减少计划数量的干预效果，第（6）行～第（8）行的结果显示"惯性"，尤其是"近似惯性"会明显抑制信息干预的积极效果。

表 2　　　　　　　　　模拟：改变样本数量并提供相关信息

	Year Best Plan	District Best Plan	Individual Best Plan	Year Remove Two Worst	District Remove Two Worst	Individual Remove Two Worst
Choice Set Intervention						
Status Quo Impact	215	332	537	75	245	377
Only Approximate Inertia	—	—	—	57	242	387
No Inertia	—	—	—	19	227	378
Equivalent Information Intervention						
Status Quo Impact	164	192	204	95	175	197
Only Approximate Inertia	200	255	303	96	221	268
No Inertia	211	329	510	71	248	375

本文还进一步利用回归结果排除了"选择负荷过载"假说，即可选医疗保险计划数量的增加导致个体决策质量下降不是由于可选项增多，消费者决策

能力和函数变化导致的。究其本质，可选医疗保险计划数量增多导致计划平均成本增加才是选择干预发挥作用的关键，这意味着学区的医疗保险福利经理能够运用自由裁量权，帮助消费者筛选出更好的医疗保险计划。

五、研究结论

本文利用俄勒冈州的医疗保险制度和数据，发现美国医疗保险市场个体的消费决策存在严重的"选择不一致"现象，主要表现为消费的"近似惯性"。消费"近似惯性"的存在会大幅削弱了信息干预对个体医疗保险决策的改善效果，但不会影响选择干预的积极效果。因此，科学减少个体可选的医疗保险计划数量是解决医疗保险市场中"选择不一致"问题的有效方法之一。

推 荐 理 由

医疗保险计划的种类繁多是世界各国医疗保险市场均存在的问题。因此，个体如何从诸多的保险计划中挑选出最优选择关系社会的总福利。本文认为控制医疗保险计划数量是一种行之有效的方法，但是却没有回答最优的医疗保险计划数量是多少的问题。此外，中国与美国的医疗保险制度存在显著的差异，这种差异又是如何影响医疗保险市场中的"选择不一致"问题，上述这些问题均值得我们进一步的思考。

近朱者赤：基于 NLP 的溢出效应识别研究[*]

一、引　　言

如何识别创新活动的溢出效应是经济学家长期关注的话题。由于溢出效应能带来丰厚的社会收益，政府有动机对创新活动进行干预。以往的研究主要通过"专利引用"和"溢出矩阵"识别溢出效应，然而，关于研发溢出效应的规模和性质的经验证据却相对匮乏。基于此，通过研究美国能源部小企业创新研究项目（small business innovation research，SBIR）及其州层面的匹配政策，本文在已有研究基础上使用新的识别方法对溢出效应展开分析。

研究发现，随着 SBIR 项目资助的边际增加，被资助者每产生一项专利，会使得全球范围新增三项额外的专利。值得强调的是，本国企业和发明人占净专利产出的 60%，国外企业和发明人占 40%。进一步分析发现，新产出的专利与能源部资助的目标技术主题存在差异。从溢出效应范围来看，无论是地理距离还是技术距离，政府公共研发投资均存在广泛的溢出效应。

相比于已有文献，本文通过使用自然语言处理技术（NLP），得出美国能源部目标技术描述与受资助企业产出专利摘要相似度，并以此衡量技术溢出。

　　* 推荐人：中南财经政法大学财政税务学院，孔子云。
　　推送日期：2023 年 3 月 24 日。
　　原文信息：Myers, Kyle R., and Lauren Lanahan. Estimating Spillovers from Publicly Funded R&D：Evidence from the US Department of Energy [J]. *American Economic Review*, 2022, 112 (7)：2393-2423.

该方法能够降低对联合专利分类体系（cooperative patent classification，CPC）的依赖，更灵活地识别溢出效应。此外，本文也通过 NLP 将专利流与公共研发投资存量相匹配，形成了投入—产出的数据结构，并证明该方法可应用于更多的研究领域。

二、研究设计

（一）基本背景

SBIR 项目始于 1982 年，该项目旨在通过向小企业提供资助以促进创新。自实施以来，该项目已拨款 400 多亿美元支持小企业早期创新。只有雇员人数低于 500 人的美国私营企业才有资格申请该项目，包括能源部在内的 11 个联邦机构参与了该项目。该项目共包含概念构建（Phase Ⅰ）和研发（Phase Ⅱ）两阶段的资助，其实施步骤如下：首先，每年发布一到三次资金资助公告（funding opportunity announcements，FOAs），概述优先发展的技术领域，并将其称为"主题"；其次，由能源部内部审核企业提交的提案是否符合其目标技术；最后，由至少三位以上同行专家评估提案的技术和商业价值。此外，1984年以来，美国先后有 15 个州制定了旨在补充 SBIR 项目的匹配政策，向获得 SBIR 资助的公司提供额外的资金。

（二）实验设计

本文的研究目标是估计能源部 SBIR 项目所产生的溢出效应大小，主要从专利产出的角度估算研发资助的边际产量，并从地理和技术两个层面衡量溢出效应。由于 SBIR 项目选拔资助对象的过程并非随机，本文利用 SBIR 项目州匹配政策实施时间的不同识别出公共研发支出中的外生变化。基准回归模型推导如下：

$$E[Y_{jt} \mid K_{jt}] = \exp(\log(K_{jt})\beta + \tau_t + \omega_{jt}) \tag{1}$$

本文使用泊松模型来识别 t 年期间每个 CPC 组 j 中最终成功的申请专利 Y

的预期数量，并作为当前公共研发投资 K（即 SBIR 资助和/或基于州的配套资助）的函数。其中，τ_t 表示特定年份的截距；ω 为随机误差项，用以表示不可观测的生产率冲击。通过"刀切法"（Jackknife approach），从 ω 中提取出外生的公共研发支出，并代入下式：

$$E\left[Y_{jt}^d \mid W_{jtb}\right] = \exp\left(\sum_{b \in B} \frac{W_{jtb}}{\overline{W}} \theta_b^d + \tau_t^d \right) \tag{2}$$

该式为本文的基准回归方程。其中，d 表示地理距离，即专利发明人和受让人所处地位位置；b 表示技术距离，即专利摘要与 FOAs 目标技术主题的相似程度，且 $b \in \{1 \sim 5, 6 \sim 10, \cdots, 96 \sim 100\}$；$W_{jtb}$ 表示 t 年 CPC 组 j 在技术距离 b 上的投资存量。θ_b^d 为弹性估计值，表示每增加 100 万美元公共研发投资所带来的专利产出。本文指出，当识别地理溢出时，将技术距离固定；反之，则将地理距离固定。

（三）数据与指标

本文使用的数据来自美国专利商标局（USPTO）的"Patents View"数据库中 1997～2018 年专利数据集，该数据包含申请年份、标题和摘要文本以及个人发明人和企业受让人消歧表及其地理位置等详细信息。重要的是，"Patents View"数据库给每个专利分配了唯一的联合专利分类码（cooperative patent classification，CPC），该分类码是本文实证设计的重要组成部分。通过 CPC 分类码，本文将 SBIR 项目资助与专利数据结合，生成投入—产出数据，并在此基础上对溢出效应进行估计。

三、实 证 结 果

（一）地理溢出

表 1 分别报告了被资助者、被资助者所在县、美国境内以及全球范围四种情况下产出弹性的回归估计。第（3）列的结果表明，只关注公共研发支出带

来的溢出效应时，弹性估计值为 0.134，其边际产出为 0.55。随着地理边界的扩大，边际产出逐渐扩大［第（4）～（6）列］，这表明地理距离上的溢出效应大小可扩大至五倍以上。

表 1 地理边界案例的结果

	Grant recipients			Recipients' counties	US – wide	Worldwide
	(1)	(2)	(3)	(4)	(5)	(6)
Total $	2.274 (0.196)					
State match $		1.014 (0.094)				
Windfall $			0.134 (0.021)	0.125 (0.016)	0.123 (0.015)	0.130 (0.014)
$\dfrac{\partial patent}{\partial SIM}$	9.28 [9.0～10.2]	4.14 [4.0～4.5]	0.55 [0.5～0.6]	1.40 [1.2～1.6]	1.73 [1.5～1.9]	2.96 [2.6～3.3]
Nobservations	235 406	235 406	235 406	235 384	235 384	235 384
Tech. boundary	$p60$	$p60$	$p60$	$p40$	$p40$	$p40$
Year fixed effects	Yes	Yes	Yes	Yes	Yes	Yes

（二）考虑地理和技术距离的净溢出效应

图 1 汇报了同时考虑跨地理和技术距离上的净溢出效应。由图 1 可知，只关注被资助企业时，溢出效应可影响至技术距离为 60% 的专利产出。此外，图 1 也展示了一个清晰且直观的趋势：在技术领域中，越接近 FOAs 目标技术的 CPC 组，公共研发支出溢出效应越高。进一步分析显示，技术领域的溢出效应不是完全单调的，当技术距离为 25% 时，每 100 万美元的边际产出大致相同。同时，估算结果表明，被资助者每收到 100 万美元，其边际产出为 0.75 件专利。通过在地理范围内的比较可知，国内企业和发明人占专利净产出的 60%，国外则为 40%。

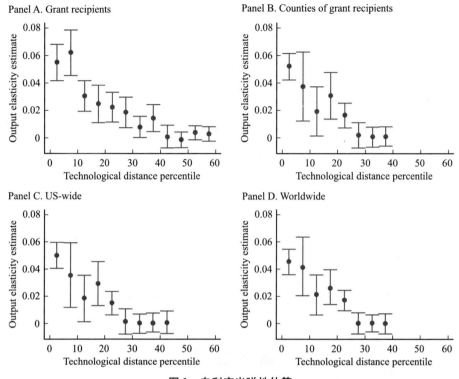

图1　专利产出弹性估算

本文在地理和技术维度对授权专利的净产出进行分解：从地理维度看，被资助者只贡献了大约 1/4 的净产出。这表明地理范围上的溢出效应大小为三倍，即被资助者每产出一件专利，世界范围内会有三件专利产出；从技术维度上看，与能源部优先发展技术相似的专利占专利净产出的 1/3，其余 2/3 皆来自其他技术领域的企业和发明人。

（三）私人收益 *vs.* 社会价值

研发活动的外部性与溢出效应的区别也是学界关心的热点话题。然而，研发的私人收益与社会价值之间的楔子（wedge）难以探寻。因此，本文试图厘清由研发资助而产出的专利价值中，有多少最终由被资助者获得。研究发现，美国企业和发明人能获得 60% ～75% 的净专利价值，25% ～40% 的净专利价值由国外企业和发明人获得。测算可知，被资助者所得收益约占专利净产出的

25%，这表明研发的边际社会回报是边际私人回报的100%～300%。

四、结　　论

本文基于NLP技术重新估计了研发活动的溢出效应。研究发现，一项新专利的产生可能会带来三项新专利的出现，且溢出效应中的60%被美国国内企业吸收，40%被国外企业吸收。作者也进一步对研发的私人收益和社会回报进行比较，发现研发的社会回报显著大于私人收益。尽管本文进行了大量的实证分析，但仍然存在以下局限：首先，忽略了硅谷等传统生产率较高的地区；其次，没有考虑被资助企业处于规模报酬递减的情况；再次，尽管在附录中分析了企业是否对SBIR匹配政策有策略性行为，但忽视了企业的选择效应；最后，未对专利进行标准化处理，可能会导致估计结果出现偏误。

推　荐　理　由

创新活动的溢出效应是经济增长领域经久不衰的研究主题。以往关于溢出效应的研究受限于数据和识别方法，研究重点集中于创新的溢出渠道。本文基于NLP技术，将专利数据与公共研发投资数据相结合，降低了对专利CPC分类号的依赖，从而能够更灵活地估计溢出效应，研究方法上值得学习。从研究方向来看，创新要素的跨国流动是值得关注的研究领域，公共研发支出在创新市场中的补充作用也不容忽视。

同源异流：财政支出乘数的
非对称性与状态依赖[*]

一、引　　言

利用财政乘数评估财政政策效果是财政学领域的重要研究问题，但关于财政支出乘数的估计尚未达成共识。现有文献基于不同的样本和识别策略对财政支出乘数进行估计，其结果介于 0.5~2 之间，一些研究还从经济周期视角探讨了财政支出乘数的非对称表现。遗憾的是，鲜有文献关注干预方向对财政支出乘数的影响。通常认为，增加和减少财政支出对总产出的效应是对称的，财政紧缩乘数理应等于财政扩张乘数。事实上，这两类干预是政府在不同经济周期下基于不同政策目标做出的决策。这不仅会导致两类财政乘数的大小存在差异（非对称性），也会使得两者在不同经济周期阶段表现不一致（状态依赖）。然而，这一观点尚未经过实证检验。

为弥补现有文献的不足，本文借助美国的时间序列数据和标准的财政乘数识别框架，采用脉冲响应函数逼近法（functional approximations of impulse responses，FAIR）进行研究。结果发现，财政政策干预方向的差异导致了财政支出乘数的非对称性，紧缩乘数大于 1 且显著高于扩张乘数。进一步分析表

　　* 推荐人：中南财经政法大学财政税务学院，阮慧。

　　推送日期：2023 年 4 月 7 日。

　　原文信息：Barnichon R. , Debortoli D. , Matthes C. Understanding the size of the government spending multiplier: It's in the sign. *The Review of Economic Studies*，2022，89（1）：87 - 117.

明，经济萧条时期的紧缩乘数显著大于经济繁荣时期，意味着紧缩乘数存在状态依赖（state-dependent），但扩张乘数不存在状态依赖。

　　本文的边际贡献主要体现在以下三个方面：（1）首次为财政政策干预方向导致财政支出乘数的非对称性提供了理论和经验证据；（2）使用 FAIR 方法，并结合递归（the recursive identification）和叙事（the narrative identification）两类主流财政乘数识别框架测算财政支出乘数，解决了因识别策略差异导致乘数大小无法比较的问题；（3）为文献中财政支出乘数估计的混杂结果提供了全新解释，即紧缩财政支出冲击和扩张财政支出冲击的相对频率可以解释文献中财政支出乘数估计结果的差异。

二、实 证 策 略

　　本文通过向量平均移动模型（vector moving-average，VMA）刻画财政支出冲击（外生的财政支出变化）对宏观经济变量的影响，通过估计脉冲响应函数捕捉支出冲击方向及其所处的经济周期阶段对冲击效果的影响。回归方程（1）如下所示：

$$y_t = \sum_{k=0}^{K} \Psi_k(\varepsilon_{t-k}, z_{t-k})\varepsilon_{t-k} \tag{1}$$

其中，y_t 表示宏观经济变量向量，包含财政支出、GDP。ε_{t-k} 为残差向量，表示财政支出冲击。Ψ_k 为系数矩阵，也被称为脉冲响应函数（the impulse response function），矩阵中的元素表示 $t-k$ 期的财政支出冲击对 t 时期宏观经济变量产生的影响。在本文中，Ψ_k 是财政支出冲击 ε_{t-k} 和经济周期变量 z_{t-k} 的函数，二者分别反映财政支出冲击方向和冲击所处的经济周期阶段对冲击效果的影响。

（一）脉冲响应函数逼近法（FAIR）

　　为了减少模型中的待估参数，实现有效估计，本文使用 FAIR 方法将脉冲响应函数参数化为高斯函数形式。在不考虑冲击效果的非对称性和状态依赖时，$\Psi_k(\varepsilon_{t-k}, z_{t-k}) = \Psi_k$，其函数形式如方程（2）所示：

$$\psi(k) = ae^{-\left(\frac{k-b}{c}\right)^2}, \quad \forall\, k \in [0,\, K] \tag{2}$$

参数化后，估计脉冲响应函数仅需估计方程（2）中的参数 a、b、c。结合图 1 可知，参数 a 为冲击产生的最大效应，参数 b 为达到最大效应的时间，二者分别为脉冲响应函数最高点的纵坐标和横坐标。参数 c 反映冲击效应的持续性，$c\sqrt{\ln 2}$ 表示冲击效应缩减为 $1/2a$ 所需的时间。

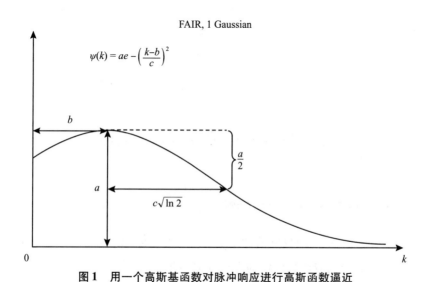

图1　用一个高斯基函数对脉冲响应进行高斯函数逼近

（二）递归和叙事识别框架下 FAIR 方法的运用

本文基于两类不同的识别框架利用 FAIR 方法进行估计：（1）递归识别框架。将脉冲响应函数设定为高斯函数形式，运用极大似然估计或贝叶斯估计对 VMA 模型进行回归分析，得到脉冲响应函数；（2）叙事识别框架。运用 Ramey 和 Zubairy（2018）估计得到的美国军事支出冲击 ξ_t^g 作为财政支出冲击，构建结构方程（3）进行回归分析：

$$\begin{pmatrix} y_t \\ g_t \end{pmatrix} = \sum_{k=0}^{K} \begin{pmatrix} \varphi_y(k) \\ \varphi g(k) \end{pmatrix} \xi_{t-k}^g + \begin{pmatrix} u_t^y \\ u_t^g \end{pmatrix} \tag{3}$$

其中，y_t 和 g_t 分别表示 t 时期的 GDP 和财政支出，ξ_{t-k}^g 表示 $t-k$ 时期发生的财政支出冲击，$u_t = (u_t^y, u_t^g)'$ 表示残差。$\varphi_y(k)$ 和 $\varphi_g(k)$ 分别为 y 和 g 的脉冲响应函数，其函数形式设定为高斯函数。通过对方程（3）进行回归可得到相应的脉冲响应函数。

（三）定义财政支出乘数

财政支出乘数 M_K 如方程（4）所示，它表示 K 时期的累积财政支出乘数：

$$M_K = \frac{\sum_{k=0}^{K} \psi_y(k)}{\sum_{k=0}^{K} \psi_g(k)} \tag{4}$$

三、财政支出乘数的非对称性

（一）在模型中引入非对称性

本文通过引入示性函数反映冲击 ε^g 方向对宏观经济变量产生的非对称影响，k 时期的脉冲响应函数设定为方程（5）的形式：

$$\psi(k) = \psi^+(k) 1_{\varepsilon_{t-k}^g > 0} + \psi^-(k) 1_{\varepsilon_{g-k}^g < 0}, \quad \forall k \in [0, K] \tag{5}$$

脉冲响应函数 ψ^+ 的高斯函数形式，可写作如方程（6）所示：

$$\psi^+(k) = a^+ e^{-\left(\frac{k-b^+}{c^+}\right)^2}, \quad \forall k \in [0, K] \tag{6}$$

引入非对称性后，运用 VMA 模型估计脉冲效应函数仅需估计 6 个参数。将脉冲响应函数的估计结果代入方程（4）中，即可计算得到扩张支出乘数 M^+ 和紧缩支出乘数 M^-。通过比较二者的大小判断冲击方向的差异是否导致了财政支出乘数的非对称性。

（二）递归和叙事框架下财政支出乘数的估计结果

递归识别法使用美国 1966 年第三季度至 2014 年第四季度的时间序列数

据，运用 VMA 模型进行回归分析。其中，向量 y_t 中包含政府支出、政府收入、GDP、专家预测的政府支出增长率（剔除预期效应）4 个变量。叙事识别法使用美国 1890～2014 年的时间序列数据以及 Ramey 和 Zubairy（2018）提供的军事支出冲击数据，运用方程（3）进行回归分析。回归结果如表 1 所示，在两种不同的识别框架下，紧缩乘数均显著高于扩张乘数，说明财政支出冲击方向导致了财政支出乘数的非对称性。

表 1 　　　　　　　　　　非对称政府支出乘数，**FAIR** 估计

	Linear	Expansionary shock	Contractionary shock
M（recursive id.） 1996～2014	0.49 (0.2～0.7)	0.25 (0.0, 0.7)	1.27 (0.7, 1.8)
P（M^- > M^+）		P = 0.98 **	
M（narrative id.） 1890～2014	0.74 (0.6～0.9)	0.78 (0.6, 1.0)	1.42 (0.8, 2.1)
P（M^- > M^+）		P = 0.98 **	

四、财政支出乘数的非对称性与状态依赖

（一）财政支出乘数的状态依赖

在方程（6）的基础上，本文将参数 a 设定为经济周期变量 z_{t-k} 的函数，刻画发生冲击时的经济周期阶段对两类财政支出乘数的影响。在递归和叙事识别框架下，a 与 z_{t-k} 的函数关系分别设定为线性形式和 Logit 形式。z_{t-k} 为 Ramey 和 Zubairy（2018）估计的周期性失业率（cyclical unemployment）。回归结果如表 2 所示。在两种识别框架下，紧缩乘数存在状态依赖，经济萧条时期（失业率高）的紧缩乘数显著高于经济繁荣时期（失业率低）的紧缩乘数。扩张乘数的大小则不依赖于经济周期阶段，即不存在状态依赖。

表2　　　　　　　　　　　**非对称乘数和劳动力市场萧条，FAIR 估计**

	Expansionary shock		Contractionary shock	
	U low	U high	U low	U high
M（recursive id.）1996～2014	0.07 (-0.1, 0.4)	0.25 (-0.1, 0.7)	0.93 (0.4, 1.4)	1.64 (0.8, 2.7)
P（$M^{U\ high} > M^{U\ low}$）	P = 0.78		P = 0.90 *	
M（narrative id.）1890～2014	0.56 (0.4, 0.8)	0.53 (0.3, 0.9)	0.83 (0.3, 1.6)	2.04 (0.9, 5.4)
P（$M^{U\ high} > M^{U\ low}$）	P = 0.41		P = 0.90 **	

（二）对文献中财政支出乘数混杂结果的解释

本文认为，紧缩财政支出冲击和扩张财政支出冲击的相对频率可以解释文献中财政支出乘数估计结果的差异。在运用叙事识别框架的研究中，扩张财政支出冲击频率更高，测算的财政支出乘数主要反映了扩张乘数的特征，即财政支出乘数小于 1 且不存在状态依赖。在运用递归识别框架的研究中，两类冲击分布均匀，测算的财政支出乘数体现了紧缩乘数的特征，即财政支出乘数大于 1 且经济萧条时期取值更高。在两种识别框架下，紧缩和扩张财政支出冲击的相对频率如图 2 所示。

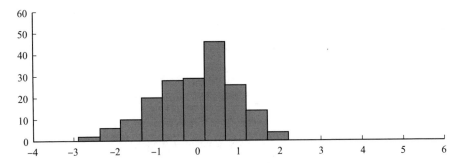

Shocks distribution: Recursive identification

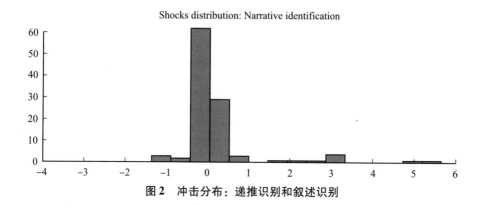

图 2　冲击分布：递推识别和叙述识别

五、理 论 模 型

依据凯恩斯和新凯恩斯主义者的观点，金融摩擦和劳动力市场摩擦是财政支出乘数存在非对称性和状态依赖的原因。本文借助理论模型论证了这一观点。首先，本文通过构建三部门的商业周期模型（business cycle model）刻画了消费者、厂商和政府的最优行为方程，并结合产品市场出清求解出一般均衡条件下的总需求（AD）和总供给（AS）曲线，AD 和 AS 曲线如图 3 所示。理论分析表明，财政支出的变动使得 AD 曲线左右移动，财政支出乘数的大小取决于 AD 曲线的移动距离（受不完全金融市场的影响）和 AS 曲线的斜率（受名义工资向下刚性的影响）。以图 3 为例，若 A 点为初始点，当财政支出增加使得 AD 曲线向右移动至 B 点，此时估计的财政支出乘数为 M^+，当财政支出减少使得 AD 曲线向左移动至 C 点，此时估计的财政支出乘数的为 M^-，从图形中可以看出 $M^- > M^+$，表明财政支出乘数的非对称性。进一步，运用模型推导和数值模拟相结合的方式，本文论证了不完全金融市场和名义工资向下刚性的同时存在导致了财政支出乘数的非对称性和状态依赖。

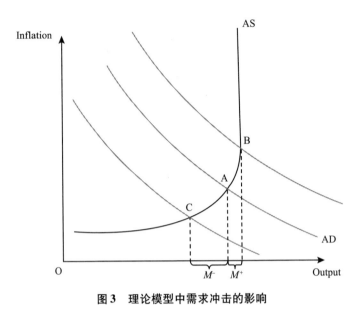

图 3　理论模型中需求冲击的影响

六、研究结论

本文使用美国的时间序列数据和 FAIR 估计策略进行研究，发现财政政策干预方向导致了财政支出乘数的非对称性，紧缩乘数大于 1 且存在状态依赖，扩张乘数小于 1 且不存在状态依赖。在此基础上，本文进一步构建了包含金融市场摩擦和劳动力市场摩擦的商业周期模型，论证了两类摩擦的同时存在导致了财政支出乘数的非对称性和状态依赖，这为解释财政支出乘数的特征提供了理论依据。

推 荐 理 由

本文从财政政策干预方向探讨了财政支出乘数的非对称性，为解释文献中财政支出乘数的混杂结果提供了全新思路，这对于我们理解文献中财政支出乘数估计结果的差异具有重要意义。理论模型的分析对于政府设计调节宏观经济的财政政策同样具有重要的启示意义。然而，本文的结论是否具有普适性有待进一步研究。不同国家的经济发展水平和财政体制存在较大差异，通常估计的财政支出乘数也有所不同，本文仅使用了美国的宏观经济数据进行了分析，结论的外部有效性仍需检验。

枯本竭源：联邦资助削减如何影响大学创新产出？[*]

一、引　言

大学作为重要的创新引擎，既是孵化高层次人才的摇篮，同时也为实现经济增长提供重要助力。来自政府和私人的研发资助共同发挥作用，推动大学创新产出不断进步。近年来，美国联邦政府对大学的研发资助持续下降，2004 年，美国政府将国防高级研究计划局用于资助大学计算机科学研究的预算从 2.14 亿美元削减至 1.23 亿美元，这使得大学转向私人企业寻求资助，私人研发资助比例逐渐上升。研究资助来源的结构调整引发了相关人士对美国创新的担忧。联邦资助的大规模削减将对大学的创新产出作何影响，尚未有研究给出明确答案。本文利用 22 所美国研究型大学的员工资助数据，并将其与美国专利申请、学术发表以及美国人口普查局数据相匹配，利用大规模暂时性的联邦资助负向冲击，采用双重差分法，从高新技术创业、专利申请以及学术发表三个维度，识别了联邦政府资助削减对大学创新产出的因果效应。研究发现，联邦资助削减使大学研究人员创办高新技术企业的机会

---

[*]　推荐人：中南财经政法大学财政税务学院，盛倩。
推送日期：2023 年 5 月 19 日。
原文信息：Tania B., Alex X. H., Sabrina T H., Elisabeth R. P., Joseph S., Cutting the Innovation Engine: How Federal Funding Shocks Affect University Patenting, Entrepreneurship, and Publications [J]. *The Quarterly Journal of Economics*, 2023, 138 (2): 895 – 954.

减少 0.18%，专利申请数量有所增加，并且这些额外增加的专利具有更低的通用性与较少的引用次数，质量更低。另外，联邦资助削减使研究人员的发表数量减少 15%，减少的发表多为基础性研究，往往具有更大的影响力。进一步研究发现，联邦资助削减使得研究人员更多依赖私人企业资助，由于这两种资助来源存在合同约束与激励上的结构性差异，从而对研究人员及其研究成果产生了截然不同的影响。

相较于已有研究，本文的边际贡献在于：（1）证明了联邦政府资助在创造更具开放性、更大影响力的创新以及利用这些创新进行创业等方面的重要性。（2）首次利用丰富的机密行政数据，从个体层面对创业、专利与学术发表等创新成果进行了系统性的研究，弥补了已有实证文献的不足，丰富了相关研究。

二、数据与样本

个体层面资助数据来自 IRIS UMETRICS 计划。该计划涵盖了 2001～2017 年美国 22 所大学中所有研究资助和每次资助的员工。详细数据包括员工每年的资助支出、资助者姓名以及员工的职业、院系等信息。本文利用联邦国内补助目录（catalog of federal domestic assistance，CFDA）代码确定资助来源和研究领域。CFDA 代码层面的联邦资助总额数据来自美国联邦审计信息交换所。

研究人员的职业结果来自美国人口普查局的机密行政数据，其包括商业登记（BR）、纵向商业数据库（LBD）、美国国税局 W-2 税务记录和纵向雇主家庭动态（LEHD）计划。将行政数据与 UMETRICS 计划中的个人信息相匹配，获得大学每位员工的职业生涯信息。

学术发表数据来自美国国家生物技术信息中心开发的数据库 PubMed。样本的描述性统计信息如表 1 所示。

表1　　　　　　　　　　　　　样本的描述性统计

	Number of observations	Mean	Standard deviation
Panel A: UMETRICS			
Faculty	316 602	0. 164	
Graduate students and poatdoes	316 602	0. 432	
Undergraduate students	316 602	0. 081	
Staff	316 602	0. 323	
Total direct expenditure	316 602	13 309	96 072
Overhead charged	316 602	3 404	13. 227
Share private	316 602	0. 801	0. 365
Share federal	316 602	0. 128	0. 293
Share other	316 602	0. 105	0. 276
Number of CFDA codes	316 602	1. 42	0. 82
ΔLog（amount R&D）	316 602	0. 041	1. 06
Panel B: Patents			
Any patents	316 602	0. 0023	0. 048
Number of patents	316 602	0. 0028	0. 067
Number of patents with low citations	316 602	0. 0019	0. 048
Number of patents with high citations	316 602	0. 0009	0. 041
Number of patents with low generality	316 602	0. 0021	0. 053
Number of patents with high generality	316 602	0. 0007	0. 036
Number of patents with private assignee	316 604	0. 0002	0. 02
Number of patents（faculty）	51 923	0. 008	0. 118
Number of patents（graduate students）	136 772	0. 0028	0. 065
Number of patents（undergraduate students）	25 645	0. 0007	0. 027
Number of patents（staff）	102 262	0. 0006	0. 028

三、实 证 策 略

（一）冲击事件的定义

为了定义发生在特定领域的大规模暂时性的负面联邦资助冲击，本文确定了符合以下三个要求的事件：（1）该领域的联邦资助总额（CFDA 层面）比前一年下降至少40%；（2）资助减少是暂时的，资助水平将在随后某一时间点恢复到冲击前的水平；（3）在冲击发生的前两年内，没有出现大的正向或负向的资助变化（＞30% 或 ＜30%）。符合此三个要求的事件所对应的 CDFA 代码被视为处理组。如果研究人员在受到冲击前从处理组的 CFDA 代码中获得一半以上的资助，则视该员工为处理组；否则为控制组。在本文数据中，有 61 个处理组 CFDA 代码，对应 1 300 个处理组样本；210 个控制组 CFDA 代码，对应 16 700 个控制组样本。

（二）估计模型

本文利用如下回归方程估计平均处理效应：

$$y_{i,t} = \beta Post_{i,t} + \delta_p [+ \gamma_i] + \eta_{u,d,t} + \epsilon_{i,u,d,t} \qquad (1)$$

i 表示个体，p 表示 PI，为资助项目的首席专家，d 表示院系，u 表示学校，t 表示年份。系数 β 是当年受到冲击的指标。在所有分析中，加入了 PI 固定效应，以控制首席专家的质量及其研究的主题。同时还包括了大学—院系—时间三维固定效应 $\eta_{u,d,t}$。在估计联邦资助削减对研究人员的资助支出与学术发表的因果效应时，还加入了个体固定效应 γ_i。

另外，本文还利用式（2）以检验事前趋势并进行动态效应分析：

$$y_{i,t} = \sum_{\tau=-5}^{5} \beta_\tau D_{i,\tau} + \delta_p [+ \gamma_i] + \eta_{u,d,t} + \epsilon_{i,u,d,t} \qquad (2)$$

$D_{i,t}$ 由冲击前后每年的虚拟变量组成，范围为冲击前 5 年至冲击后 5 年。

四、联邦资助冲击对创新产出的影响

（一）基准结果

如表 2 所示，首先，本文发现大规模负面的联邦资助冲击使研究人员创办高新技术企业的机会减少 0.18 个百分点，约为均值的 80%。事件研究结果也表明，受到联邦资助冲击后，高新技术创业呈显著下降趋势，且这种影响随着时间的推移而增长。其次，联邦资助削减增加了专利申请，无论是以广延边际衡量还是以专利数量来衡量。表 2 列（3）表明，大规模的负面联邦资助冲击使研究人员在特定年份成为专利发明人的机会提高一倍。事件研究结果也表明不存在事前趋势，而且从受到冲击后的第二年开始，专利持续了至少 5 年的显著增加。最后，联邦资助负面冲击显著减少了学术发表数量，使研究人员的学术发表比平均值减少了约 15%。

表 2　　　　　　　　　　　　　　　　**基准回归结果**

Dependent variable	Log federal funding$_{i,t}$ （1）	High-tech entrepreneurship$_{i,t}$ （2）	Any patents$_{i,t}$ （3）	Number of patents$_{i,t}$ （4）	Any publications$_{i,t}$ （5）	Number of publications$_{i,t}$ （6）
Post$_{i,t}$	− 0.3275 *** （0.0586）	− 0.0018 ** （0.00077）	0.0026 ** （0.0010）	0.0039 *** （0.0013）	− 0.0120 ** （0.0055）	− 0.0466 *** （0.0172）
University × year × department FE	Yes	Yes	Yes	Yes	Yes	Yes
PI FE	Yes	Yes	Yes	Yes	Yes	Yes
Person FE	Yes	No	No	No	Yes	Yes
Number of observations	316 602	197 000	316 602	316 602	316 602	316 602
Adjusted R – squared	0.726	0.011	0.053	0.044	0.554	0.647
Mean of dependent variable	9.2	0.0023	0.0023	0.0028	0.097	0.302

（二）研究人员职业与创新产出的异质性

进一步考虑研究人员职业对创新产出的影响，分样本回归的结果显示（见表3），联邦资助负面冲击对高新技术创业的负面影响，仅在研究生和博士后中具有统计意义。原因在于他们具有创办高新技术企业所需的技能和经验，并且没有稳定的学术职业，所以对资助变化最为敏感。而联邦资助冲击对专利的正向平均效应主要由教师、研究生或博士后两大职业群体推动，但这种效应只对研究生是显著的。教师群体是推动学术发表负面效应的最主要力量。

表3   研究人员职业与创新产出的异质性分析

Oeccupational group	Faculty (1)	Graduate students and postdocs (2)	Undergraduate students (3)	Staff (4)
Panel A：Dependent variable：	High-tech entrepreneurship$_{i,t}$			
Post$_{i,t}$	-0.000078 (0.00103)	-0.0023^{*} (0.0013)	-0.0085 (0.0066)	-0.00052 (0.0017)
University × year × department FE	Yes	Yes	Yes	Yes
PI FE	Yes	Yes	Yes	Yes
Number of observations	35 500	91 000	19 000	53 000
Adjusted R – squared	0.029	0.007	0.26	0.026
Mean of dependent variable	0.0016	0.0025	0.0019	0.0023
Panel B：Dependent variable	Number of patents$_{i,t}$			
Post$_{i,t}$	0.0072 (0.0052)	0.0038^{**} (0.0017)	-0.0037 (0.0047)	0.0006 (0.0008)
University × year × department FE	Yes	Yes	Yes	Yes
PI FE	Yes	Yes	Yes	Yes
Number of observations	52 172	134 949	25 785	103 696
Adjusted R – squared	0.174	0.067	0.040	0.122
Mean of dependent variable	0.008	0.0028	0.0007	0.0006

续表

Oeccupational group	Faculty (1)	Graduate students and postdocs (2)	Undergraduate students (3)	Staff (4)
Panel C: Dependent variable	Number of publications$_{i,t}$			
Post$_{i,t}$	− 0. 2201 *** (0. 0607)	0. 0118 (0. 0281)	0. 0095 (0. 0257)	− 0. 0131 (0. 0111)
University × year × department FE	Yes	Yes	Yes	Yes
Person FE	Yes	Yes	Yes	Yes
Number of observations	52 172	134 949	25 785	103 696
Adjusted R – squared	0. 651	0. 520	0. 244	0. 537
Mean of dependent variable	1. 21	0. 18	0. 02	0. 08

在研究结果的质量上，表 4 表明，联邦资助削减对专利的正向效应主要是由于低通用性与低引用次数的专利增加。联邦资助削减对专利转让给私人企业也有显著的正向影响。另外，联邦资助冲击对学术发表的负面效应主要是由高影响力期刊上学术发表的减少导致，而且减少的发表更多为基础性研究（见表 5）。总体表明，联邦资助削减使得学术研究从正外部性更强的基础研究领域转向私人企业的商业领域。

表4   联邦资金削减对专利权的不同影响

Dependent variable	Number of potents$_{i,t}$				
	Low generality (1)	High generality (2)	Low citations (3)	High citations (4)	Private assignee (5)
Post$_{it}$	0. 0027 *** (0. 0010)	0. 0013 ** (0. 0006)	0. 0026 *** (0. 0010)	0. 0014 ** (0. 0006)	0. 0005 ** (0. 0002)
University × year × department FE	Yes	Yes	Yes	Yes	Yes
PI FE	Yes	Yes	Yes	Yes	Yes
Number of observations	316 602	316 602	316 602	316 602	316 602
Adjusted R – squared	0. 047	0. 024	0. 041	0. 033	0. 068
Mean of dependent variable	0. 0021	0. 0007	0. 0019	0. 0009	0. 0002

表5 联邦经费削减对各类出版物的不同影响

Dependent variable	Number of publications$_{i,t}$						
	Low-impact journal (1)	High-impact journal (2)	Low citations (3)	High citations (4)	Applied (5)	Basie (6)	Cited by patents (7)
Post$_{i,t}$	−0.0188 (0.0119)	−0.0277 *** (0.0090)	−0.0176 * (0.0095)	−0.0290 *** (0.0105)	−0.0054 (0.0134)	−0.0218 *** (0.0075)	0.0124 *** (0.0041)
University × year × department FE	Yes	Yes	Yes	Yes	Yes	Yes	Yes
Person FE	Yes	Yes	Yes	Yes	Yes	Yes	Yes
Number of observations	316 602	316 602	316 602	316 602	316 602	316 602	316 602
Adjusted R – squared	0.574	0.598	0.538	0.576	0.610	0.549	0.486
Mean of dependent variable	0.125	0.177	0.152	0.150	0.165	0.085	0.043

五、联邦资助削减对创新产出的影响机制

联邦资助削减影响研究人员的创新产出，存在两种可能的途径，一是资助削减降低研究人员的总体资助水平；二是改变研究人员的资助构成或来源。表6显示，冲击发生后，研究人员的联邦资助额下降而私人资助额有所增加。相应地，联邦资助占比下降，而私人资助占比显著提高，说明研究人员通过寻求更多的私人资助来弥补联邦资助的减少。

基于上述分析，本文提出三条影响机制：（1）生产力机制。研究人员的总体资助水平的下降，由于减少了研究人员进行研究和创新的资源，可能会降低研究人员的生产力；（2）研究方向机制。因为联邦资助者更愿意资助基础性研究，因此联邦资助的减少可能影响研究人员的研究方向；（3）研究占有机制。对私人资助的依赖可能导致研究占有性质的变化，即私人企业寻求占有

研究产出，导致其更多地将研究成果商业化。

表6   联邦资助削减对创新产出的影响

Dependent variable	Logall funding$_{i,t}$ (1)	Log private funding$_{i,t}$		Share federal$_{i,t}$ (4)	Share private$_{i,t}$ (5)
		(2)	(3)		
Post$_{i,t}$	−0.1556 ** (0.0725)	0.1401 (0.1515)	0.2536 * (0.1566)	−0.0411 *** (0.0115)	0.0302 *** (0.0089)
University × year × department FE	Yes	Yes	Yes	Yes	Yes
PI FE	Yes	Yes	Yes	Yes	Yes
Number of observations	316 602	316 602	157 763	316 602	316 602
Adjusted R – squared	0.404	0.435	0.455	0.316	0.285

本文与第三条机制相符。理论上，研究人员的资助构成从联邦来源转向私人来源虽然可以弥补联邦资助的减少，但这两种资助的目的截然不同。私人企业资助者寻求私人利益，占有研究产出的动机强烈，他们会通过严密的法律合同掌控知识产权与研究结果的披露，而联邦政府资助旨在促进创新与社会效益最大化。因此，私人资助的研究更容易被其占用，而联邦资助的研究成果可能更开放、更容易被研究人员利用以进行创业，或通过发表进入科研领域。与资助者对研究的占有机制一致，本文的实证结果表明，联邦资助削减对专利产生的积极影响以及对专利分配到私人企业的更高可能性。而联邦资助削减对高新技术创业与学术发表的显著负面效应，也正是因为联邦资助的附加条件少，其资助的知识产权可以更自由地用于学术发表或者进行创业。

六、总结与探讨

本文使用来自22所大学获资助员工的个人数据，结合专利、学术发表和美国人口普查局数据，识别了联邦资助对大学创新产出的因果效应。结果发现，联邦资金削减增加了专利申请，但减少了高新技术创业和学术发表。那些增加的专利质量相对较低，而减少的学术发表是相对高质量、基础性的研究成果。机制分析表明，从联邦资助到私人资助的转变影响了研究人员的目标和约束，导致资助企业对知识产权的更多占有。这些结果表明，联邦资助在产生更开放、有大量知识溢出的研究方面发挥着重要作用。用更多的私人资助来弥补联邦资助下降的举措会降低研究成果质量，减少知识溢出。

推 荐 理 由

大学是一个重要的创新平台，不仅为国家培养创新人才，也在推动技术进步和促进经济发展发挥举足轻重的作用。这篇文章从个体层面研究了联邦政府资助对研究人员创新产出的影响，结果表明更少的联邦资助会降低研究生与博士后进行创业的可能，进而可能对经济增长产生更长期的影响。本文的研究对于私人企业与政府在创新方面作用的发挥具有很强的政策启示。私人企业与政府对资助大学创新有着不同的目标，对创新结果的质量与社会效益也会产生不同的影响，是否应该用更多的私人资助来代替政府资助值得我们进一步思考与探究。

用违其长：企业人才争夺中的 "心机" 及其创新后果[*]

一、引 言

政府和社会将大量资源用于研发活动，以期通过技术进步实现经济增长。以往对于经济增长的研究大多集中在对一国家创新投入的分析。然而，只关心创新要素的投入并不能反映一国的创新能力，创新要素在企业间的合理配置才是实现技术进步的关键。当市场中的在位企业（incumbent firms）面临被替代的风险时，可能会通过策略性雇佣发明家的手段维持其市场地位。这种由策略性竞争活动导致的发明家在企业间再配置可能会导致总体创新产出的下降。内生经济增长模型指出，全要素生产率（TFP）应与人均发明家数量成比例变动。本文发现，相较于人均发明家数量的增长，全要素生产率的增长却放缓了［见图 1（a）］。通过对不同类型企业发明家数量进行分析，本文发现，2000 ~ 2016 年，在位企业的发明家份额由 48% 上升为 57%［见图 1（b）］。但是，相较于年轻企业，在位企业的创新质量却明显下降［见图 1（c）］。这些数字揭示了一个重要问题：发明家在美国经济中是如何配置的？这种配置是否会对创新能力产生影响？为了回答上述问题，本文构建了一个创造性破坏模型，研究由在位企业策略性竞争行为引起的发明家再配置对其创新产出的影响。通过

　　* 推荐人：中南财经政法大学财政税务学院，孔子云。
　　推送日期：2023 年 10 月 20 日。
　　原文信息：Akcigit U., Goldschlag N. Where have all the "creative talents" gone? Employment dynamics of us inventors［R］. National Bureau of Economic Research，2023.

实证分析，本文对模型推论进行验证，并得出如下主要结论：（1）发明家越来越集中于在位企业，并且创业可能性降低；（2）在位企业中的发明家收入高于新进入企业12.6%，但其创新产出却降低了6%～11%。

　　本文的研究贡献体现在以下三个方面：（1）以往研究表明，由企业间竞争活动引起的要素再配置会提高企业生产率。然而，本文发现，由企业策略性竞争行为引致的发明家要素再配置反而导致发明家生产率下降。（2）以往关于要素错配的研究大都停留于静态分析，本文从发明家就业这一视角动态分析了要素错配的经济后果。（3）本文解释了美国经济活力下降现象出现的原因：当在位企业策略性雇佣发明家时，可能会导致美国经济的整体活力下降。

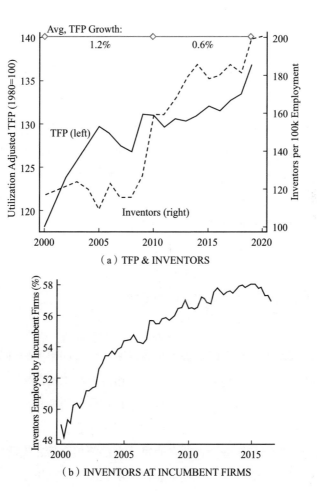

（a）TFP & INVENTORS

（b）INVENTORS AT INCUMBENT FIRMS

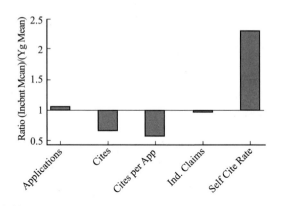

（c）INVENTOR PRODUCTIVITY, YOUNG & INCUMBENT FIRMS

图 1　发明家就业动态

二、理 论 模 型

本文构建了一个创造性破坏模型。该模型中，在位企业面临被新进入企业替代的风险，新进入企业的发明家拥有一项可以提升其市场份额的创新，但该创新的实施需要花费一定成本（φ）。如果创新被实施，则产品质量由 q_j 提升至 $(1+\lambda)q_j$。此时，为了维护自身市场地位，在位企业有动机雇佣新进入企业的发明家，而不是改进现有技术。该模型假定创新实施的成本大于其实施后带来的增加值，具体设定如不等式所示：

$$\beta q_j(1+\lambda) > \phi > \beta q_j\lambda$$

此时，在位企业是否实施创新的决策如下所示：

$$\max\left\{\underbrace{0}_{\textit{Value of not implementing}}, \quad \underbrace{\beta q_j\lambda-\phi}_{\textit{Value of implementing}}\right\}$$

从上式可以看出，在雇佣新进入企业发明家后，如果实施创新的成本高于其增加值，在位企业会放弃实施创新，转而通过提高工资的手段与发明家分享垄断租金。进一步地，本文还构建了具有纳什均衡的博弈论模型，刻画了在位企业是否雇佣新进入企业发明家的过程，如图 2 所示。

当在位企业决定与新进入企业发明家分享垄断租金后，发明家与在位企业和新进入企业展开工资博弈。在位企业与发明家的博弈如下所示：

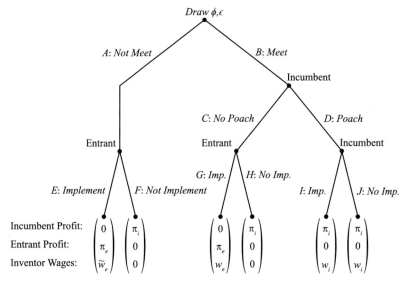

图 2　创新环境博弈树

$$\max_{w_i}(\pi_i - w_i)^\gamma(w_i - w_e)^{1-\gamma}$$

新进入企业与发明家的博弈如下所示：

$$\max_{w_e}(\pi_e - w_e)^\gamma(w_e - w_i)^{1-\gamma}$$

经过推导验证，可得发明家的均衡工资为：

$$w_i^* = (1-\gamma)\pi_i + \gamma\pi_e$$

基于模型推导，本文提出如下三个推论。

推论1：在位企业会雇用新进入企业发明家，但并不实施其创新，导致总体创新水平下降。

推论2：在位企业会收购新进入企业（发明家为新进入企业创始人），并且不实施其持有的新技术，导致总体创新水平下降。

推论3：在位企业会通过提高工资的方式雇佣新进入企业发明家。

三、识 别 策 略

本文将美国专利及商标局的专利数据、美国人口普查局的人口普查数据以及行政调查数据相结合，通过匹配，将样本分成在位企业发明家和新进入企业发明家，并使用事件研究法和双重差分法考察雇佣事件发生前后不同类型企业发明家创新产出和收入的差异。

（一）事件研究法

基准回归公式如下：

$$Y_{ite} = \alpha + \sum_{j=-4}^{4} \lambda_j d[j]_{ite} + \beta_1 Incumbent_{ie} + \sum_{j=-4}^{4} \eta_j d[j]_{ite} \times Incumbent_{ie}$$
$$+ \beta_2 Age_{ite} + \delta_j + \gamma_k + \psi_i + \epsilon_{ite} \tag{1}$$

其中，Y_{ite} 为结果变量，表示发明家 i 的专利申请和收入水平；$Incumbent_{ie}$ 为虚拟变量，当雇佣事件发生在在位企业时取 1，否则为 0；λ_j 反映了雇佣事件发生年份的动态效应；η_j 表示雇佣事件发生前后不同类型企业发明家创新产出和收入的差异；Age_{ite} 表示发明家年龄；δ_j、γ_k 和 ψ_i 分别表示行业、雇佣年份和个体固定效应。

图 3 为报告了基准回归结果。通过图 3 可以看出，雇佣事件发生前，在位企业和新进入企业发明家的创新产出和收入不存在差距。雇佣事件发生当年在位企业比新进入企业发明家收入高 15%，在位企业发明家的专利申请数量减少了 0.023 件，并在四年后上升至 0.052 件。

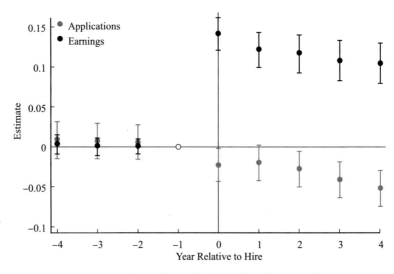

图 3　聘用年轻有为的发明家

（二）双重差分法

本文进一步构建双重差分框架，探索在不同类型企业就业对发明家创新产出和收入的影响，其回归方程如下：

$$Y_{ite} = \alpha + v_1 Post_{ite} + v_2 Incumbent_{ie} + v_3 Post_{ite} \times Incumbent_{ie}$$
$$+ \beta_4 Age_{ite} + \delta_j + \gamma_k + \psi_i + \epsilon_{ite} \quad\quad (2)$$

其中，$Post_{ite}$ 为虚拟变量，当 $t \geq 0$ 时取 1，否则为 0。表 1 展示了双重差分模型回归结果。前两列报告了对发明家专利申请和收入的影响。相较于被新进入企业雇佣，发明家被在位企业雇佣后，专利申请减少了 0.036 件，收入上升了 12.6%；此外，专利引用率降低了 11.9%，每份申请的引用率降低了 11.3%，独立权利要求份额降低了 5.4%，而自引率提高了 37.7%。

表 1　　　　　　　　　　　年轻和在职员工

	Apps	In (*Earnings*)	Citations	Citations per App	Independent Claims	Self Cite Rate
Post	− 0.1289 *** (0.006064)	− 0.03429 *** (0.007612)	− 0.8955 *** (0.2094)	− 0.2611 *** (0.02871)	− 0.07455 *** (0.002297)	− 0.01234 *** (0.001006)
Post × Incumbent	− 0.03585 *** (0.007011)	0.1184 *** (0.009772)	− 0.6861 *** (0.2069)	− 0.1145 *** (0.02439)	− 0.01581 *** (0.002392)	0.02278 *** (0.001358)
R^2	0.311	0.8106	0.2531	0.1845	0.1818	0.4716
N	781 000	143 000	371 000	370 000	660 000	213 000
Pre − Hire Mems						
Incumbent Hires	0.6017 (1.34)	10.29 (1.045)	5.758 (33.01)	1.009 (4.246)	0.2925 (0.5645)	0.06035 (0.132)
Young Hires	0.6068 (1.429)	10.29 (1.051)	5.933 (33.27)	1.039 (4.338)	0.2947 (0.5795)	0.0601 (0.1309)

此外，本文还通过六个稳健性检验排除了离职行为、自引率的机械效应、职业类型、年龄、调整成本、金融危机对结论的潜在影响。

四、结论及政策含义

人才是创新产生的重要要素，而人才在企业间的合理配置对一国的创新能力有关键影响。本文提出了一个创造性破坏模型，重点关注发明家要素在企业间的配置对经济增长的影响。通过实证分析，本文发现，相较于新进入企业，被在位企业雇佣的发明家收入上升，但创新水平下降。同时，本文具有一定的政策启示。首先，相较于创新要素投入，政府更应该关注要素在企业间的合理配置；其次，发明家向大企业的集中可能会导致一国总体创新能力下降；最后，鼓励在位企业创新的政策可能是以损失新进入企业高质量创新为代价。

推 荐 理 由

创新对经济增长的作用是经济学领域的经典议题之一。本文从美国 TFP 增长放缓这一特征事实出发，研究了企业间竞争活动对经济增长的影响。以往研究关注了要素错配对生产效率的影响，但大多数集中在资本效率错配，忽略了由企业间竞争活动引起的发明家要素错配对创新产出的影响。本文的结论不仅从企业视角揭示了创新要素的在企业间再配置的过程及影响，也为中国企业创新效率的研究拓宽了思路。此外，本文从发明家工资博弈视角刻画了发明家就业决策的过程，为未来研究发明家流动提供了新视角。

福祸相依：政府转移支付如何影响零售价格与福利？[*]

一、引　言

政府转移支付计划如何影响社会与家庭的行为和福利是研究者和政策制定者关注的一个重要问题，这个问题决定了转移支付政策的效用。然而，现有研究大多只关注转移支付对受助群体的影响，较少关注政策的溢出效应。事实上，针对特定群体进行的非现金转移不仅影响家庭和个人，其他主体也会做出相应的反应。补充营养援助计划（SNAP）作为美国安全网的核心组成部分，每年为4 000多万美国人提供约700亿美元的食品福利。但以往研究大多关注其对参与家庭的影响，较少考察供应方如零售商受政策影响如何。

本文使用2006~2015年的全国零售与消费者扫描仪数据，采用工具变量法和差分法，研究了SNAP福利变化对零售价格、销售额以及家庭消费行为的因果效应，为该问题提供了新的证据。研究发现：首先，人均SNAP福利每增加1%，食品杂货店的价格就会持续上涨0.08%。在SNAP参与率较高和杂货市场集中度较高的县，这种影响更为明显，其带来的销售额增长也更快。而且SNAP福利的变化还对SNAP以外的商品也产生了积极影响，提高了这些商品

　＊　推荐人：中南财经政法大学财政税务学院，盛倩。

　推送日期：2023 年 11 月 3 日。

　原文信息：Justin H. L. , Hee K. S. How do government transfer payments affect retail prices and welfare? Evidence from SNAP ［J］. *Journal of Public Economics*，2023：217.

的价格。其次，SNAP 参与家庭的食品边际消费倾向约为 0.44，而且在发放 SNAP 福利的周内，这些家庭的边际消费倾向更高。最后，作者通过构建供需局部均衡模型，发现对于 SNAP 商品，SNAP 福利每增加一美元使 SNAP 参与者的消费者剩余增加约 0.7 美元，零售商获得 0.5 美元的生产者剩余，而非 SNAP 参与者的消费者剩余出现下降，减少约 0.4 美元。

相较于以往文献，本文的边际贡献有以下三点：（1）本文利用丰富的微观数据研究了政府转移支付计划 SNAP 福利持续扩大的影响，并主要考察了对供应方的影响；（2）本文扩充了社会计划通过价格变化进而影响社会福利分配的相关研究，发现转移支付计划可以通过均衡效应对参与者和非参与者产生意想不到的后果；（3）本文论证了由政府转移支付驱动的需求冲击对价格的影响，为需求冲击如何影响价格的相关文献进行了有益的补充。

二、数据来源与指标构建

（一）数据来源

本文主要使用来自美国农业部（USDA）食品和营养服务局（FNS）发布的关于 SNAP 福利支出以及 SNAP 参与情况的州—月度公开数据。另外，本文还使用了由美国 FNS 收集的 SNAP 质量控制调查数据、尼尔森零售扫描仪数据、尼尔森消费者面板数据、从 FNS 获得参与 SNAP 的零售商店数据。

（二）SNAP 福利计算公式与工具变量构建

联邦 SNAP 福利计算公式旨在保证政府认为的贫困家庭有足够营养的消费能力下限。美国农业部每年根据消费者价格指数的变化，为一个四口之家制定月度饮食预算。10 月，农业部根据该预算规模更新 SNAP 福利参数，这成为低收入家庭可以从 SNAP 获得的最大福利水平。SNAP 福利公式简化形式如下：

$$\widetilde{B}_{it} \approx b_t(N_{it}) - 0.45 I_{it} + 0.45 o_t(X_{it}) + 0.3 R_{it} + 0.3 u_{st}(N_{it}) \tag{1}$$

$\widetilde{B}_{it}$ 为每个参与者的 SNAP 福利。$X_{it} = \{N_{it}, S_{it}, I_{it}, R_{it}\}$，代表政府在时

间 t 期所观测到的潜在 SNAP 参与者个体 i 所在家庭的特征。N_{it} 为个人所在家庭的规模；S_{it} 是个人居住的州；I_{it} 为个人的总收入减去劳动收入扣除；R_{it} 是个人的租金成本。$P_t(X_{it}) = \{b_t,\ o_t,\ u_t\}$ 代表 SNAP 公式的参数，为 X_{it} 的函数。b_t 代表最低福利公式；u_t 代表公用事业费用扣除公式；o_t 代表除住房外的各种基本需要的扣除公式。

州级人均模拟福利工具变量为 $\tilde{Z}_{st}$，$n_{s,0}$ 为 2006 年之前 s 州的人口，设定 $t = 0$：

$$\tilde{Z}_{st} = \frac{1}{n_{s,0}} \sum_{i \in s,0} \left[\tilde{B}_{it}(X_{i0};\ p_{st}(X_{i0})) \right] \tag{2}$$

使用对数点以转换成弹性，则人均模拟福利的百分比为：

$$\Delta \ln \tilde{Z}_{s,t} \approx \frac{\tilde{z}_{s,t} - \tilde{z}_{s,t-1}}{\tilde{z}_{s,t-1}}$$

$$= \frac{\overline{\Delta}_s b_t(N_{i0}) - 0.45 \overline{\Delta}_s o_t(X_{i0}) + 0.3 \overline{\Delta}_s u_{st}(N_{i0})}{\frac{1}{n_{s,0}} \sum_{i \in s,0} \left[b_{t-1}(N_{i0}) - 0.45 I_{i0} + 0.45 o_{t-1}(X_{i0}) + 0.3 R_{i0} + 0.3 u_{s,t-1}(N_{i0}) \right]}$$

三、识别策略

首先，为了估计 SNAP 福利对价格的影响，本文使用如下面板固定效应模型：

$$\ln Y_{it} = \alpha + \beta \ln B_{st} + X'_{it}\gamma + \alpha_i + \alpha_t + \varepsilon_{it} \tag{3}$$

Y_{it} 是 s 州商店 i 在时期 t 的价格指数或实际销售额等结果，B_{st} 为州级人均福利。系数 β 解释为相较于人均 SNAP 福利的价格（或实际销售额）弹性。X_{it} 表示商店所在县的特征，包括县房价的对数、县失业率的对数、县平均工资的对数和县人口的对数。其他控制变量包括各州 SNAP 参与者的平均总收入和租金、州烟草税、能源价格和各燃料类型的消耗数量。加入商店和时间固定效应 α_i 和 α_t。标准误聚类在州层面。

其次，为了估计冲击前 12 个月开始的累积脉冲响应，以进行事前平行趋势检验，本文使用如下分布滞后模型：

$$\ln Y_{it} = \alpha + \sum_{j=-k}^{k} \beta_j \ln B_{s,t-j} + X_{it}' \gamma + \alpha_i + \alpha_t + \varepsilon_{it} \tag{4}$$

再次，本文使用在商店层面的三重差分模型进行估计，以利用县级层面的差异，如式（5）所示：

$$\ln Y_{it} = \alpha + \beta_1 \ln B_{st} + \beta_2 \ln B_{st} \times \ln A_{i0} + X_{it}' \gamma + \alpha_i + \alpha_t + \varepsilon_{it} \tag{5}$$

其中，A_{i0} 为 2006 年前期每个县的 SNAP 参与率。

最后，为了观察家庭层面的差异，本文构建如下四重差分模型：

$$\ln Y_{igt} = \alpha + \sum_{g=1}^{4} \beta_g \times T_g \times \ln B_{st} + X_{it}' \gamma + \alpha_{im} + \alpha_g + \alpha_t + \varepsilon_{igt} \tag{6}$$

此处将 t 期 g 组 i 户的支出（对数）与 t 期 i 户居住的州 s 中每个 SNAP 参与者的福利（对数）进行回归。T_g 为家庭分组变量，根据家庭是否参与 SANP 及其支出是否用于 SNAP 商品进行分组。

四、实 证 结 果

（一）对零售商店商品价格和实际销售额的影响

从表 1 可以看出，SNAP 福利提高产生了积极而显著的价格效应。在加入全部控制变量后，IV 估计系数为 0.082，表明人均福利每增加 1%，杂货店里所有商品的价格上涨约 0.08%。另外，SNAP 福利增加对所有商品总的实际销售额影响较小，在统计上不显著（见表 2）。原因如下：首先，食品总需求弹性较低意味着消费者不会因价格上涨而大幅减少购买量。其次，虽然 SNAP 消费者的食品边际消费倾向很大，但它对销售额的影响因 SNAP 消费者占销售额的比例（约 17%）而减弱。

表 3 的结果显示，州级人均福利对数与县级 SNAP 参与率的交互系数均显著为正。将 SNAP 参与率从第 10 个百分位数的 2.8% 提高到第 90 个百分位数的 13.7%，价格弹性提高约 0.014，实际销售额弹性提高约 0.034，说明 SNAP 福利变化对位于 SNAP 参与率较高地区的商店影响更大。此外，在食品杂货行业集中度较高、市场力量更大的县，SNAP 福利变化导致的价格反应也更强烈

表 1　SNAP 福利变化对价格的影响

Specification Variables	(1) OLS	(2) IV	(3) IV	(4) IV	(5) IV	(6) IV	(7) OLS	(8) IV
				Log price index				
Log benefits per population	0.00397 (0.0177)	0.232 (0.165)	0.157*** (0.0323)	0.148** (0.0267)	0.118*** (0.0300)	0.118*** (0.0295)	0.0211** (0.00951)	0.0820*** (0.0234)
Log housing price			0.126*** (0.0214)	0.118*** (0.0190)	0.106*** (0.0171)	0.107** (0.0172)	0.0474*** (0.0115)	0.0752*** (0.0124)
Log unemployment rate				-0.00802 (0.00619)	-0.00518 (0.00599)	-0.00493 (0.00573)	0.0000128 (0.00244)	-0.00383 (0.00355)
Log population				-0.146** (0.0648)	-0.136** (0.0627)	-0.134*** (0.0618)	-0.132** (0.0383)	-0.144*** (0.0391)
Log average wage				0.00755 (0.00559)	0.00830 (0.00544)	0.00852 (0.00540)	0.00930* (0.00552)	0.00748 (0.00555)
Log tobacco tax					0.00741*** (0.00268)	0.00740*** (0.00265)	0.00826*** (0.00158)	0.00519*** (0.00180)
Log SNAP average gross income						0.00382 (0.0139)	0.00133 (0.00472)	0.00634 (0.00851)

续表

Specification Variables	(1) OLS	(2) IV	(3) IV	(4) IV	(5) IV	(6) IV	(7) OLS	(8) IV
				Log price index				
Log SNAP average rent						-0.00512 (0.00369)	-0.00348 (0.00269)	-0.00490* (0.00291)
Observations	382 560	382 560	382 560	382 560	382 560	382 560	382 524	382 524
R – squared	0.884	0.771	0.868	0.874	0.884	0.884	0.904	0.899
Prob > F	0.824	0.010	0.000	0.000	0.000	0.000	0.000	0.000
Number of units	7 970	7 970	7 970	7 970	7 970	7 970	7 970	7 970
Number of clusters	48	48	48	48	48	48	48	48
First stage F – stat		2.578	13.996	17.857	20.655	20.682		20.194
Energy controls							X	X

表2 SNAP 福利变化对实际销售额的影响

Specification Variables	(1) OLS	(2) IV	(3) IV	(4) IV	(5) IV	(6) IV	(7) OLS	(8) IV
				Log real sales				
Log benefits per population	-0.0702* (0.0404)	0.0318 (0.150)	-0.0338 (0.0770)	-0.0661 (0.0866)	-0.0448 (0.108)	-0.0402 (0.106)	0.0617* (0.0324)	0.00597 (0.109)
Log housing price			0.110* (0.067)	0.0228 (0.0518)	0.0316 (0.0553)	0.0357 (0.0564)	0.0665 (0.0403)	0.0412 (0.0566)
Log unemployment rate				-0.135*** (0.0298)	-0.137*** (0.0307)	-0.139*** (0.0306)	-0.141*** (0.0288)	-0.137*** (0.0297)
Log population				-0.149 (0.165)	-0.156 (0.166)	-0.162 (0.165)	-0.153 (0.117)	-0.142 (0.126)
Log average wage				0.00271 (0.0395)	0.00219 (0.0394)	0.00112 (0.0394)	0.000677 (0.0395)	0.00234 (0.0395)
Log tobacco tax					-0.00514 (0.00777)	-0.00541 (0.00773)	-0.00298 (0.00608)	-0.000174 (0.00747)
Log SNAP average gross income						-0.0333 (0.0236)	-0.0193 (0.0172)	-0.0239 (0.0212)

续表

Specification Variables	(1) OLS	(2) IV	(3) IV	(4) IV	(5) IV	(6) IV	(7) OLS	(8) IV
				Log real sales				
Log SNAP average rent						0.00501 (0.00959)	−0.000600 (0.00920)	0.000703 (0.00890)
Observations	382 560	382 560	382 560	382 560	382 560	382 560	382 524	382 524
R – squared	0.962	0.962	0.962	0.963	0.963	0.963	0.963	0.963
Prob > F	0.089	1.000	0.000	0.000	0.000	0.000	0.000	0.000
Number of units	7 970	7 970	7 970	7 970	7 970	7 970	7 970	7 970
Number of clusters	48	48	48	48	48	48	48	48
First stage F – stat		2.578	13.996	17.857	20.655	20.682		20.194
Energy controls							X	X

（见表4）。进一步区分 SNAP 商品和非 SNAP 商品，发现福利增加对非 SNAP 商品的价格也具有显著的积极效应，其影响程度与 SNAP 商品相似，其原因在于零售商的多产品定价行为。以上分析表明，食品是由 SNAP 福利上调引起的积极需求冲击的主要商品部门。在 SNAP 参与率较高的地区，对其价格和实际销售额的影响都更为强烈。

表3　　　　SNAP 参与情况以及 SNAP 福利变化对价格和实际销售额的影响

Specification Variables	(1) OLS	(2) IV	(3) OLS	(4) IV
	Log price index		Log real sales	
Log benefits p. p.	0.0165 (0.0107)	0.0738 *** (0.0250)	0.0466 (0.0335)	− 0.0108 (0.104)
x Participation rate	0.0774 ** (0.0329)	0.130 *** (0.0371)	0.254 ** (0.115)	0.265 ** (0.128)
Observations	382 524	382 524	382 524	382 524
R − squared	0.904	0.899	0.963	0.963
Prob > F	0.000	0.000	0.000	0.000
Number of units	7 970	7 970	7 970	7 970
Number of clusters	48	48	48	48
First stage F − stat		10.439		10.439

表4　　　　　　　　集中措施和 SNAP 福利变化对价格的影响

Variables	(1)	(2)	(3)	(4)
	Log price index			
Log benefits p. p.	0.0726 *** (0.0232)	0.0338 (0.0288)	0.0662 *** (0.0246)	0.0264 (0.0295)
x HHI	0.0399 *** (0.00730)		0.0360 *** (0.00741)	
x Log est. per pop.		− 0.00407 *** (0.000959)		− 0.00397 *** (0.000937)

续表

Variables	(1)	(2)	(3)	(4)
	Log price index			
x Participation rate			0. 116 ** (0. 0370)	0. 129 *** (0. 0374)
Observations	382 524	381 984	382 524	381 984
R – squared	0. 900	0. 900	0. 901	0. 901
Prob > F	0. 000	0. 000	0. 000	0. 000
Number of units	7 970	7 958	7 970	7 958
Number of clusters	48	47	48	47
First stage F – stat	10. 098	10. 017	6. 950	6. 956

（二） 对家庭消费和购物行为的影响

文章还考察了 SNAP 家庭和非 SNAP 家庭的消费与购买行为，以及每组家庭对 SNAP 商品和非 SNAP 商品的反应。可以发现，SNAP 福利的上升只对 SNAP 家庭在 SNAP 商品上的消费才有显著的正向作用，其边际消费倾向约为 0. 44。另外，SNAP 福利提高带来的价格效应，提高了非 SNAP 家庭的食品支出，也使 SNAP 家庭增加了对非 SNAP 商品的消费。对月内每周消费反应的估计表明，在对家庭发放更多 SNAP 福利的周，平均消费边际倾向更高。

（三） 对社会福利分配的影响

为了检验前述估计价格和数量弹性值是否符合理论预测区间，量化 SNAP 福利变化的影响范围，本文在 Weyl 和 Fabinger （2013） 对单位税收归宿的研究框架基础上构建了一个局部均衡理论模型，研究了价格和数量对异质性需求冲击的反应。利用前文简约式估计结果以及现有文献中的估计弹性对上述公式进行参数校准，结果表明本文的估计符合已有文献的理论预测区间（见表 5）。在影响范围上，SNAP 福利的变化，使得生产者剩余增加了约 49%，因为他们提高价格，获得了额外的剩余，SNAP 消费者福利增加了约 66%，这些福利的增加以非 SNAP 消费者的损失为代价，其损失的程度约为 36%，即每个非

SNAP 消费者损失了约 5%。

表 5　　　　　　将一美元的 SNAP 福利用于 SNAP 合格商品的发生率

MPC elasticity	Pass-through elasticity	Shift magnitude	PS	CS	CS （SNAP）	CS （non‐SNAP）
0.339	0.0724	0.0802	0.440	0.0466	0.405	−0.358
0.522	0.0724	0.124	0.492	0.3051	0.664	−0.358

Notes：MPC elasticities are obtained from Section 4.2 and from HS. A market conduct parameter of 0.2 is assumed using markups as shown in Hottman (2016). A demand elasticity of −0.709 is obtained using panel variation as described in Section 5.4 and falls within the typical range reported in the literature as surveyed by Andreyeva et al. (2010). Proportion of SNAP sales of 0.168 is obtained from USDA data. Pass-through elasticity is obtained from Section 4.1 and the shift magnitude is the predicted pass-through elasticity obtained using Eq. (8) assuming a unit-subsidy pass-through rate of 1. Surplus calculations are changes in surplus per marginal dollar of SNAP disbursed. PS refers to producer surplus and CS refers to consumer surplus, CS （SNAP） and CS （non‐SNAP） refers to consumer surplus for SNAP consumers and consumer surplus for non‐SNAP consumers, respectively. See Section 5.4 for a detailed explanation.

五、结　　论

本文利用零售店和消费者微观消费数据，采用工具变量法，利用美国各州间 SNAP 福利计划调整的差异，探讨了政府转移计划对零售价格与家庭福利的影响。发现以食品电子福利形式大幅增加的政府转移支付，提高了食品杂货店的零售价格，在 SNAP 参与率较高和杂货市场集中度较高的县，价格反应程度更高。而且对非 SNAP 商品也产生了积极的价格效应。另外，对于 SNAP 商品，SNAP 参与者的消费者剩余大幅增加，零售商通过提高价格也获得了生产者剩余，但非 SNAP 参与者的福利却受到了损害。这表明政府转移支付计划可能导致目标以外的再分配结果。

推 荐 理 由

研究转移支付项目对福利的影响至关重要，通过价格反应进而影响不同群体间的福利再分配一直是经济学领域的研究重点。因为价格效应可能削弱政府转移支付的实际消费能力，并扭曲此类计划想要实现的再分配结果。这篇文章的结论表明，如果转移支付计划想要保证贫困群体最低的实际支出能力，国家层面应该提高最高福利水平以应对价格反应。另外，福利计划尽管提高了对目标群体以及社会的总体福利，有利于促进公平和改善不平等，但同时也降低了计划外消费者的福利，这可能是政策制定者在调整此类转移项目时需要考虑的一个方面。在推动我国实现共同富裕的过程中，如何避免向特定群体实施的转移支付项目可能产生的负面结果，以更好地实现这些转移支付计划的目标，也是值得我们进一步思考和探讨的问题。

事千秋，功万代：医疗保险
改革的居民健康效应[*]

一、引　　言

　　医疗保险的健康效应是健康经济学关注的重要问题。现有针对发展中国家医疗保险政策的文献表明，发展中国家的医疗保险扩张在自付费用减少和医疗服务使用增加上发挥重要作用，但保险扩张对健康的影响仍然存在一定的不确定性。此外，中国的新农合政策作为一项重大的医疗保险政策，此前也有学者关注，相关研究主要集中在健康结果、医疗服务使用和减少医疗贫困等方面，但研究结论存在一定差异，且并未考虑政策的非随机性。基于此，本篇文章利用宏观与微观数据，更加精准分析了医疗保险对健康结果和医疗服务使用的影响及其潜在机制。

　　本文使用中国死亡监测点数据集、中国老年健康调查、中国健康和营养调查以及中国县级统计年鉴考察了新农合政策对中国农村居民健康的影响，全面评估了新农合对居民死亡率、其他健康结果以及对医疗服务使用的影响。研究发现，新农合政策有效降低了居民总死亡率，并解释了这一时期中国人口78%的预期寿命增长。自2008年以来，该政策每年挽救超100万条生命，每

　　* 推荐人：中南财经政法大学财政税务学院，李东颖。
　　推送日期：2023年11月17日。
　　原文信息：Gruber J.，Lin M.，Yi J. The largest insurance program in history：Saving one million lives per year in China［J］. *Journal of Public Economics*，2023（226）：104999.

挽救一条生命的成本约为6.6万元人民币（约9 800美元），该成本远低于其他商业保险（如意外伤害赔付额和交通事故赔付额）。文章后续结合个体层面的微观数据进行分析，表明新农合政策改善了农民健康状况，提高了医疗服务使用。

　　相较于以往文献，本文引入县内农业人口密度变量，采用三重差分法缓解政策非随机导致的估计结果的偏差问题，量化了新农合政策对一系列健康结果的巨大改善程度，并分析了及其产生影响可能的潜在机制，全面评估了医疗保险对健康结果、医疗服务使用和自付费用支出的影响。文章为我国公共卫生部门政策制定提供了数据参考，具有重要的理论和现实意义。

二、数据来源与识别策略

　　本文死亡率数据源于中国死亡监测点数据集（DSP），按性别和年龄记录了中国各县的所有死亡和人口统计。新农合政策实施日期数据源于地方政府官方网站和新闻报道。控制变量数据以及机制检验部分数据来自2005～2011年中国县级统计年鉴。个体健康的微观数据源于中国老年健康调查（CLHLS）和中国健康和营养调查（CHNS）。

　　先前的研究大多利用新农合政策实施考察医疗保险改革的居民健康效应，然而新农合政策实施并非随机，政策优先在农业人口占比高和人均收入高的县实施，双重差分模型无法消除这种政策实施非随机导致的内生性问题。基于此，本文采用三重差分模型进行考察，引入一个之前研究尚未使用过的差异变量：该县的农业人口占比。由于新农合政策实施与当地农业人口占比存在明显的相关性，通过引入县农业人口占比，可以估计新农合政策实施时间相同但农业人口占比不同的地区之间的差异，进而有效排除政策实施的非随机性，具体模型如下：

$$\log(Y_{cpt}) = \alpha_0 + \alpha_1 AgriShare_{c,2000} \times Post_{ct} + AgriShare_{c,2000} \times \delta_t$$
$$+ X'_{ct}\alpha + \delta_c + \delta_{pt} + \delta_{t_c^0,t} + \delta_c \times t + \varepsilon_{cpt}$$

　　其中，Y_{cpt}表示p省c县t年的年龄调整死亡率和出生时预期寿命，

AgriShare$_{c,2000}$ 表示 2000 年 *c* 县拥有农业户口的人口比例，*Post$_{ct}$* 表示 *c* 县在 *t* 年参与新农合，*X$_{ct}$* 包括人均 GDP 和平均工资等经济控制变量，标准误聚类在县级。δ_c 为县级固定效应，δ_{pt} 为省份—年份固定效应，$\delta_{t^0_c,t}$ 为政策实施时间的年度固定效应，农业户口密度与年度固定效应的交乘项 *AgriShare$_{c,2000}$* $\times \delta_t$ 捕捉不同农业户口密度的时间变化趋势，同时控制每个县的线性时间趋势（$\delta_c \times t$）。

三、医疗保险对死亡率和预期寿命健康效应

图 1 是高农业户口占比县区和低农业户口占比县区（根据农业人口比例中位数划分）死亡率和预期寿命随政策实施的变化趋势。结果显示，在政策实施之前，两组县的发展趋势相似，城市较多的县的死亡率明显较低（约 8%），预期寿命较长（约 1.5%）。新农合实施后，这些差异迅速缩小，并发生逆转。当新农合政策实施 2~3 年后达到新的稳定状态时，高农业户口占比县的死亡率降低了约 4%，预期寿命大约高出 0.7%。

表 1 报告了本文的基准回归结果，列（1）结果显示，新农合实施后农民死亡率大幅下降，预期寿命显著增加。具体来说，与没有农业人口的县相比，

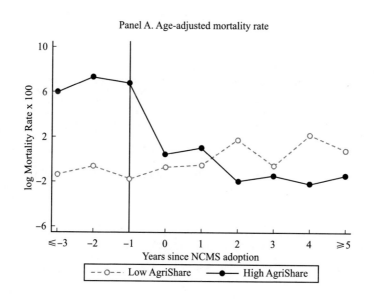

Panel A. Age-adjusted mortality rate

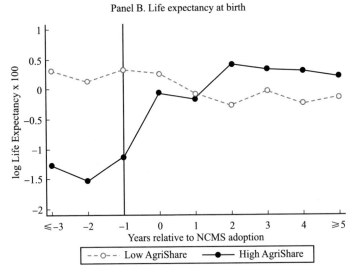

图 1　高农业户口占比县区和低农业户口占比县区死亡率和预期寿命的变化趋势

表 1　　　　　新农合政策对死亡率和预期寿命的影响（DSP 数据）

	（1）Baseline	（2）Controlling for local government inputs	（3）Removing economic covariates	（4）Sample period 2004 to 2007	（5）Dropping outliers	（6）Placebo tests
Panel A：Age-adjusted mortality rate						
Post NCMS × AgriShare2000	−0.197**(0.091)	−0.191**(0.090)	−0.197**(0.091)	−0.220**(0.104)	−0.190**(0.092)	−0.030(0.114)
Adjusted R²	0.803	0.802	0.803	0.768	0.803	0.788
Mean	546.23	546.23	546.23	550.91	547.55	821.17
Panel B：Life expectancy at birth						
Post NCMS × AgriShare2000	0.040**(0.018)	0.038**(0.018)	0.039**(0.019)	0.046**(0.021)	0.038**(0.019)	−0.012(0.027)
Adjusted R²	0.740	0.740	0.740	0.656	0.740	0.768
Mean	75.35	75.35	75.35	75.28	75.34	71.01
County FE	Yes	Yes	Yes	Yes	Yes	Yes
Province-by-year FE	Yes	Yes	Yes	Yes	Yes	Yes

续表

	(1) Baseline	(2) Controlling for local govemment inputs	(3) Removing economic covariates	(4) Sample period 2004 to 2007	(5) Dropping outliers	(6) Placebo tests
Panel B：Life expectancy at birth						
AgriShare2000 × year FE	Yes	Yes	Yes	Yes	Yes	Yes
NCMS – timing-by-year FE	Yes	Yes	Yes	Yes	Yes	Yes
County-specific linear trend	Yes	Yes	Yes	Yes	Yes	Yes
Covariates	Yes	Yes	No	Yes	Yes	Yes
Obs	847	847	847	484	819	673

生活在农业人口比例中位数（78.5%）的县在新农合实施后死亡率下降14.0%，预期寿命上升3.2%。列（2）~列（5）分别为控制社会援助中心数量和人均固定资产投资、去掉一组人均GDP和人均工资经济变量、替换为2004~2007年的样本、剔除异常值（残差最高和最低1%的4个县）的稳健性检验，结果显示文章的估计结果依然稳健。列（6）用1994~2000年数据模拟安慰剂检验，结果表明未实施新农合政策两个因变量没有变化。本文基准回归结果表明医疗保险的参与能够显著降低居民死亡率，延长预期寿命。

四、医疗保险对个体其他健康结果和医疗服务使用的影响

上一部分本文从县级层面讨论了医疗保险对死亡率和预期寿命健康效应，接下来本文从微观层面考察医疗保险对个体健康指标和的医疗资源利用影响。

$$h_c(m \mid S_{icm}) = h_{0,c}(m) \exp(\beta_1 NCMS_{icm} + \beta_2 NCMS_{cm} + \beta_2 AgriHukou_i + X_i'\beta + \delta_{t_c^0, t_m})$$

$$NCMS_{icm} = \alpha_0 + \alpha_1 NCMS_{cm} \times AgriHukou_i + \alpha_2 NCMS_{cm} + \alpha_3 AgriHukou_i$$
$$+ X_i'\alpha + \delta_c + \delta_{t_c^0, t_m} + \varepsilon_{icm}$$

本文构建了一个死亡风险模型，从微观角度衡量医疗保险对死亡率的影响。其中，$h_c(m \mid S_{icm})$ 表示c县m年具有S_{icm}特征的个体i的死亡风险，$h_{0,c}(m)$ 表示

c 县 m 年基期的死亡风险，为固定值。S_{icm} 包括新农合政策个体参与（$NCMS_{icm}$）指标、县级参与（$NCMS_{icm}$）指标、农业户口（$AgriHukou_i$）状态的虚拟变量、个体特征（X_i）和新农合政策按年的固定效应（$\delta_{t_c^0, t_m}$）。由于新农合政策是个体自愿参加，参与者和非参与者的健康禀赋和风险偏好可能本就不同，本文采用控制函数法（Control Function，CF）将新农合政策在县级的实施与个体农户状态的交互项作为个体参与新农合政策的工具变量消除这种内生性。结果表明参加新农合使个体死亡率显著下降，CF 法的结果系数显著提高。微观死亡率数据结果再次证实了医疗保险的健康效应。

接下来本文使用工具变量法观察其他健康指标和医疗服务使用的结果，模型如下：

$$Y_{ict} = \beta_0 + \beta_1 NCMS_{ict} + X_i'\beta + \delta_{ct} + AgriHukou_i \times \delta_t + AgriHukou_i \times \delta_c + \varepsilon_{ict}$$

$$NCMS_{ict} = \alpha_0 + \alpha_1 NCMS_{ct} \times AgriHukou_i + X_i'\alpha + \delta_{ct}$$
$$+ AgriHukou_i \times \delta_t + AgriHukou_i \times \delta_c + \tau_{ict}$$

Y_{ict} 是 t 次调查 c 县个体 i 的其他健康结果，$NCMS_{ict}$ 表明 c 县个体 i 在 t 次调查参与了新农合。本部分考察了医疗保险对其他健康结果和医疗服务使用的影响。结果表明医疗保险显著地改善了其他健康结果，并且增加了医疗服务使用。另外，医疗保险会导致一些医疗支出的增加，一方面反映了居民积极就医的态度转变，另一方面也需要政府注意医疗服务的覆盖和居民经济负担问题两者的平衡。

五、医疗保险如何影响个体健康状况

本文存在两个潜在的机制。首先，自付费用支出的减少可能减轻个人对未来健康支出风险的担忧，积极改善自身健康状况，减少的自付费用支出可能用于食品等其他形式的消费，帮助居民改善健康状况。本文回归结果印证了这个机制的存在。其次是医疗供给的扩张，以往研究都集中在需求侧讨论医疗服务的使用，然而医疗服务更类似于一个必需品，因此后续学者开始从供给扩张方面寻找潜在的影响渠道。我国政府于 2003 年开始允许私人投资公共卫生设施，这可能通过与新农合政策同时引起供应变化或者诱导供给侧效应对我们的结果产生影响。本文加入医护人员数量和医院床位数量作为控制变量，结果表明供给扩张确实导致了死亡率的下降和预期寿命的增加。

六、研究结论

本文考察了医疗保险的健康效应。文章将总死亡率数据与个体调查数据相结合，利用三重差分法，通过项目实施时间和农村地区的差异的交互效应确定新农合政策对健康结果的影响。研究发现新农合政策每年挽救了100多万人的生命，提高了预期寿命约120%。同时利用个体健康微观数据发现，新农合政策使一系列其他健康指标大幅改善，提高了医疗资源利用。最后，本文探讨了新农合政策产生这些效应可能的潜在机制，结果显示自付费用支出减少和医疗供给扩张是重要的中间机制。

推荐理由

医疗保险的健康效应是健康经济学领域关注的重要话题。医疗保险可以降低个人因医导致的财务风险，防止因医贫困，提高了人们获得医疗服务的能力，同时可以降低由于经济因素导致的医疗服务差异，减少社会中医疗不平等问题的发生。本文巧妙地利用三重差分模型克服政策实施非随机带来的内生性问题，量化了新农合政策对健康结果的影响，并分析了潜在机制。在机制分析部分，从供给扩张的角度衡量了医疗保险的健康效应，为相关研究提供了新思路。政策实施的非随机性是我们研究过程中经常遇到的问题，我国大多数政策试点具有非随机性，如果无法严谨论证政策试点时间的非随机性，就容易让人认为存在严重的内生性问题。本文的处理方式给了我们一个很好的示范，通过在回归中加入影响政策实施的变量，进而比较政策实施时间相同但特征不同的地区之间的差异，有效排除了政策的非随机性导致的内生性问题，这为我们之后进行相关研究提供了重要的参考。

改弦易辙：工薪税改革的
收入分配效应[*]

一、引　言

　　收入不平等是研究人员和政策制定者十分关心的问题。在先前考察收入不平等影响因素的文献中，有些学者强调了技能偏向型技术变革、劳动力市场分层以及全球化趋势对低技能劳动力需求减少的影响，这些因素加剧了收入不平等的程度。同时，还有大量研究集中分析了最低工资政策和工会活动如何影响收入不平等。然而，工薪税作为税收体系中的一个重要组成部分，其对收入分配的影响也不容忽视。鉴于此，本文将重点研究工薪税在收入再分配中的角色，从缴费端考察法国工薪税改革对收入不平等的影响机制和存在的弊端。

　　本文使用法国 1967~2019 年工资收入的行政数据和以所得税、工薪税为研究对象的微观模拟模型研究法国收入不平等的变化。由于在考察劳动力市场不平等时，使用仅包含雇员缴纳工薪税的岗位工资可能会忽略企业缴纳的工薪税对劳动力需求的影响，所以本文使用包含了企业缴纳工薪税的税前工资代替岗位工资进行分析。研究发现：（1）以 P90/P10 比率衡量的税前工资不平等

　　* 推荐人：中南财经政法大学财政税务学院，王瑷娆。
　　推送日期：2023 年 12 月 8 日。
　　原文信息：Bozio A. , Breda T. , and Guillot M. Using Payroll Taxes as a Redistribution Tool［J］. *Journal of Public Economics*，2023，226：104986.

在 1967 ～ 2019 年增加了 15.4% ，而同期扣除工薪税后的净工资的不平等则下降了 18.9% 。(2) 法国收入不平等的降低主要归因于最低工资的增加以及对低收入者的企业工薪税减免。(3) 利用工薪税进行再分配存在一些弊端，如再分配过程缺乏透明度、对低收入家庭的针对性不足等问题。

相较于已有文献更多从支出端考察工薪税的收入分配效应，本文从工薪税的缴费端考察其对收入不平等的影响，而这一因素在很大程度上被学者和政府所忽略。此外，本文还探讨了法国工薪税改革对收入不平等的影响机制和存在的弊端，丰富了有关收入不平等影响因素的相关文献，为探讨影响收入不平等因素的研究领域提供了新的视角和见解。

二、制度背景和数据来源

(一) 制度背景

工薪税，又称社会保险税（social security contributions，SSC），其主要目的不同于其他旨在促进收入再分配的税收，它主要用于筹集养老保险、医疗保险等项目的资金。与此不同，大多数国家的工薪税仅对劳动收入征税，并设有一个上限，这使得这种税收呈现累退性。在法国，最初的工薪税设计目的是降低失业率而非进行收入再分配，因此最初呈现累退性。然而，随着时间的推移，法国进行的一系列改革使得工薪税变成了其税收体系中最具累进性的一部分。尽管如此，工薪税在法国引发的再分配效应在很大程度上并未受到足够的关注。

1967 年，法国的工薪税具有明显的累退性。之后，法国进行了多项工薪税改革。1967 年到 20 世纪 90 年代中期，改革主要针对高收入群体，取消了工薪税的上限，旨在将增加的高收入者的工薪税用于为其他社会项目筹资。20 世纪 90 年代中期开始的改革主要针对低收入群体，通过降低雇主为处于或略高于最低工资水平的雇员缴纳的工薪税，降低劳动力成本，以避免高最低工资和高工薪税导致低技能劳动力失业率的提高。如图 1 所示，这两次改革使得以 P90/P10 比率衡量的税前工资不平等在 1967~2019 年增加了 15.4%，而同期扣除工薪税后的净工资的不平等则下降了 18.9%。逐步实现了法国工薪税由累退性向累进性的转变，降低了工资不平等程度，进而改善了其收入分配状况。

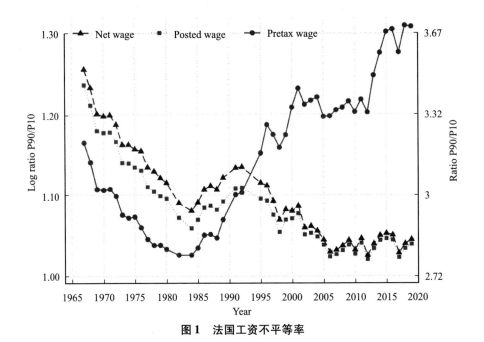

图 1　法国工资不平等率

（二）工资概念

本文所获取的关于收入的原始数据为净应税收入（net taxable earnings），它等于减去工薪税而没有减去所得税的收入。文中所涉及的一些工资概念的计算如下：净工资（net wage）等于净应税收入除以工作小时数；所得税净额工资（net-of-income tax wage）等于扣除个人所得税后的净应税收入除以工作天数；岗位工资（posted wage）等于净工资加上雇员每天的工薪税（employee payroll taxes）。税前工资在本文中表示企业为支付给工人的实际劳动力成本，等于岗位工资加上企业为员工支付的工薪税（employer payroll taxes）。

（三）数据来源

本文的分析主要基于雇主每年为雇员填写的个人收入数据构成的年度社会数据报告（DADS），所用数据包括 1967～2001 年所有员工的 1/24 的样本，以及自 2002 年起所有员工的 1/12 的样本。由于 1993 年以前的数据缺乏工作时间，本文聚焦于全职工作的个体，将样本年龄限制在 20～64 岁，并删除了年劳动收入低于最低工资 75% 的个体。此外，为确保样本随时间变化的一致性，本文只考虑私营部门的个体。

三、工薪税改革的模拟

为分析 1960 年以来法国的工薪税改革对收入不平等的影响，本文利用上述数据模拟了工薪税和所得税的改革所引起的收入不平等的变化过程。由于缺乏过去五十年的工薪税和所得税数据，加之计算工薪税的规则十分复杂，本文使用 TAXIPP 计算工薪税和所得税的模拟值。并分别计算出每年的净工资、税前工资和岗位工资，并分析其变化过程。因为法国的所得税采取综合课征的形式，本文使用 TAXIPP 估计所得税净额工资，并假设工人单身且没有其他收入来源。这样既可以简化税收计算，也有助于在排除一些干扰因素的情况下对工薪税和所得税的改革效应进行整体评估。

图 2（a）显示了不同收入群体工薪税税率的变化趋势，1967 年，法国的工薪税呈累退性，低收入群体的工薪税税率高于高收入群体的税率。但 19 世纪 90 年代中期后，高收入群体的税率快速上升，而低收入群体的税率逐年下降，实现了由累退性向累进性的转变。与工薪税的变化相反，所得税的累进性呈下降趋势。一方面是因为在低收入者所得税税率不变的前提下，所得税的最高税率下降。另一方面是因为随着税率的提高，高收入者的工薪税逐渐增加，导致其所得税的净应税收入不断减少，所得税负担也逐渐降低，即工薪税累进性的提高降低了所得税的累进性。由图 2（b）、图 2（c）可看出与递延福利

无关的工薪税税率的变化幅度大于所得税税率的变化幅度，即所得税改革带来的累进性的降低小于工薪税改革带来的累进性的增加，所以总的税收体系呈累进性。

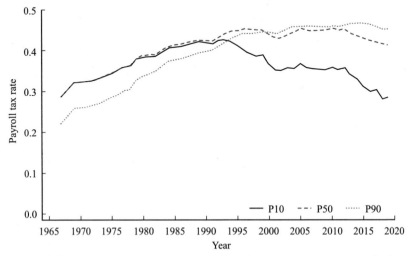

（a）Payroll Tax Rate for Percentile P10, P50 and P90 of the Pretax Wage Distribution

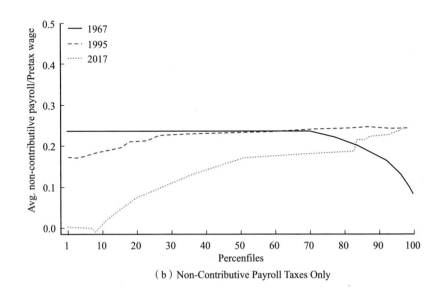

（b）Non-Contributive Payroll Taxes Only

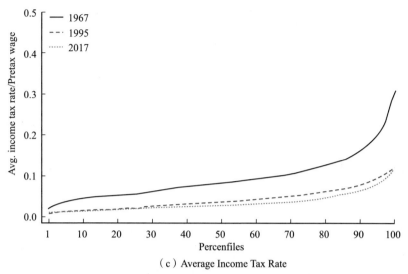

（c）Average Income Tax Rate

图 2   工薪税和所得税税率的变化趋势

四、工薪税改革的效应

本节主要研究在税前工资不平等加剧的背景下，工薪税改革是否能很好地解释法国净工资不平等的下降。由于最低工资会在工薪税对工资的影响中起抑制作用，所以从 20 世纪 90 年代中期开始实施工薪税减免，不能脱离最低工资的演变单独进行分析。

（一）工薪税变化的转移效应

自 1968 年起，法国开始逐渐提升其最低工资标准。随着最低工资的快速增长，到了 1985 年，它已接近中等工资的 60% 左右［见图 3（a）］。这一提升对减少同期的收入不平等起到了重要作用，特别是在提高低收入群体的收入方面。1993 年开始的工薪税改革带来的对低收入者工薪税的减免通过最低工资的提高部分地转移到工人身上。比如，当最低工资者的工薪税税率在给定年份降低 10%，但实际最低工资在同年提高 10% 的情况下，工薪税减免带来的工资水平提高的份额刚好转变为最低工资增加的份额。为了厘清最低工资将工薪税的减免转移到工人身上的机制，本文分别用 $W_t^{\min}$、$Z_t^{\min}$、$\tau_t^{\min}$ 表示第 t 年的实际最低净工资、实际最低劳动力成本和最低工资者的平均工薪税率，这三者满足 $W_t^{min} = Z_t^{min}(1-\tau_t^{min})$。其次，本文假设在最低工资不变时，工薪税改革后，最低工资者的反事实净工资也保持不变。这一假设意味着工薪税的减免将完全转嫁给雇主。最后，研究揭示了由于实际最低工资改变，而导致工薪税减免机械地转移到工人身上的累计份额为：$\dfrac{W_t^{min} - W_{1993}^{min}}{\tau_{1993}^{min} - \tau_t^{min}}$，图 3（b）反映了这一累计份额的逐年变化趋势。

（二）反事实的净工资不平等

为了进一步评估工薪税改革对收入不平等的影响，本文在没有工薪税改革的情况下提出了净工资不平等的两类反事实情境。情境 1 假定雇主的工薪税最终会转移给雇员。情境 2 假定只有 1993 年的改革所带来的工薪税的减免会通过最低工资的变化转移给工人，而 1980 年取消工薪税上限导致的雇主工薪税的增加不会转移给工人。如图 4（a）所示，两种情境下，收入不平等均呈上升趋势。图 4（b）、图 4（c）描述了在没有最低工资和工薪税改革的情况下，低收入者和高收入者的净工资不平等的变化趋势。通过将两种反事实情境和实际情况对比可得，与没有任何改革的情况相比，工薪税改革会导致收入不平等分别降低 29.7%（情境 1）、16.6%（情境 2）。

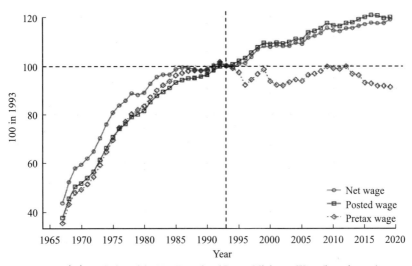

（a）Evolution of the Net, Posted and Pretax Minimum Wage (in real terms)

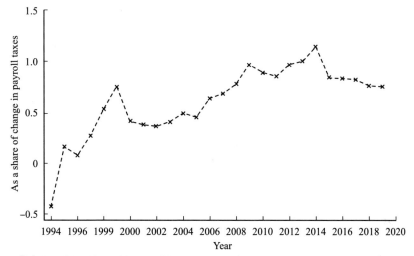

（b）Cumulative Share of the Payroll Tax Cuts at the Minimum Wage Mechanically Shifted to Employees

图 3　最低工资和工薪税减免发生率

（a）P90/P10 Waage Ratios

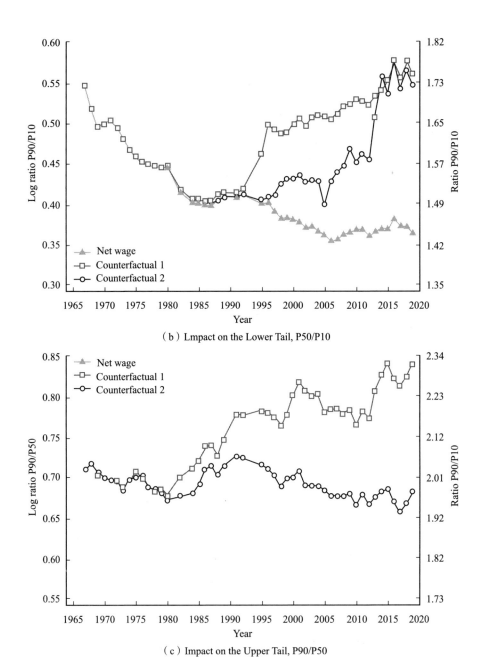

（b）Lmpact on the Lower Tail, P50/P10

（c）Impact on the Upper Tail, P90/P50

图 4　工薪税改革对工资不平等的影响

五、存在的弊端

本文利用 2007~2009 年的 EUSILC 调查数据，比较了各国税前工资和净工资的基尼系数，发现法国的收入再分配程度在所有国家中居于首位。考虑到目前大多数国家的工薪税具有累退性，因此法国的改革可以为其他国家提供经验借鉴。然而，法国的这一政策存在一定缺陷，如效应缺乏透明度，知晓度较低且难以理解，公众对政策的效应也存在疑问，认为这一政策不是十分民主的。工会也认为这是政府给予企业的减税政策，并将其称为"对雇主的礼物"。与综合性的所得税、以经济状况调查为基础的转移支付等措施相比，工薪税改革的针对性较不足，失业者、退休者等均被排除在政策范围外。此外，通过工薪税进行再分配，而不是通过提高最低工资，可能会降低低收入者的获得感、幸福感和成就感，使他们感觉到无法靠自己的收入生存，而需要借助于公共援助。

六、结　论

本文研究了法国 1967~2019 年的工薪税改革对税前工资、岗位工资和净工资不平等的影响。研究发现，以 P90/P10 比率衡量的税前工资不平等在法国增加了 15.4%，而同期净工资不平等下降了 18.9%。其中，收入不平等的减少在很大程度上可以归因于最低工资的增加与低工资收入者工薪税的减免相结合的政策组合。工薪税改革一直是法国主要的再分配工具。但考虑到其潜在的弊端，本文对是否应该在其他国家复制这一政策实验持谨慎态度。

推荐理由

收入不平等是很多国家普遍存在的社会问题。如何减少不同收入水平群体间的工资差距，进而缩小收入分配差距，一直是研究人员和政策制定者关注的焦点。法国的工薪税改革为解决这一问题提供了一种新思路。本文探讨了法国工薪税改革对收入不平等的影响机制及其实施过程中的利弊，对我们研究收入不平等问题具有启示意义，同时为其他国家借鉴法国工薪税改革的经验提供了参考。就中国而言，由 2022 年中国统计年鉴可知 2021 年我国企业所得税收入为 42 042 亿元，社会保险费收入为 96 936 亿元，社会保险费收入已超过企业所得税，是企业税负中重要的一部分。然而，多位学者发现，与其他国家相比，我国社会保障在调节收入分配方面所发挥的作用相当有限，甚至有学者认为我国社保缴费存在累退性。如何提高社保在收入分配中的作用，考察影响社保收入分配效应的原因，是未来的一个重要研究方向。

福荫子孙：公共援助与贫穷的代际传递[*]

一、引　　言

代际流动是公共经济学极为关注的重要话题。现有研究普遍认为出生在贫穷家庭的个体相较于出生在富裕家庭的个体成年之后更有可能成为穷人。但是由于混杂因素的影响，这种潜在的代际因果关系并未能被很好地识别。劳动所得税返还（EITC）政策为此提供了识别场景。作为美国历史上最大的反贫项目之一，EITC 政策从 20 世纪 70 年代开始在全国逐步展开，其最大返还额度仅由出生年份、居住州以及家庭规模决定，与家庭收入无关，能更好地识别公共政策的代际流动性。

本文以 EITC 政策为制度背景，采用收入动态调查数据（PSID）深入分析了父代家庭收入上升对于子代贫穷发生率、公共援助使用率、薪资状况以及代际流动性的影响。研究发现：EITC 政策显著降低了子代的贫穷发生率和公共援助的使用率，改善了代际流动性。具体而言，子代 0～15 岁每年最大 EITC 额度每增加 1 000 美元，子代的贫穷概率降低 7%～8%，公共援助的使用率降低 1%～2%，代际流动性提升 17%～21%。特别地，这种政策效应在女性、

　　* 推荐人：中南财经政法大学财政税务学院，蒋飞。

　　推送日期：2023 年 12 月 22 日。

　　原文信息：McInnis N. S. , Michelmore K. , Pilkauskas N. The Intergenerational Transmission of Poverty and Public Assistance：Evidence from the Earned Income Tax Credit（No. w31429）［J］. *National Bureau of Economic Research*，2023.

黑色人种以及 25% ~ 50% 分位数的样本中更为显著。

相较于已有的相关文献，本文可能的边际贡献有两个方面：首先，本文补充了 EITC 政策对于代际流动性影响的文献。已有评估 EITC 政策的文章多聚焦于个体税后收入、劳动参与率以及健康状况等方面，较少考虑其对于代际流动性的影响。其次，本文提供了公共援助带来的家庭收入直接增加对于代际流动性影响的证据。已有评估公共援助政策的代际流动效应相关文献多基于食品券等实物补助政策或者延长产假等非现金补助政策，而 EITC 政策会直接增加美国中低收入家庭的货币，其效用更为直接，更能为政府发放现金补助提供参考。

二、制度背景与数据来源

（一）EITC 政策

美国联邦的 EITC 政策开始于 1975 年，起初只是一项返还上限为 500 美元的临时补助政策，主要针对收入低于 10 000 美元且抚养孩子的家庭。在后来的发展中，其返还规则历经几次变化，返还额度逐渐增大，对于不同养育规模的家庭返还情况也具有差异。1978 年，EITC 政策作为固定条款写入税法，并且返还额度与通货膨胀挂钩；1991 年，EITC 政策对于二孩及以上家庭的返还额度上调；2009 年，EITC 政策对于三孩及以上家庭的返还额度进一步增加。联邦的 EITC 政策具体情况如图 1 所示。

除了联邦的返还之外，美国还有 32 个州以及哥伦比亚特区颁布了州级的 EITC 政策。其中大多数州都以联邦的额度为基础提供一定比例的返还，其比例从 3% ~ 100% 不等。少数州如加利福尼亚州并不完全以联邦的返还额度为基础，其返还比例虽然高达 85%，但是其返还上限相较于联邦较低。

（二）数据来源

本文使用的数据主要来自收入动态调查（PSID）数据，其中包含 1968 年以来将近 5 000 个家庭的人口统计特征、收入状况以及公共援助使用情况等信息。本文的研究区间选择为 1968～2017 年，以出生在 1967～1992 年的个体 0～15 岁的时间段作为子代的童年时期，以 25～45 岁的时间段作为子代的成年时期（25 岁之前多数美国青年并未成家，不会作为独立样本被 PSID 数据调查）。

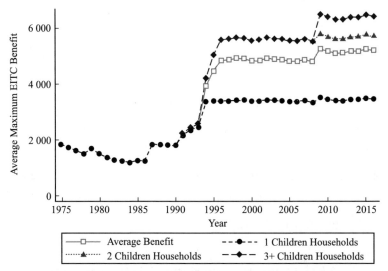

图 1　按符合条件的子女人数分列的联邦 EITC 最高补助额的变化情况

三、识 别 策 略

为估计 EITC 政策的代际流动效应，本文建立如下回归模型：

$$Y_{isb} = \beta_1 EITC_{sbc}^{0\sim15} + \gamma_1 X_{isb}^{0\sim15} + \gamma_2 W_{isb}^{0\sim15} + \gamma_3 Z_{sb}^{0\sim15} + \gamma_s + \delta_b + \theta_c + \epsilon_{ist} \qquad （1）$$

其中，被解释变量 Y_{isb} 为位于 s 州，出生年份 b 的个体 i 的贫穷状况以及公共援助使用状况等变量；$EITC_{sbc}^{0\sim15}$ 为子代 0～15 岁可获得的联邦及州级最大劳动所得税返还额度之和，由所在州 s、出生年份 b 以及家庭子代数量 c 决定。同时控制州、父代、子代三个层次的控制变量 $Z_{sb}^{0\sim15}$、$X_{isb}^{0\sim15}$、$W_{isb}^{0\sim15}$ 以及州、年份、子代兄弟姐妹数量三个方面的固定效应 γ_s、δ_b、θ_c。本文标准误聚类在州层面。

四、实 证 分 析

（一）对子代贫穷状况及公共援助使用率的影响

表 1 的结果显示，EITC 政策显著改善了子代的经济状况并降低了其公共援助的使用率。在加入控制变量和固定效应之后，样本收入高于贫困线的概率提升了 8%，高于 2 倍贫困线的概率提升了 6.5%，从公共援助的使用情况来看，WIC 的使用率下降了 2%，除 TANF、Food Stamps、WIC 之外的福利政策使用率下降了 1%，虽然其余公共援助使用情况的政策效应系数统计意义上不显著，但是整体呈下降趋势。另外 EITC 的政策效应主要集中在收入低于3 倍贫困线的样本，而对于其余样本的政策效应并不显著（见图 2）。原因在于 EITC 政策的目标人群是中低收入人群（收入低于 2.25 倍贫困线），同时高收入人群对于返还政策的敏感度不高。

表 1　　　　　童年时期参加 EITC 对成年后贫困和接受公共援助的影响

	（1）	（2）	（3）
Poverty			
Above poverty	0.072 ** (0.034)	0.067 ** (0.033)	0.080 *** (0.027)
Above 200% of poverty	0.066 * (0.037)	0.063 * (0.036)	0.065 * (0.038)
Public assistance			
TANF/AFDC	−0.007 (0.009)	−0.003 (0.008)	−0.004 (0.007)
Food Stamps/SNAP	−0.031 (0.038)	−0.022 (0.037)	−0.030 (0.033)
WIC	−0.016 (0.010)	−0.009 (0.011)	−0.023 * (0.012)

续表

	（1）	（2）	（3）
Public assistance			
Other welfare	− 0.014 * （0.008）	− 0.013 * （0.007）	− 0.013 * （0.007）
Any welfare program participation	− 0.045 （0.040）	− 0.032 （0.038）	− 0.047 （0.031）
State controls		X	X
State-specific time trends			X
Number of observations		26 800	

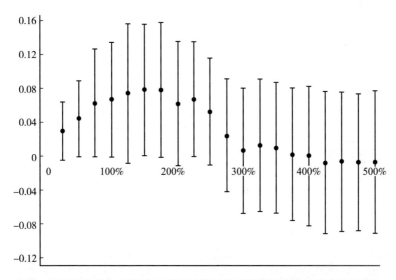

图2　儿童时期参加 EITC 对成年后收入超过联邦贫困线不同水平的影响

（二）不同子代、父代的代际流动分析

本文从子代及父代两个维度讨论了 EITC 政策效应的异质性。回归结果表明：首先，从子代来看，EITC 政策对于童年时期 0~7 岁、成年时期 31~35 岁、女性以及黑色人种分组样本的影响效应更强。这是由于童年早期家庭环境的改善更有利于成年时期的社会表现，而女性和黑色人种样本处于相对弱势地

位, 对于劳动所得税返还的政策敏感程度更高。其次, 从父代来看, 收入位于 25% ~50%分位、与劳动力市场联系紧密以及未完成大学的分组政策效应更强, 这是由于这部分分组的样本更有可能获得劳动所得税返还。

(三) 公共援助的作用机制

1. 子代被雇佣和收入状况

回归结果如表 2 所示, EITC 政策对于子代的被雇佣状况和年工作时长都有明显的促进作用。但是按照年最大工作时长 2 000 小时计算, 工作时长的上升幅度大于被雇佣比例的上升幅度 (134 >2 000 × 0.04), 表明工作时长的增加是广延边际效应 (extensive margin effects) 和集约边际效应 (intensive margin effects) 的共同作用。而从整体平均处理效应而言, EITC 政策对于子代的个体收入和家庭收入影响都不明显。但是从分位数回归结果来看 (见表 3), EITC 政策对于中低收入样本的政策效应显著, 对于高收入样本的政策效应并不明显。不同收入分位数样本对于政策的敏感程度差异解释了平均处理效应的不显著。另外, 本文还考虑了子代的婚育状况, 但回归结果表明子代的社会表现改善无法用其婚育状况变化解释。

表 2　　　　　儿童时期参加 EITC 对成年后收入和就业的影响

	(1)	(2)	(3)
Worked last year	0.044 * (0.025)	0.036 * (0.020)	0.040 * (0.023)
Hours worked last year	139.282 ** (69.236)	108.321 (64.876)	134.536 * (73.745)
Annual earings	2 669.442 (4 354.376)	−249.057 (4 337.921)	−2 096.816 (4 919.712)
Annual family labor income	4 404.495 (4 962.566)	2 009.244 (5 284.753)	69.876 (7 123.138)
State controls		X	X
State-specific time trends			X
Number of Observations		26 757	

表3　　　　　儿童时期参加 EITC 对成年后收入的影响，量化的回归结果

	Annual earings	Annual family labor income
Percentile of earnings distribution in adulthood		
10th percentile	4 153. 87 *** （1 230. 13） ［0. 00］	5 567. 77 *** （1 068. 18） ［13 320. 65］
25th percentile	4 752. 39 *** （1 017. 54） ［15 984. 78］	6 919. 73 *** （1 517. 98） ［33 289. 31］
50th percentile	3 876. 95 *** （1 192. 22） ［35 621. 52］	2 407. 53 （1 801. 30） ［61 190. 65］
75th percentile	2 656. 90 ** （1 091. 81） ［57 132. 87］	1 052. 56 （1 742. 72） ［97 261. 90］
90th percentile	− 3 488. 89 （2 501. 65） ［86 584. 24］	− 2 538. 08 （3 027. 41） ［140 000. 00］
State controls	X	X
Number of observations	26 757	26 370

2. 父代劳动力市场表现

除子代的长期社会表现可能是 EITC 政策效应的影响机制外，父代的短期社会表现如劳动力市场表现也有可能是其传导路径。基于此，本文以父代的劳动力市场表现为被解释变量进行回归，表4 为回归结果。EITC 政策对于父代的个体年税后收入、家庭年税后收入以及实际获得的 EITC 额度都有明显的正向影响，表明 EITC 政策通过提升父代的劳动力市场表现改善了子代的经济状况并降低了其公共援助的使用率。

表 4　　　　　　　　　　EITC 对父代劳动力市场影响的回归结果

Average annual hours worked by head and spouse	0. 16 （10. 59）
Average annual after tax earnings by head and spouse	1 295. 16 *** （400. 76）
Average annual after tax family income	1 124. 66 *** （391. 46）
Estimated EITC benefits	104. 07 *** （10. 02）
State controls	X
State-specific time trends	
Number of Observations	66 603

五、研究结论

本文以劳动所得税返还（EITC）政策的发展为研究场景，利用 1968 ~ 2017 年的收入动态调查（PSID）数据探究了贫穷和公共援助的代际传递效应。研究发现：童年时期享受 EITC 政策会显著降低成年后的贫穷发生和公共援助使用；这种效应来自子代成年后的就业和收入状况的改善以及父代劳动力市场表现的提升；并且这些影响增强了子代的代际流动性，尤其是对于女性、黑色人种以及收入分位数位于 25% ~ 50% 的样本。总之，EITC 政策不仅改善了父代的经济状况，还改善了子代的经济状况。

推荐理由

在全球范围内，促进中低收入阶层的代际向上流动是一个备受关注的重要议题。特别是在我国这样人口规模巨大的国家，如何在脱贫攻坚的基础上进一步帮助中低收入阶层改善生活水平并实现共同富裕，具有深远的现实意义。本文的研究结论发现，劳动所得税返还政策引致的父代家庭收入上升对增强子代的代际向上流动具有积极的影响。这为我们考察我国个人所得税改革提供了一个崭新的视角。我国个税起征点经历过多次改革，而这些改革对我国家庭经济状况改善以及社会公平的提升存在何种影响，这些影响又是否增强子代的代际向上流动的积极性，是未来需要深入研究和思考的问题。

顾此失彼：公、私部门的救护车服务供给效率与质量[*]

一、引　言

长期以来，私营企业是否能比公共部门更有效率地提供公共服务存在较大的争论。传统理论表明，当私营企业对提供公共商品和服务的资产具有剩余索取权时，他们有强烈的激励以更低的成本提供公共服务。但是有文献指出，当服务质量难以量化监督、企业创新压力较小、市场竞争不足以及消费者无法自由选择时，私营企业削减成本的代价是提供低质量的公共服务。

本文借助 2009～2016 年斯德哥尔摩市的救护车服务数据来分析私营企业提供公共服务的效率与质量，重点关注契约规定之内和之外的服务质量，分别是私营企业提供急救服务的响应时间（契约之内）和患者死亡率（契约之外）。斯德哥尔摩救护车市场有以下特征：（1）私营企业经过竞争性招标拍卖会获得一份五年的合同（期间没有企业进入或者退出），并与公共部门一起提供救护车服务；（2）患者与急救车服务之间不能互相选择，救护车派遣相较于患者的特征来说是随机的，由调度人员安排；（3）调度人员根据患者与救护车站点的距离以及救护车的可得性分配救护车，在救护车可

---

　　* 推荐人：中南财经政法大学财政税务学院，曾子汉。

　　推送日期：2022 年 12 月 2 日。

　　原文信息：Knutsson，Daniel，and Björn Tyrefors. The Quality and Efficiency of Public and Private Firms：Evidence from Ambulance Services ［J］. *The Quarterly Journal of Economics*，2022，137（4）：2213－2262.

用的情况下，最近的救护车会被派遣；（4）私营企业的获利是固定的，不与运输量挂钩。

基于此，本文创建了块级大小的地理固定效应进行控制，以确保每个网格中患者获得治疗概率基本恒定，进一步估计救护车提供类型的因果效应。实证结果如下：（1）对于契约规定的服务（响应时间），私营企业对于救护车调配的响应速度快8%，到达病人的速度快7%；（2）对于契约规定外的服务（以死亡率衡量），私营救护车公司创造了更高的死亡率，由私营企业提供的救护车服务会导致患者的死亡率增加0.42%，该效应一直持续到第三年。成本收益分析发现，私人救护车导致死亡的成本约占斯德哥尔摩县总成本的25%，大大超过了外包节省的成本。机制分析发现，私人救护车对病人的诊断不足，把更多的病人留在家里。进一步分析发现，私营企业的救护车工作人员专业水平不足是导致死亡率过高的原因：（1）私营公司通过绕开劳动政策使员工工作时间变长，在职培训减少，大量使用加班和临时员工；（2）私营企业雇员更换工作场所的频率更高，认知的能力更低。当考虑到加班时长时，私营企业雇员的时薪更低。

本文的边际贡献如下：（1）解决了识别上的样本自选择难题，补充了服务外包与公共服务质量的实证文献；（2）补充了工作人员生产力相关的文献，本文记录了私营企业通过使用低生产率的员工来降低的成本的具体机制，而且实证检验了工人人员生产力在医疗领域的重要作用；（3）对契约理论文献进行了补充，表明营利性公司有忽视质量的风险。

二、研 究 设 计

（一）基本背景

1. 斯德哥尔摩救护车市场状况

2005年，斯德哥尔摩政府将全市划分为7个区域，公共部门救护车服务提供范围在城区的中央以及西边，其他的五个区域由私营企业进行竞争。在

2011 年的拍卖结束后，由两家私营企业负责其余五个区域的救护车服务。救护车公司每年按照固定金额进行补助（不与运输量挂钩），同时市政府要求救护车公司要保证其服务质量，达不到要求会被罚款，比如调度电话响应时间过慢、救护车没有按照要求配备物质实施和人员（至少有一位硕士学位的专科护士），但是罚款不以健康结果、死亡率或者任何其他质量指标为条件。

2. 救护车调度

当患者拨打急救电话时，呼救者将与专家和调度人员连接，专家需要评估呼救者的紧急等级（优先级）、了解患者特征和患者位置，并将信息传递给调度人员。斯德哥尔摩的救护车调度公司将病人分配到救护车上，分配目标有两个：（1）优先救治重症患者；（2）患者应与救护车匹配且等待时间尽可能短，通常选择距离最近的可得救护车，跟救护车的类型无关。住在同一社区的病人会被送到一家指定的医院，救护车无法决定送往哪家医院。数据测算显示，引入私营公司节省服务费用 620 万欧元。

（二）实验设计

本文采用加入地理固定效应和时间固定效应后的 OLS 模型，评估救护车服务的供给者差异对于契约和非契约结果的影响，模型如下：

$$Outcome_{igt} = \alpha_g + \beta \times Private_{igt} + Year_t + Month_t + Priority_{igt} + \epsilon_{igt}$$

其中，$Outcome_{igt}$ 是指 t 时个体 i 在网格 g 的结果；α_g 是地理固定效应；$Private_{igt}$ 是服务提供商类型的虚拟变量；$Priority_{igt}$ 是对患者病情严重程度的识别。

（三）数据与指标

本文数据集包含了 2009～2016 年近 50 万名独立的患者，超过 110 万次救护车分配，其中 60% 的由私人部门负责。本文数据包括以下三个部分：（1）VAL 数据库的数据，包括救护车分配数据（包括患者呼救的地理位置信息），以及与之对应的其他登记表数据，包括住院护理、门诊就诊和死亡率注册表。这些数据按照唯一的救护车调度号进行合并后，能观察到患者呼救后的行为和救护车的操作行为。（2）地理信息数据，将斯德哥尔摩城市的经纬度坐标转换为笛卡尔坐标并进行分块，将病人的地理位置信息与地块信息进行匹配，用于地理控制固定效应（850×850）。（3）县层面的雇主—雇员匹配数据。

三、实 证 结 果

（一）样本平衡

为了检验私立医院和公立医院服务的患者是否相似，我们使用前定变量与虚拟变量进行回归，前定变量是 2007～2008 年之前住院次数、门诊次数以及患者的年龄、性别等。如图 1 所示，左图表示私营企业服务的病人与公共部分服务的病人不同，但群体之间的不平衡很可能反映了获得私人救护车服务概率的地域差异，加入块级大小的固定效应、时间固定效应和患者优先级后（见图 1 右图），样本变得平衡，即救护车提供的分配与患者的健康状况无关。

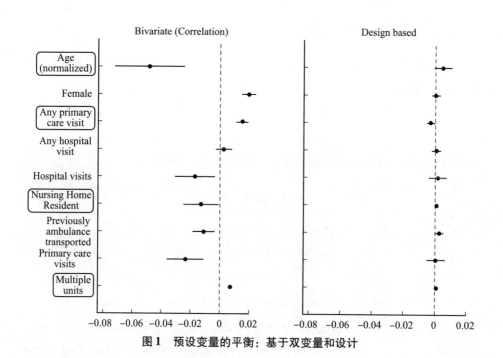

图 1　预设变量的平衡：基于双变量和设计

（二）契约规定的服务

本文研究了两个合同规定的结果：调度人员呼叫后的响应时间和救护车到达患者的时间，结果发现私人救护车的响应速度加快了 8 秒，响应时间减少了近 8%。私人公司能更快地接触到患者，私营公司的速度快 61 秒（约 8%），表明私营企业在契约规定的服务上更有效率（见表 1）。

表 1   合同结果

	Response time to dispatch (1)	Travel time to patient (2)
Private ambulance	−8.31 (0.88)	−61.14 (5.29)
Public outcome mean	108	717
Observations	1 000 902	1 017 910

（三）契约规定外的服务（死亡率）

医疗服务的最终衡量标准往往是患者的死亡率，然而死亡率的标准很难在合同中进行规定，故本文以死亡率作为非合同结果。第（1）列显示了派遣私人救护车对日死亡率的影响，明显高了 0.1%，且估计系数随着时间增加，第三年的效应为 0.42%（见表 2）。每年被私人公司服务的人约有 10 万人，即每年因为私营救护车的服务会在未来三年多导致 420 人死亡。

表 2   契约外的结果：死亡率

	Mortality after ambulance transport occurred within:							
	1 day (1)	1 week (2)	1 month (3)	3 months (4)	6 months (5)	1 year (6)	2 years (7)	3 years (8)
Private ambulance	0.0010 (0.0003)	0.0009 (0.0005)	0.0014 (0.0008)	0.0023 (0.0010)	0.0011 (0.0011)	0.0026 (0.0013)	0.0041 (0.0014)	0.0042 (0.0015)
Public outcome mean	0.0148	0.0294	0.0580	0.0954	0.1290	0.1758	0.2477	0.3066
Observations	1 075 958	1 075 958	1 075 958	1 075 958	1 075 958	1 075 958	1 075 958	1 075 958

（四）机制检验：现场诊断

为了探究其中的机制，本文分析了不同提供者员工现场诊断的差异，现场的诊断会影响患者所接受后续的治疗，对患者短期和长期的健康产生重要影响。第（1）列表明私人救护车工作人员做出的评价不太专业，有更多的"一般性"诊断。第（2）列表明私人救护车工作人员检测出心血管疾病的概率更低。第（7）列表明私人救护车工作人员更容易低估患者病情。第（8）列表明私人救护车更有可能将患者留在家中，私营公司比公共部门多留3.2%的病人在家（公共部门均值为12%）（见表3）。以往的文献表明，及时送医治疗对患者的短期和长期生命都有巨大的影响，这可能是私营救护车服务导致患者死亡率较高的重要机制。

表3　　　　　　　　　　　公司是否会影响救护人员的行为

	Diagnoses set by ambulance crew							
	Unspecified/ general (1)	CVD (2)	Psychiatric/ drugs (3)	Respiratory diseases (4)	GI diseases (5)	Cardiac arrest (6)	Severity (more severe) (7)	Patient stays home (8)
Private ambulance	0.0139 (0.0010)	−0.0059 (0.0010)	−0.0006 (0.0007)	−0.0015 (0.0009)	−0.0011 (0.0007)	0.0003 (0.0002)	−0.0523 (0.0029)	0.0322 (0.0011)
Public outcome mean	0.0399	0.1364	0.0594	0.0910	0.0545	0.0046	2.8507	0.1010
Observations	1 075 984	1 075 984	1 075 984	1 075 984	1 075 984	1 075 984	1 061 675	1 075 984

（五）机制检验：工作人员生产力

私营救护车工作人员的低劣表现导致了患者短期和长期较高的死亡率，本文进一步分析私营部门和公共部门工作人员生产力的差异（见表4）。第一类证据来源于报纸、大众媒体和工会提供的信息，结果发现：（1）私营企业工作时间更长，高出约3%；（2）私营企业在低活动时期更多地安排了"随叫随到"的值班形式（该值班形式无须支付费用即可增加工作时间）；（3）私营企业通过子公司雇用员工，规避了瑞典劳动法规定，让员工更多地加班；（4）私营企业临时工比例更大，人员流动率更高，职业培训时间更少。第二类数据来自雇员—雇主匹配数据，分析发现私营企业的员工流动率更高、工作经验少、年龄较大和认知能力较低，表明私营企业员工专业素质更低。

表4　　　　　　　　　　　　　　　企业和员工

	Turnover (1)	Experience (ambulance firm years) (2)	Age (3)	Cognitive skills (conscription) (4)	9th grade GPA (5)	9th grade math grade (6)	Annual wage income (7)
Panel A：All employees							
Private ambulance	0.085 (0.011)	− 0.197 (0.417)	1.035 (0.622)	− 0.245 (0.139)	− 0.137 (0.075)	− 0.098 (0.077)	3 307.519 (669.727)
Public outcome mean	0.1277	8.4445	41.2344	5.0774	− 0.061	− 0.044	36 271.5797
Observations	5 436	5 436	5 436	1 776	2 321	2 321	5 436
Panel B：Specialist nurses							
Private ambulance	0.069 (0.019)	− 0.558 (0.654)	0.678 (0.966)	− 0.227 (0.232)	− 0.228 (0.096)	− 0.163 (0.111)	4 429.354 (1 186.151)
Public outcome mean	0.1625	7.6989	39.9034	5.4283	0.248	0.183	39 477.7871
Observations	1 869	1 869	1 869	560	1 046	1 046	1 869

四、结　　论

　　公共服务通常可以通过外包给私营公司的方式来帮助公共部门控制提供成本，但如果没有明确的契约结果要求，私营企业也没有保证质量的动机。本文在医疗保健领域对该理论进行了检验，发现私营公司在契约规定的方面有更高的效率，但在非契约规定的方面表现更差。具体机制为私人救护车对病人的诊断不足，把更多的病人留在家里。对私营企业员工进一步分析，发现私营企业的人员流动率更高，工作时间更长且加班现象较多，提供的在职培训更少，员工的认知技能更低。

推 荐 理 由

公共服务究竟该由私营企业提供还是公共部门提供是政府治理的核心话题。本文利用斯德哥尔摩救护车市场的随机分配政策解决了以往文献中难以解决的样本自选择问题，时间和死亡率两个指标很好地代表了契约内和契约外的服务质量，实证检验了契约代理的相关理论。本文具有非常丰富的政策启示，以往的文献表明私营企业提供的公共服务至少不比公共部门差，但是在患者不能自由选择的情况下，私营企业也会出现以质量换成本的现象。在生命攸关的健康服务领域，通过进一步规范服务合同或外包给私人非营利企业有助于解决服务外包给私人营利部门导致的质量损失问题。

倘来之物：研发的私人回报和社会回报[*]

一、引　　言

由 Griliches（1979）提出的经典知识资本模型一直是被用来估算企业研发私人和社会回报的主要方法，该模型的一个重要隐含假设就是知识是不可交易的。在这一假定下，知识只能通过自主研发或者技术溢出两种渠道获得。然而，许多研究者指出经典模型中关于知识不可交易的假定是不合理的。因为在现代的技术网络中，知识产权保护不断加强、技术市场交易十分频繁等特点使得上游研发企业能够通过出售研发成果的方式获取收益，以此减少技术溢出带来的损失。因此，本文在知识能够交易的假定下，重新考察了技术溢出和技术市场交易在知识传播过程中的作用。

为研究技术交易市场的存在如何刺激企业研发，本文首先假定市场上仅存在两家企业，引入柯布—道格拉斯生产函数得出两家企业各自的最优研发投资决策和技术转让决策，在此框架下估计出研发的私人回报和社会回报的表达式。其次，基于新构建的技术交易数据库，本文通过添加技术市场交易作为控制变量观察实证结果的变化，并引入工具变量识别可能的因果效应。主要研究结论有：一是技术交易市场在知识传播过程中起着十分重要的作用；二是通过

　＊　推荐人：中南财经政法大学财政税务学院，胡龙海。

　推送日期：2022 年 11 月 25 日。

　原文信息：Arque – Castells, Pere, and Daniel F. Spulber. Measuring the private and social returns to R&D: Unintended spillovers versus technology markets [J]. *Journal of Political Economy*, 2022, 130 (7).

经典知识资本模型估计出的技术溢出存在严重向上的偏误，因为其中很多效应被技术交易市场吸收；三是经典知识资本模型严重低估了研发的私人回报，同时高估了研发的私人和社会回报之间的差异。

相比以往文献，本文主要有以下两点贡献：一是拓展了经典的知识资本模型，在知识是可以交易的假定下重新定义了一个包含技术交易市场的、更为一般化的知识资本模型；二是构建了一个新的复杂的技术市场交易数据库，该数据库主要包含了美国上市公司的技术交易情况、美国证券交易委员会（SEC）和美国专利及商标局（USPTO）的披露数据，涵盖了不同技术领域和交易形式。

二、研究设计

（一）基本背景

为获得一般性的结论，本文定义了一个存在技术交易市场的两企业生产模型。主要的假设有以下几点：一是技术供应者和技术购买者服务于不同的产品市场；二是两家企业都进行了研发投资；三是技术购买者可以通过技术转让和获得技术溢出两种方式从研发中获益。

基于柯布—道格拉斯生产函数，本文设定了技术供应商和技术购买商的生产函数。技术供应商的生产函数为：

$$Y^P = F^P(K^P)$$

技术购买商的生产函数为：

$$Y^A = F^A(K^A, \ \omega^S K^P, \ \omega^M K^P)$$

其中，上标 P 表示供应商，上标 A 表示购买商，上标 S 表示技术溢出，上标 M 表示技术交易市场，Y 表示产出，K 表示研发投资，ω 示权重，权重的确定主要是依据专利数据判定企业之间的技术网络距离。因此，技术供应商的产出是其研发投资的函数。技术购买商的产出是其自身研发投资、从上游供应商获得一定权重的溢出、从上游供应商都买一定权重的研发的函数。

技术交易市场的权重按照技术网络距离由近至远分为四类（$D1$、$D2$、$D3$、$D4$），具体定义如下：

$$\omega_{ij}^{M-D1} = n_{ij}$$

$$\omega_{ij}^{M-D2} = n_{ij} + \sum_{k \neq j \neq i} n_{ik} n_{kj}$$

$$\omega_{ij}^{M-D3} = n_{ij} + \sum_{k \neq j \neq i} n_{ik} n_{kj} + \sum_{k \neq j \neq i} \sum_{k \neq j \neq i} n_{il} n_{lk} n_{kj}$$

$$\omega_{ij}^{M-D4} = n_{ij} + \sum_{k \neq j \neq i} n_{ik} n_{kj} + \sum_{k \neq j \neq il} \sum_{k \neq j \neq i} n_{il} n_{lk} n_{kj} + \sum_{k \neq j \neq il} \sum_{k \neq im} \sum_{m \neq l \neq k \neq j \neq i} n_{im} n_{ml} n_{lk} n_{kj}$$

基于利润最大化条件一阶条件，分别求出不存在技术交易市场（$\omega^M K^P = 0$）和存在技术交易市场的情况下的两家企业的最优研发投资决策，最后得出研发的私人和社会回报的一般化表达式。不存在技术交易市场下研发的私人（MPR）和社会回报（MSR）如下：

$$MPR^0 = \frac{\partial Y^P}{\partial K^P} = F^{P_t}(K^P)$$

$$MSR^0 = \frac{\partial Y^P}{\partial K^P} + \rho \frac{\partial Y^A}{\partial K^P} = F^{P_t}(K^P) + \rho F_2^A(K^{A0}, \ \omega^S K^P, \ 0) \omega^S$$

存在技术交易市场下研发的私人（MPR）和社会回报（MSR）如下：

$$MPR^1 = \frac{\partial Y^P}{\partial K^P} + \rho \frac{\partial T}{\partial K^P} = F^{P_t}(K^P) + \rho a \big[F_2^A(K^{A*}, \ \omega^S K^P, \ \omega^M K^P) \omega^S$$
$$+ F_3^A(K^{A*}, \ \omega^S K^P, \ \omega^M K^P) \omega^M - F_2^A(K^{A1}, \ \omega^S K^P, \ \omega^M K^P) \omega^S \big]$$

$$MPR^1 = \frac{\partial Y^P}{\partial K^P} + \rho \frac{\partial Y^A}{\partial K^P}$$
$$= F^{P_t}(K^P) + \rho \big[F_2^A(K^{A*}, \ \omega^S K^P, \ \omega^M K^P) \omega^S + F_3^A(K^{A*}, \ \omega^S K^P, \ \omega^M K^P) \omega^M \big]$$

基于柯布—道格拉斯生产函数，本文将产出函数设定为以下形式：

$$Y_{it} = G_{it}^{\beta_1} S_{it}^{\beta_2} M_{it}^{\beta_3} X_{it}^{\alpha} e^{\varepsilon_{it}}$$

其中，下标 i、t 分别表示企业和年份。Y 表示产品市场收益，G 是基于永续盘存法计算的研发存量，S 表示通过技术溢出获得的知识，M 表示从技术市场购买的知识，X 表示其他投入要素（如劳动、资本）。上标 β_1、β_2、β_3、α 分别表示各投入要素的弹性。企业获得的溢出知识量和购买的知识量分别用下式表示：

$$S_{it} = \sum_{j \neq i} \omega_{ij}^S G_{jt} \qquad M_{it} = \sum_{j \neq i} \omega_{ij}^M G_{jt}$$

其中，下标 i 表示下游技术购买商，j 表示上游的技术供应商。其他符号同上。

由此推导出市场上存在多家企业的情况下，研发的私人和社会回报如下。

$$MPR_{it} = \frac{\partial Y_{it}}{\partial G_{it}} + \frac{\partial T_{it}}{\partial G_{it}}$$

$$MSR_{it} = \frac{\partial Y_{it}}{\partial G_{it}} + \sum_{j \neq i} \left[\frac{\partial Y_{jt}}{\partial S_{jt}} \frac{\partial S_{jt}}{\partial G_{it}} + \frac{\partial Y_{jt}}{\partial M_{jt}} \frac{\partial M_{jt}}{\partial G_{it}} \right]$$

（二）实验设计

本文在假定企业的劳动和资本要素都是最优投入的情况下，考察知识对企业全要素生产率的影响，具体的实证策略如下所示：

$$\ln TFP_{it} = \beta_1 \ln G_{it-1} + \beta_2 \ln S_{it-1} + \beta_3 \ln M_{it-1} + \phi_t + \phi_i + u_{it}$$

其中，i、t 表示企业和时间。TFP 表示全要素生产率。G 表示自身的研发存量，S 表示获得技术溢出量，M 表示购买的研发量。同时加入了时间固定效应、年份固定效应和时间—年份固定效应。估计系数 β_1、β_2、β_3 表示弹性。

由于研究设计存在较为严重的内生性，内生性问题主要来源于两个渠道：一是外部研发存量存在内生性，即：

$$E\left[\omega_{ij}^S \cdot u_{it} \right] \neq 0$$

$$E\left[\omega_{ij}^M \cdot u_{it} \right] \neq 0$$

二是技术供应商的研发存量存在内生性，即：

$$E\left[G_{jt-1} \cdot u_{it} \right] \neq 0$$

为处理这一内生性问题，本文利用联邦层面和州层面的税收优惠作为工具变量，这一优惠会引致研发成本变化，进而影响供应商的研发投资量和研发存量。

（三）数据与指标

本文构建了一个 1990～2014 年的企业面板数据。该数据集包含美国统计局的会计信息，美国证券交易委员会（SEC）的专利交易信息、美国专利及商标局（USPTO）的专利数据，以及研发税收减免信息。最后，在删除重复记录的数据后，本文获得 3 897 家企业的技术交易数据，其中 664 家是购买商、523

家供应商、2 710 家既是供应商也是购买商，总共获得 33 873 个技术交易数据。经过滤后得到 3 049 家公司，其中 1 796 家企业存在市场交易，1 253 家企业不存在市场交易。

三、实 证 结 果

表 1 展示了 OLS 回归结果，因变量为企业全要素生产率。列（1）、列（2）表示在经典知识资本模型假定下的技术溢出对全要素生产率的影响，列（3）~列（5）表示分别加入不同的技术网络距离（D1 ~ D4）作为控制变量的情况下，技术交易市场对全要素生产率的影响。结果表明，存在技术市场交易的情况下，溢出效应变小，技术市场交易对全要素生产率存在显著的正向影响。

表 1　　　　　　　　　　　　　　**OLS 回归结果**

			M up to node distance			
	(1)	(2)	D1 (3)	D2 (4)	D3 (5)	D4 (6)
ln(G)	0.024 (0.016)	0.013 (0.010)	0.012 (0.010)	0.012 (0.010)	0.013 (0.010)	0.013 (0.010)
ln(S)	0.265* (0.142)	0.255*** (0.053)	0.227*** (0.054)	0.195*** (0.053)	0.181*** (0.053)	0.178*** (0.053)
ln(M) - D#			0.027*** (0.010)	0.071*** (0.023)	0.098*** (0.029)	0.114*** (0.033)
Firm and year FE	Yes	Yes	Yes	Yes	Yes	Yes
Firms	1 253	1 796	1 796	1 796	1 796	1 796
Observations	12 714	21 893	21 893	21 893	21 893	21 893

Notes: The dependent variable is ln (TFP). All the regressions include industry price deflators controls. ***, ** and * indicate significance at a 1%, 5% and 10% level respectively. Standard errors, in parentheses, are clustered at the firm and headquarters' state level.

为处理可能的内生性问题，本文引入税收优惠作为工具变量，回归结果显示技术溢出的效应变得不显著，而技术交易市场依旧对企业全要素生产率具有正的显著的影响，即使控制技术市场中的企业数量实证结果仍旧不变，表明本文的研究结果是稳健的。此外，本文还做了一系列稳健型检验，如更换权重定义、考虑行业异质性、考虑技术交易的时变性等，回归结果与基础结论相一致。

最后，基于上述的实证结果，本文估算了研发的私人和社会回报，如表 2 所示。表 2 中最后一行（All providers）的结果表明经典知识资本模型的社会回报高于一般化模型的结果，私人回报低于一般化模型的结果。这表明经典知识资本模型高估了研发的社会回报，低估了研发的私人回报，同时高估了研发的私人回报和社会回报之间的差距。

表 2   **研发的私人回报和社会回报**

| | Canonical model | | General framework | | | |
| | MPR | MSR | MPR | | | MSR |
	(1)	(2)	a = 0.25 (3)	a = 0.50 (4)	a = 0.75 (5)	(6)
Fewer than 10 adopters	3	40	4	5	6	35
Between 11 and 20 adopters	3	58	7	11	15	55
Between 21 and 50 adopters	3	72	12	20	27	79
More than 50 adopters	2	82	20	38	56	133
All providers	3	42	5	6	7	37

Notes：This table presents median values of the rates of return to R&D calculated according to equations (23) and (24) for the following three scenarios：1) the canonical model with just spillovers (OLS estimates in Table 5, Column 2); 2) the general framework with both spillovers and technology transfers (OLS estimates in Table 5, Column 5). To calculate the MPR in the general framework we consider three different scenarios with the bargaining power of the adopter equal to a = 0.25, a = 0.50 and a = 0.75. All the numbers reported in the table are in %.

四、结 论

本文通过纳入技术交易市场拓展了经典的知识资本模型，即企业可以通过技术交易的方式从其他企业的研发投资中获益。为准确估计该模型，本文构建了美国上市企业间的技术交易数据集。研究结果表明：首先，技术交易市场在企业生产过程中发挥着重要的作用，为企业提供了有价值的技术要素投入；其次，经典知识资本框架下非自愿的溢出对产出的影响是不准确的，外部知识存量不仅会带来社会回报，还会带来私人回报；最后，相比经典知识资本模型，在本文的一般框架中，研发的私人回报相对更高，社会回报和私人回报之间的差距也更小。粗略估算，技术交易市场的年收益超过 1 万亿美元，超过总产出的 10%。

推 荐 理 由

私人部门和社会部门之间的平衡是公共经济学中讨论的一个重要话题，在保证社会效益最大化的同时，也要激发私人部门的经济活力，尽可能防止"搭便车"行为带来的抑制作用。研发作为社会长期发展的重要推动力，广受科研人员和政策制定者关注。随着专利保护力度的上升，技术交易市场的广泛存在使得研发的私人回报和社会回报需要重新估计，才能防止对研发的过度补贴，同时维持私人部门的研发活力。

假物为用：高公债外资
份额——高财政乘数？[*]

一、引　言

　　财政乘数的估计是学界和各国政府长期热议的话题。传统的蒙代尔—弗莱明模型（Mundell-Fleming model，以下简称 M－F 模型）认为在开放经济环境下，财政扩张政策增加了居民对外国商品的需求，对外国产生了积极的溢出效应，因此，开放经济下的财政乘数更小。然而，以 Broner et al. (2014) 为代表的文献提出了相反的观点，认为在开放经济环境下应考虑资本的流动，当财政扩张政策由外国资金资助时，财政扩张减少了对国内私人部门投资的挤出，财政扩张的挤出效应蔓延到其他国家，从而导致开放经济下的财政乘数更大，并通过理论分析提出"高公债外资份额—高财政乘数"的假说。然而，鲜有研究为这一理论争议提供经验支撑。

　　为了弥补文献中的不足，本文使用美国二战后的季度数据和经合组织（OECD）17 国近四十年的年度数据，采用两阶段最小二乘法（two stage least square，2SLS），研究了公债外资份额对财政乘数的影响，验证了"高公债外资份额—高财政乘数"这一假说。具体而言，作者研究发现：（1）在 20 世纪

　　* 推荐人：中南财经政法大学财政税务学院，阮慧。

　　推送日期：2022 年 12 月 16 日。

　　原文信息：Broner F. , Clancy D. , Erce A. , et al. Fiscal Multipliers and Foreign Holdings of Public Debt
[J]. *The Review of Economic Studies*, 2022, 89 (3)：1155 – 1204.

50 年代，美国公债中的外资份额低于 5%，此时美国的财政支出乘数小于 1；而在当下，美债中的外资份额接近 50%，财政支出乘数高于 1；（2）"高公债外资份额—高财政乘数"在 OECD 样本中同样成立。其中，日本公债的外资份额约为 8%，财政乘数小于 1；爱尔兰的公债外资份额高达 64%，财政乘数大于 1。

本文的研究贡献主要体现在以下两个方面：（1）在理论层面，本文挑战了经典的 M - F 模型观点，在开放经济体中，财政扩张的部分资金来源于外国资本，该情形下财政乘数会更大。（2）在政策启示层面，本文研究发现财政政策效果依赖于公债中的外资份额。由于各国的公债外资份额存在异质性，这一结论对于理解各国大规模提升财政支出以应对新冠疫情冲击的政策效果至关重要。

二、研究设计

（一）基本背景

1. 偏好和技术

本文考虑一个小型开放经济体，假设它由一个具有代表性的代理人和政府构成。考虑两期情况，$t \in \{0, 1\}$，并假设代理人仅在 $t = 1$ 期消费，则代理人的效用函数为：

$$U_1 = C_1 \tag{1}$$

假设代理人在 $t = 0$ 期拥有 E_0 单位的资源禀赋，其中 K 用于投资，则代理人的生产函数为：

$$Y_1^P = F(K) \tag{2}$$

同时，假设 $F'(\cdot) > 0$ 且 $F''(\cdot) < 0$。

对于政府而言，假设政府在 $t = 0$ 期不具备任何资源禀赋，只能通过借债进行投资 G，且政府的生产函数为：

$$Y_1^G = \gamma \cdot G \tag{3}$$

2. 金融市场

假设代理人和政府能够交易债券，且能够在国际金融市场进行借贷。国际金融市场的均衡利率为1。

代理人从国际金融市场中的借款不超过能够抵押的资产，因此，代理人面临的信贷约束为：

$$B^* \geqslant -\lambda \cdot (K + B^H) \tag{4}$$

其中，$B^* < 0$，表示代理人在国际金融市场中的借款，$\lambda \in [0, 1]$，B^H 表示代理人持有的国内政府债券。

假设政府在 $t = 0$ 期不征税，在 $t = 1$ 期征收 T_1 的税收，则代理人在 $t = 0$ 和 $t = 1$ 期面临的预算约束分别为：

$$K + B^H + B^* = E_0 \text{ and } C_1 = Y_1^P + B^H + B^* + Y_1^G - T_1 \tag{5}$$

B 表示政府筹集的公共债务，政府在 $t = 0$ 和 $t = 1$ 期的预算约束分别为：

$$G = B \text{ and } B = T_1 \tag{6}$$

最后，本文假设 θ 为国际金融市场购买的政府公共债务，即前文提到的公债外资份额，在该模型中这一参数外生给定。B^F 表示外国持有的公债规模。

$$B^F = \theta \cdot B \text{ and } B^H = (1 - \theta) \cdot B \tag{7}$$

3. 均衡和财政乘数

对于代理人，通过对方程（1）、方程（2）、方程（5）进行转换可得到如下效用最大化求解方程：

$$\max_K F(K) - K + E_0 + Y_1^G - T_1 \tag{8}$$

$$\text{s. t. } K \leqslant \frac{E_0}{1 - \lambda} - B^H$$

当信贷约束条件不具备约束作用时，私人最优投资 K^* 的资本回报等于国际均衡利率，即

$F'(K^*) \equiv 1$，私人投资 K 为：

$$K = \min\left\{\frac{E_0}{1 - \lambda} - B^H, \ K^*\right\} \tag{9}$$

当 $t = 1$ 时，总产出为：

$$Y = Y^P + Y^G = F\left(\min\left\{\frac{E_0}{1-\lambda} - (1-\theta)B, \ K^*\right\}\right) + \gamma \cdot B \qquad (10)$$

假设信贷约束条件具有约束作用，即 $K < K^*$，则财政乘数等于：

$$M \equiv \frac{dY}{dG} = \frac{dY}{dB} = \gamma - (1-\theta) \cdot F'(K) \qquad (11)$$

此时，根据方程（11）可知，当外资份额 θ 越高时，财政乘数 M 越大。

4. 公共债务外资份额的探讨

本文探讨外资份额 θ 的边际变化对财政乘数的影响。由于这一边际变化通常无法直接观测，作者使用滞后一期的外资份额 $X_{t-1} = B^F_{(t-1)} / B_{(t-1)}$ 作为边际份额的代理变量，并通过模型回归说明 X_{t-1} 具有良好的代表性。

（二）实验设计

1. 基准方程

本文将财政冲击作为政府在 $t+1$ 至 $t+h$ 期总财政支出的工具变量，使用两阶段最小二乘法估计财政乘数，第一阶段的回归方程如下所示：

$$\sum_{j=1}^{h} g_{t+j} = \alpha_h + \beta_h^N \cdot \epsilon_t^N + \beta_h^V \cdot g_t + \phi_h \cdot Z_{t-1} + v_{t,h} \qquad (12)$$

其中，$\sum_{j=1}^{h} g_{t+j}$ 是指政府在 $t+1$ 至 $t+h$ 期的总财政支出。ϵ_t^N 表示叙事财政冲击，g_t 是指当期的财政支出，Z_{t-1} 表示一系列的控制变量，包括滞后一期的 GDP、政府支出以及叙事财政冲击，$v_{t,h}$ 表示残差项。

此时，$\sum_{j=1}^{h} g_{t+j}$ 预测值 $G_{t,h}$ 为：

$$G_{t,h} \equiv \alpha_h + \beta_h^N \cdot \epsilon_t^N + \beta_h^V \cdot g_t + \phi_h \cdot Z_{t-1}$$

利用预测值进行第二阶段回归，回归方程如下所示：

$$\sum_{j=1}^{h} y_{t+j} = \alpha_h^Y + \beta_h^Y \cdot G_{t,h} + \phi_h^Y \cdot Z_{t-1} + v_{t,h}^Y \qquad (13)$$

其中，$\sum_{j=1}^{h} y_{t+j}$ 为美国在 $t+1$ 至 $t+h$ 期的总产出。此时，h 期的财政支出乘数

m_h 为：

$$m_h \equiv \beta_h^Y \tag{14}$$

2. 公债外资份额对财政乘数的影响

在基准方程的基础上，本文将公债外资份额加入回归方程中，第一阶段的回归方程（15）、方程（16）如下所示：

$$\sum_{j=1}^{h} g_{t+j} = \alpha_h + \beta_h^N \cdot \epsilon_t^N + \beta_h^{NX} \cdot \epsilon_t^N \cdot X_{t-1} + \beta_h^V \cdot g_t + \beta_h^{VX} \cdot g_t \cdot X_{t-1}$$
$$+ \beta_h^X X_{t-1} + \phi_h \cdot Z_{t-1} + \phi_h^X \cdot Z_{t-1} \cdot X_{t-1} + v_{t,h} \tag{15}$$

$$\sum_{j=1}^{h} g_{t+j} \cdot X_{t-1} = \alpha_h^I + \beta_h^{IN} \cdot \epsilon_t^N + \beta_h^{INX} \cdot \epsilon_t^N \cdot X_{t-1} + \beta_h^{IV} \cdot g_t + \beta_h^{IVX} \cdot g_t \cdot X_{t-1}$$
$$+ \beta_h^{IX} X_{t-1} + \phi_h^I \cdot Z_{t-1} + \phi_h^{IX} \cdot Z_{t-1} \cdot X_{t-1} + v_{t,h}^I \tag{16}$$

第二阶段回归方程（17）如下所示：

$$\sum_{j=1}^{h} y_{t+j} = \alpha_h^Y + \beta_h^{YG} \cdot G_{t,h} + \beta_h^{YGX} GX_{t,h} + \beta_h^{YX} \cdot X_{t-1}$$
$$+ \phi_h^Y \cdot Z_{t-1} + \phi_h^{YX} \cdot Z_{t-1} \cdot X_{t-1} + v_{t,h}^Y \tag{17}$$

此时，h 期财政乘数是公债外资份额 X_{t-1} 的函数，方程（18）展示了二者之间的关系：

$$m_h(X_{t-1}) \equiv \beta_h^{YG} + \beta_h^{YGX} X_{t-1} \tag{18}$$

（三）数据与指标

1. 美国数据

本文从美联储经济数据银行（Federal Reserve Economic Databank，FRED）获取了自 1951 年第四季度至 2015 年第一季度的公共债务数据。本文使用 Ramey & Zubairy（2018）提供的美国政府支出叙事冲击（narrative shocks）以及参考 Blanchard 和 Perotti（2002）使用结构向量自回归模型（structural vector autoregression，SVAR）计算的残差（innovation）作为美国财政支出的外生性财政冲击。其中，Ramey 和 Zubairy（2018）通过 Ramey（2011）提供的国防新闻数据，识别出特定时期美国政府的国防支出作为外生的财政冲击。国防支出的变化通常受军事和政治事件的影响，独立于经济状态，保障了这一变量的外生性。

2. OECD 数据

外资份额数据来源于国际收支平衡表与货币调查（balance of payments and monetary surveys）、央行、统计局和财政部提供的官方数据。财政冲击数据来源于 Guajardo et al.（2014）和 Katariniuk & Valles（2018）整理的财政整顿（fiscal consolidations）冲击。他们根据发布的政策文件识别独立于当前和预期经济状况的财政整顿政策，财政整顿政策可划分为提高税收收入和减少财政支出两类财政政策。本文使用了样本国家 1978～2014 年包含的 230 个财政整顿冲击。

三、实 证 结 果

（一）美国公债外资份额和财政乘数

1. 基准结果

不考虑外资份额估计的无条件财政乘数 β_h^Y 如表 1 所示，在财政冲击发生一个季度后，财政乘数为 0.91，两年后的财政乘数为 0.4，这与现有文献的结果相一致。表 2 展示了 β_h^{YGX} 的估计结果，在两年内，该系数始终显著大于 0，这说明当外资份额越高时，财政乘数越大，验证了本文提出的"高公债外资份额—高财政乘数"的假说。

表 1　　　　　　　　　　　　基准模型：美国产出乘数

	Quarter $t+1$	Quarter $t+2$	Quarter $t+3$	Quarter $t+4$
Fiscal shock$_t$	0.91 *** (0.29)	0.89 *** (0.29)	0.76 *** (0.24)	0.62 *** (0.23)
Other controls	Yes	Yes	Yes	Yes
Observations	254	254	253	252

续表

	Quarter $t+5$	Quarter $t+6$	Quarter $t+7$	Quarter $t+8$
Fiscal shock$_t$	0.52 ** (0.25)	0.49 * (0.28)	0.46 (0.30)	0.40 (0.31)
Other controls	Yes	Yes	Yes	Yes
Observations	251	250	249	248

表 2 外国股份：美国产出乘数

	Quarter $t+1$	Quarter $t+2$	Quarter $t+3$	Quarter $t+4$
Fiscal shock$_t$	0.34 (0.44)	0.35 (0.43)	0.33 (0.35)	0.26 (0.31)
Fiscal shock$_t$ · Foreign share$_{t-1}$	5.80 *** (1.88)	6.26 *** (1.92)	5.76 *** (1.74)	5.54 *** (1.74)
Other controls	Yes	Yes	Yes	Yes
Observations	254	254	253	252
	Quarter $t+5$	Quarter $t+6$	Quarter $t+7$	Quarter $t+8$
Fiscal shock$_t$	0.19 (0.33)	0.22 (0.35)	0.25 (0.37)	0.27 (0.39)
Fiscal shock$_t$ · Foreign share$_{t-1}$	5.64 *** (2.03)	5.48 ** (2.28)	5.14 ** (2.46)	4.57 * (2.52)
Other controls	Yes	Yes	Yes	Yes
Observations	251	250	249	248

进一步，作者报告了外资份额为 3%（底部 10 分位数）和 47%（顶部 10 分位数）时的财政支出乘数，以及二者之间的差异，如图 1 所示，其中黑色表示顶部 10 分位对应的财政支出乘数。外资份额为 47% 时，财政支出乘数显著高于外资份额为 3% 对应的财政支出乘数。

2. 机制分析：投资和经常账户

本文认为高公债外资份额引致了更高的外国资本流入和国内私人投资，导致财政乘数更高。参照基准回归方程，作者将因变量替换为私人投资和经常账户，外资份额为底部 10 分位数和顶部 10 分位数时的财政乘数如图 2 所示。当外资份额越高时，资本流入和私人投资越高。

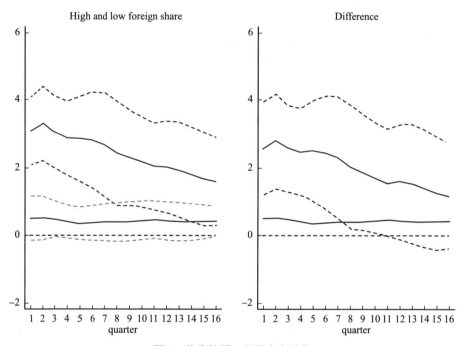

图 1　外资份额：美国产出乘数

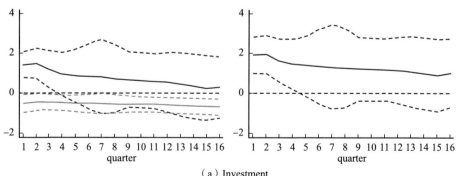

（a）Investment

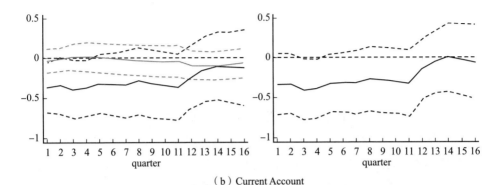

（b）Current Account

图 2　外资份额：美国乘数

（二）OECD 国家的财政乘数

OECD 部分使用的实证策略与前文一致，但存在以下五点区别：（1）使用包含国家和时间固定效应的面板回归替代了时间序列回归；（2）使用年度数据替代了季度数据；（3）参照 Guajardo et al.（2014）和 Jorda & Taylor（2016）使用同期的财政变量作为工具变量；（4）使用经周期调整的基本赤字（cyclically adjusted primary deficit）替代财政支出作为研究的财政变量；（5）将财政整顿叙事冲击作为工具变量。表 3 展示了核心系数 β_h^{YGX} 的估计结果，β_h^{YGX} 大于 0，进一步印证了"高公债外资份额—高财政乘数"这一假说。为说明结论的稳健性，本文排除了以下混杂因素：（1）欧债危机；（2）欧债危机期间部分国家接受了大规模的外国援助；（3）临时性的财政整顿政策；（4）财政整顿冲击的内生性；（5）金融开放程度；（6）政府信用水平。

表 3　　　　　　　　　　　　　　　**国际外资份额：产出乘数**

	Year $t+1$	Year $t+2$	Year $t+3$	Year $t+4$
Fiscal shock$_t$	-0.67 （0.55）	-0.35 （0.46）	-0.25 （0.40）	-0.61 （0.67）
Fiscal shock$_t$ · Foreign share$_{t-1}$	2.72 （1.81）	1.87 ** （0.92）	2.54 ** （1.20）	4.64 ** （2.12）
Other controls	Yes	Yes	Yes	Yes
Observations	405	387	369	352

四、结　论

本文研究发现，更高的公债外资份额导致了更高的财政乘数，验证了"高公债外资份额—高财政乘数"这一假说，并认为考虑到资本流动时，开放经济环境下的财政乘数更高，财政扩张政策对其他国家也可能产生挤出效应。这一结果挑战了传统 M – F 模型对开放环境下财政乘数的观点，丰富了理解财政扩张政策产生跨国溢出效应的渠道。

推 荐 理 由

本文为"高公债外资份额—高财政乘数"这一假说提供了实证证据，世界各国的公债资金来源存在显著差异，这一结论对于我们理解各国的财政政策效果具有重要意义。然而，本文的样本仅包含了美国等发达国家，缺乏对新兴经济体和发展中国家的研究，结论是否具有普适性有待进一步检验。此外，本文仅研究了外资份额大小变化对财政乘数的影响，并未探讨何种因素导致了外资份额的变动，进一步研究不同因素引致的外资份额变动对财政乘数的影响具有更高的政策意义，这可能是未来重要的研究方向。

Ⅱ　全球公共经济学

因势利导：税收激励是否减少跨国公司利润转移？*

一、引　　言

全球化日益发展导致跨国公司利润转移的现象越发严重，跨国公司把将近40%的利润转移至税率较低的国家和地区，美国跨国公司在其中占了很大的比例。税收体制变革对跨国企业的利润转移行为会产生什么样的影响是近年来学界十分关注的话题。美国于 2017 年出台了减税与就业法案（TCJA），该法案降低了企业税率、将美国税制转变为"属地原则"并出台了有关企业海外利润汇回的特殊优惠政策，在很大程度上改变了美国跨国公司利润转移的动机。减税与就业法案的颁布是否影响了美国跨国公司的全球利润分布情况，其利润转移总额是否受法案的影响而有所减少，由于数据可获得性，这一问题尚未得到准确回答。

为了解决数据挑战，本文将所有可获得的公开数据进行了整合，首次构建了能够全面分析法案颁布后利润转移趋势的数据库，并对该问题进行了系统性的分析。研究发现，法案实施以后，美国跨国公司的海外利润比例显著下降了3~5 个百分点，其中大约27% 的美国公司调整了海外利润份额。美国六家大

　*　推荐人：中南财经政法大学财政税务学院，汪慕晗。
　推送日期：2023 年 2 月 24 日。
　原文信息：Garcia－Bernardo J.，Janský P.，Zucman G. *Did the Tax Cuts and Jobs Act Reduce Profit Shifting by US + Multinational Companies?*［Z］. 2022. No. w30086. National Bureau of Economic Research.

型的跨国公司（Alphabet、微软、思科、高通、耐克和 Facebook）的海外利润
份额下降超过 20%。这种大幅度的下降和跨国公司知识产权回流有着十分密
切的关系。虽然利润转移总额受法案的影响显著下降，但是法案颁布后美国跨
国公司的海外利润在地理分布上并没有发生非常显著的变化。2015～2020 年，
美国企业在避税天堂的利润比例稳定在 50% 左右。

相较以往研究，本文存在以下边际贡献：（1）研究数据。本文整合了所
有可获取的公开数据对减税与就业法案的利润转移效应进行了评估，为未来国
际税收的进一步合作提供了可供参考的指导方向。（2）研究方法。已有的国
际税收合作政策纳入利润计算当中，避免了由于企业提交多种披露文件而导致
的利润重复计算问题，更为准确地衡量了美国跨国公司的全球利润，并对其利
润转移状况给予更客观的评价。

二、数 据 来 源

本文运用的有关美国跨国公司的数据主要来源于：（1）美国经济分析局
提供的企业调查数据（BEA 调查数据）；（2）Compustat 数据库中提供的企
业财务数据；（3）IRS 提供的企业税收调查数据（包含国别报告数据）。运
用上述数据，本文主要关注美国的跨国公司海外利润总额及其在避税天堂的
利润份额两个主要指标。针对不同来源的数据，本文采取的计算方法相似但
存在差异，从而尽可能保证不同来源计算得出的企业全球利润总额具有可
比性。

第一个重要变量是跨国公司的海外利润，计算结果显示依据不同数据来源
计算得到的海外利润总额可比性较高。由于 BEA 调查数据结果当中没有包含
间接投资子公司的利润信息，其结果略低于整体海外利润，而 Compustat 数据
库的海外利润状况略低于整体海外利润则是由于其没有包含私营企业及未报告
海外利润的上市公司。

第二个重要变量是跨国公司在避税天堂的利润占海外利润的比例，主要利
用 BEA 调查数据和国别数据区分产生于不同国家和地区的应税收入。但由于

BEA 调查数据和国别数据的限制，本文仅能够区分出百慕大、爱尔兰、卢森堡、荷兰、新加坡、瑞士、加勒比、波多黎各、巴巴多斯、直布罗陀、香港、马恩岛、泽西岛、马耳他和毛里求斯 15 个避税天堂的利润，因此，本文对避税天堂持有海外利润比例的估计是相对保守的。

三、海外利润份额的变化

图 1 分别报告了美国的全样本公司、跨国公司和上市公司的海外利润份额。首先，依据不同数据来源计算的海外利润份额比较相似，2019～2020 年均分布在 30%～45%。其中，跨国公司相比全样本公司拥有更高的海外利润份额，但这一差异在过去的近四十年里有所缩小。由于规模更大、国际化程度更高，上市公司也比全样本公司具有更高的海外利润份额。其次，在 2017 年颁布减税与就业法案以后，全样本公司的海外利润份额都存在下降趋势，而在美国国内的利润出现了轻微的上升。

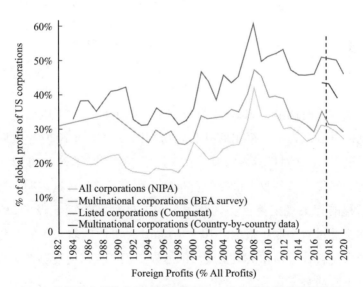

图 1　美国的全样本公司、跨国公司和上市公司的海外利润份额

　　进一步，本文在具体分析美国 23 家年收入超过 100 亿美元的大型跨国公司 2017~2020 年的利润状况后发现，法案实施以后其海外利润占企业全球利润的份额下降超过 20%。图 2 报告了 6 家大型跨国公司的海外利润份额状况，2017 年后其海外利润份额下降，这一趋势可能与利润转移有着一定的关系，但其余企业的海外利润份额在 2017 年以后变化相对较小。

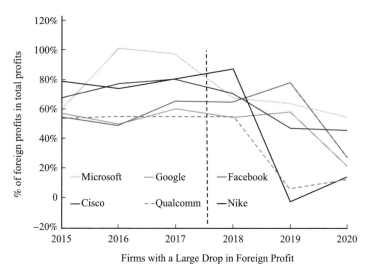

图 2　6 家大型跨国公司的海外利润份额状况

　　为了确定利润转移在美国企业海外利润份额变化中的解释力度，本文将图 2 中 6 家大型跨国公司 2020 年海外利润份额的反事实下限假定为其法案实施前的海外利润份额，得出海外收入份额的反事实比 2020 年实际份额高 2.8%。同时，本文对样本内的海外收入份额连续下降了 20% 的 22 家公司进行相同的计算得出海外收入份额的反事实上限高 4.2%。这表明，法案中有关利润转移的相关规定使得美国跨国公司海外利润份额下降了 3%~5%。此外，本文通过对企业年报中（10 - K filings）不同利润来源的变化分析发现，美国大型科技公司在法案实施后的海外知识产权回流能够在很大程度上解释这一下降趋势。

四、海外利润的地理分布

首先，本文将避税天堂分为"利润中心"（profit centers）和"协调中心"（coordination centers）两类。"利润中心"表示主要用于转移利润的避税天堂，"协调中心"则主要表示除转移利润外也兼顾其他管理协调职能的避税天堂。图 3 通过对不同地区分布的利润份额分析，发现 2015～2020 年，美国跨国公司大约将 50% 的利润分配到"利润中心"，不同来源数据计算的结果基本一致。从利润分布的国家来看，跨国公司在"利润中心"和"协调中心"的利润比例变化此消彼长，因此，减税与就业法案对美国跨国公司在避税天堂分布利润的份额并没有非常显著的影响。

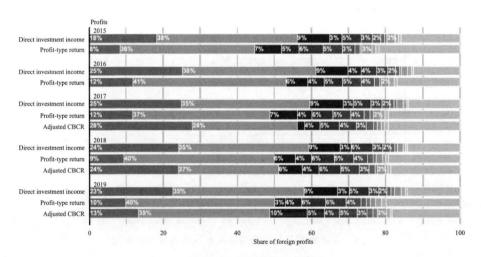

图 3　美国在不同地区的利润分布

其次，通过进一步对美国跨国公司在全球不同地区的雇佣与有形资产状况分析（图 4 与图 5）发现，其分配在避税天堂的利润约占海外利润的 50%，但却只雇用了 4%～9% 的外国员工，持有 17%～23% 的海外有形资产，即利润占比和其实际运营状况并不匹配。需要注意的是，其中主要的雇佣状况与海外有形资产持有都发生在兼顾其他管理与协调职能的"协调中心"，如爱尔兰、新加坡和荷兰等，这意味着跨国公司在"利润中心"的利润占比远超其实际经营所能够产生的利润。此外，2015～2019年，海外雇佣与有形资产状况相对比较稳定，意味着企业海外雇佣与资产状况并未受到减税与就业法案的影响。

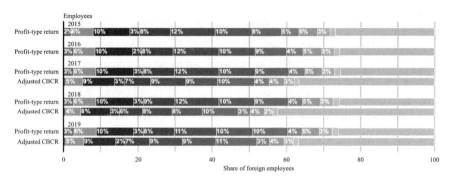

图4　美国跨国公司在全球不同地区的雇佣

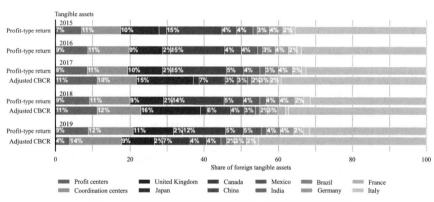

图5　美国跨国公司在全球不同地区的有形资产状况

最后，本文对美国跨国公司从1982年以来的避税天堂利润份额进行了一个长期演变过程的分析，并在图6中报告了这一长期结果。总体来说，美国公司在避税天堂的利润份额在2017年达到历史高点15%，但随着减税与就业法案的实施下降至2020年的13%，但相比起20世纪八九十年代仍维持在较高水平。

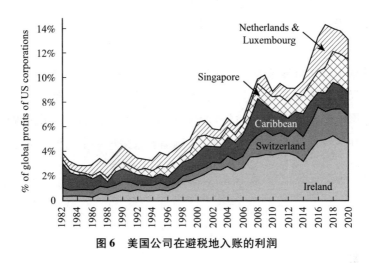

图6　美国公司在避税地入账的利润

五、结　论

减税和就业法案究竟是否影响了美国跨国公司的利润转移是各界近年来关注的问题，然而受到数据可获得性的限制一直没有得到可靠的结论。本文将所有最新的公开数据进行了整理合并，并对美国企业海外利润的总额及其地理分布状况进行了系统性分析，发现美国企业的海外利润占总利润的份额总额受减税与就业法案的影响略有下降，主要原因是美国大型跨国公司的知识产权回流。从海外利润的地理分布来看，美国跨国公司在避税天堂的利润占海外利润的比例与法案颁布前相似，约为50%。这也意味着美国企业受法案影响在避税天堂的利润占总利润的比例略有下降。

推 荐 理 由

OECD在2021年发布的《关于应对经济数字化税收挑战双支柱方案的声明》关于最低公司税率的话题中特别关注了减税与就业法案出台后美国企业的利润转移状况。但是由于数据可获得性问题，法案中限制利润转移措施的有效性一直未能得到证实。本文在最新可获得的数据基础上统一了海外利润算法，一方面丰富了近年来影响最大的税收制度改革效应的研究，另一方面通过数据的分析展现了一幅更为全面的全球利润地图。近年来，我国跨国企业的利润转移问题引发了越来越多的关注。过去十年来的由国际组织主导的税收合作在一定程度上影响了我国跨国企业的利润转移行为。然而，如何通过国内税收制度改革有效地回应这一越发棘手的问题，则需要未来进一步的思考和探索。

鹬蚌相争：国际税收征管的外部性[*]

一、引　言

　　跨国公司可以通过将利润从高税率国家转移到低税率国家来实现避税，这种利润转移行为会导致全球税收收入的巨大损失。原则上，高税率国家的税务机关可以通过加强对跨国公司集团内部交易的监控，更严格地执行管理交易定价的规则来试图减少利润转移。尽管如此，利润转移现象仍然持续、广泛地存在。

　　本文从征管激励的视角出发，试图对上述问题进行回答：首先，本文通过构建理论模型证实了高税率国家的税务机关缺乏对避税天堂的利润转移行为进行打击的激励，而是将执法工作的重心放在监管其他高税率国家的利润转移行为。其次，本文利用丹麦转让定价修正数据和全球税务纠纷数据进行经验分析。丹麦税务当局发起的转让定价修正案中约 82% 涉及其他高税率国家。在2009 年、2014 年和 2015 年，丹麦在转让定价执法上的努力使得其平均年税收收入增加了 3.2 亿欧元。然而，由于这些修正涉及其他高税率国家，全球税收收入减少了约 1 300 万欧元。

　　通过对全球税务机关纠纷数据的研究发现，26 个世界主要经济体的转让

　　*　推荐人：中南财经政法大学财政税务学院，汪家纬。

　　推送日期：2023 年 5 月 26 日。

　　原文信息：Tørsløv T., Wier L., Zucman G. Externalities in international tax enforcement：Theory and evidence [J]. *American Economic Journal：Economic Policy*, 2023, 15 (2)：497-525.

定价修正对象以高税率国家为主，这些修正案通常不会增加跨国公司缴纳的税款，只会改变高税率国家之间的税收分配格局。从上述分析来看，高税率国家之间争夺税基的行为消耗了各国执法资源却没有增加全球税收收入，与此同时避税天堂也得到了蓬勃发展。

相较于已有的研究，本文的边际贡献在于：（1）对利润转移持续的原因进行解释，丰富了利润转移与转让定价的相关文献；（2）为高税率国家在税务执法上的努力反而导致全球税收减少提供新的解释，丰富了国际税收征管的相关文献。

二、制 度 背 景

（一）转让定价单位（the transfer pricing unit）

为了确保跨国企业利润按照现行国际规则征税，高税率国家税务当局通常对跨国公司进行审计，这项工作由专门的转让定价单位来执行。转让定价单位可以要求跨国企业提供转让定价文件（证明其内部交易的详细文件）并进行审查。审查范围不仅包括商品和服务的转让定价，也包括债务或无形资产转移等。当审查发现跨国企业内部转让定价与"公平价格"存在较大差距时，转让定价单位会要求企业修正交易，这些修正被称为转让定价修正。"公平价格"通常由成本加成定价、可比相关交易、可比不相关交易和利润分割等多种方式确定。但是"公平价格"常常存在不确定性，例如购买品牌等知识产权的"公平价格"在概念上并不明确。因此，即使是没有主动借助企业内部转让定价来实现避税的跨国企业，也有可能与税务机关发生分歧甚至提起诉讼。2019 年，全球范围内约有 33 万人从事转让定价相关工作，其中仅有 1% 受雇于税务机关，其余 99% 服务于私人企业。同年，全球私企在转让定价服务上花费的费用为 150 亿 ~ 250 亿欧元。

（二）相互协商程序（mutual agreement procedures）

如果税务机关通过转让定价修正来增加其辖区内跨国企业的应税利润，而跨国企业没有调整在其他国家的应税利润，这会导致跨国企业的利润被征税两次。为了避免双重征税，各国签订了相互协商程序协议：当一国税务机关提出转让定价修正后，目标企业可以要求该国税务机关与应税利润超额的对应国家（或多个国家）签订相互协商程序。寻求增加税基的国家会要求相对应的国家减少相同数额的税基。为了确保该程序高效执行，欧盟内部推出了另一项严格的制度——仲裁公约。在援引该公约后，欧盟国家之间的争端需在两年内解决。

三、转让定价修正的实证分析

（一）丹麦的转让定价修正事实

由于丹麦转让定价修正数据存在案件结果不明的缺点，本文使用了 2008～2015 年已完成的相互协商程序数据和 2011～2016 年法院上诉数据作为补充，从而为丹麦转让定价修正的研究提供更全面的视角。

由于丹麦企业所得税率适中（22%），本文简单地将税率高于丹麦的国家定义为非避税天堂，将税率低于丹麦的国家定义为避税天堂。数据显示，2012～2015 年，丹麦平均每年约有 22.15 亿欧元净转移到其他国家，相当于丹麦税基的 6%。其中，丹麦接收了来自非避税天堂 4.55 亿欧元的利润转移，其转移到避税天堂的利润约为 26.7 亿欧元。在 2009 年、2014 年和 2015 年，丹麦年均修正案例数量为 62 例，其中 75% 以上涉及跨国集团内无形资产转移。年均修正案例金额约为 14.56 亿欧元，相当于丹麦平均税基的 4%，平均每笔案例涉及金额约为 2 400 万欧元。丹麦发起的修正案件中，绝大多数（82%）涉及其他高税率国家，只有 18% 来自避税天堂，其对应的金额（2.66 亿欧元）只占对避税天堂利润转移金额（26.7 亿欧元）的 10% 不到。

针对上述事实，一个可能的原因是与丹麦有关的绝大多数公司位于高税率国家。为了验证这一猜想，本文使用了来自瑞士富万达（Bureau van Dijk）的 ORBIS 数据来验证这一猜测。如图 1 所示，图 1 中 X 轴为丹麦关联公司所在国税率与丹麦税率的差距，Y 轴为公司累计分布情况。以 X 轴"0"值为界限，"0"值左侧对应的是公司所在地税率大于等于丹麦税率的累计分布，右侧反之。当 X 轴取"0"值时，Y 轴对应数值约为 0.82，这验证了丹麦提起转让定价修正对象的 82% 为非避税天堂，丹麦与转让定价修正对应国家的平均税率差距为 -4.1%。对于所有丹麦关联企业所在国与丹麦的税率差距的累计分布，当 X 轴取"0"值时，Y 轴对应数值约为 0.65，结果说明丹麦关联企业中约 65% 位于税率高于丹麦的国家，远低于丹麦发起的转让定价修正中企业所在地税率高于丹麦的比例（82%）。这为丹麦将税务执法重心放在其他高税率国家提供了证据。通过计算可知，丹麦发起的转让价格修正平均每年为丹麦带来了 3.2 亿欧元的税收收入，但是目标公司在海外纳税减少了 3.33 亿欧元，这意味着全球税收收入减少了约 1 300 万欧元。

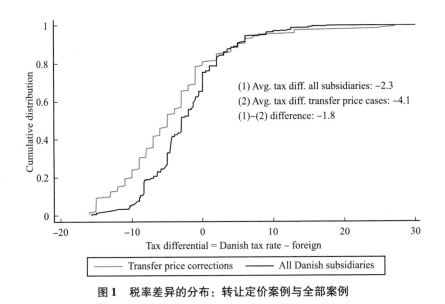

图1　税率差异的分布：转让定价案例与全部案例

（二）全球的转让定价修正事实

对全球转让定价修正的研究数据主要来自：（1）审计公司 EY 公布的 2014 年转让定价权威调查，（2）欧盟转让定价论坛发布的相互协商程序统计数据，（3）OECD 相互协商程序统计数据。EY 在 2014 年进行了一项关于转让定价当局的调查，询问了全球 26 个主要经济体在转移价格修正工作的重心。数据显示，全球主要经济体的转让定价纠纷目标常常以高税率国家为主，只有瑞士和荷兰有时会成为攻击的目标。根据 2011 年欧盟相互协商程序提供的数据，由高税率欧盟国家发起的相互协商程序中，只有 10.7% 涉及欧盟避税天堂，近 90% 的程序涉及欧盟高税率国家。

四、转让定价修正的模型解释

（一）基准模型

在大量利润转移到避税天堂的情况下，为何高税率税务机关仍专注于修正涉及其他高税率国家的转让定价？本文试图通过构建理论模型对此进行解释，模型假设如下：（1）高税率国家税务机关寻求最大限度地提高转让定价修正工作中获得的税收收入；（2）模型中不存在时间差异，所有程序同时发生；（3）两个高税率国家间的转让定价价格偏差遵循标准差为 b 和均值为 0 的均匀分布；（4）高税率国家间税率相等并高于低税率国家税率；（5）税务机关执法资源有限。假设存在两个高税率国家 H1、H2 和一个低税率国家 L，三个国家的税率分别由 t_{H1}、t_{H2}、t_L 表示。税务筹划公司在高税率国家 H1 和低税率国家 L 之间内部交易的转让定价为 P^L，H1 国非税务筹划公司从位于 H2 国子公司进口服务的价格为 P_i^H，公平价格为 P^a。高税率国家间转让定价偏差 $\epsilon_i = P_i^H - P^a$。H1 国税务机关根据其资源可以进行转让定价修正的次数为 $\overline{N}$，纠正次数与内部交易次数最大比例 $\overline{n} = \overline{N}/N$。$\gamma_H$ 表示修正高税率国家间转让定价的成功率，γ_L 表示修正高税率国家与低税率国家间转让定价的成功率，通常情况下 $\gamma_H > \gamma_L$。

H1 国税务机关对非税务筹划公司进行转让定价修正的收益：

$$Y^* = t_{H1} \gamma_H \epsilon_i F(\epsilon^N) = \frac{b - \epsilon^N}{2b} = \overline{n} \Rightarrow \epsilon^N - b - 2b\,\overline{n}$$

$$t_{H1} \gamma_H (b - 2b\,\overline{n}) > 0 \Rightarrow \overline{n} < \frac{1}{2}$$

因此，税务机关进行转让定价修正的最大比例为内部交易数量的一半，最优情形下仅修正非税务筹划公司的预期边际收益如下：

$$Y^* = \begin{cases} t_{Hi}\gamma_H(b - 2b\,\bar{n}), & \text{if } \bar{n} < \dfrac{1}{2} \\ 0, & \text{if } \bar{n} \geqslant \dfrac{1}{2} \end{cases}$$

税务筹划公司的目标是最大限度提高 P^L，尽可能地将收入从高税率国家转移到低税率国家，对税务筹划公司进行转让定价修正的预期收益为：

$$Y^* = t_{Hi}\gamma_L(p_*^L - p^a)$$

税务筹划公司知道修正非税务筹划公司的预期边际收益，因此它将在确保修正税务筹划公司收益不高于修正非税务筹划公司的边际收益的情况下制定最优转移价格 P^L：

$$p_*^L - p^a = \begin{cases} \dfrac{\gamma_H}{\gamma_L}(b - 2b\,\bar{n}) = \dfrac{\gamma_H}{\gamma_L}\epsilon^N, & \text{if } \bar{n} < \dfrac{1}{2} \\ 0, & \text{if } \bar{n} \geqslant \dfrac{1}{2} \end{cases}$$

由上述公式可以得出结论：在税务机关资源有限的条件下，企业有意识地向避税天堂进行利润转移的积极性取决于非税务筹划公司转让定价偏差大小 b，以及修正的能力 γ_H 和 γ_L。

（二）模型拓展

本文在上述模型的基础上引入了成本效应，使得企业可以通过施加法律压力或投资更高质量的转让定价文件来降低税务机关转移价格修正的成功率，最简单的方法是让 γ_i 内生：

$$\frac{\delta\gamma_i}{\delta C} < 0, \quad \frac{\delta^2\gamma_i}{\delta^2 C} > 0$$

结合基础模型公式，税务筹划公司转让定价最优问题将变成：

$$\max_C\{(t_H - t_L) \cdot (p_*^L - p^a)\} = \begin{cases} \max_C\left\{\dfrac{(t_H - t_L)\gamma_H}{\gamma_L}(b - 2b\,\bar{n}) - C\right\}, & \text{if } \bar{n} < \dfrac{1}{2} \\ \max_C\{(0 - C)\}, & \text{if } \bar{n} \geqslant \dfrac{1}{2} \end{cases}$$

结合上述两公式可以得出结论，在均衡状态下，税务规划公司将承担大于 0 的法律成本，以阻止税务机关修正其故意的利润转移。

五、研究结论

本文通过对跨国企业税收执法情况相关数据研究发现，高税率国家花费大部分资源修正与其他高税率国家间的转让定价行为，而只花费少量资源稽查涉及避税天堂的交易。本文从税收征管激励的视角来解释这一行为，并表明税务机关没有将对其他国家转让定价修正的外部性内在化。与此同时，税务筹划公司从"分心"的税务机关中获益，将更多的利润转移到避税天堂。各国可以通过协调努力或废除转让定价，来有效解决上述问题。

推 荐 理 由

跨国企业利润转移是近年来愈演愈烈的问题，它在带来全球巨大税收损失的同时也会加剧全球范围内的财富不平等问题。文章从税务机关面临的激励措施这一视角出发，通过实证分析和模型建立为利润转移的持续存在和税务执法可能导致全球税收收入下降的问题提供了新的解释。同时，文章对国际税务执法规则和转让定价政策的制定具有很强的启示意义。

物归原主：离岸利润转移
与国民经济核算[*]

一、引　言

　　离岸利润转移通常发生在跨国企业进行全球组织架构调整的过程中（以母公司进行对外直接投资为主），通过在低税率地区的附属机构放置远超其自身经济活动所需的资产，从而实现将这部分资产产生的收益向低税地区转移。在美国传统的国民经济账户核算中，这部分收益被认定为美国企业对外直接投资（USDIA）收益，用于计算国民生产总值（GNP），而非国内企业创造的附加值，因此并没有被纳入国内生产总值（GDP）的核算。然而，以无形资产的利润转移为例，这部分收益实际上是由跨国企业位于美国的研发设计团队创造的附加值，应当作为国内商业部门的附加值被纳入 GDP 的核算。因此，本文以实物资产存量、无形资产存量和员工薪酬在跨国企业内部所占份额的平均数为指标测算附属机构实际经济活动所能产生的实际收益，对跨国企业的全球利润进行重新分配，并据此对官方统计的 GDP 进行调整。

　　研究发现，1982～2016 年，大约有 38% 的美国跨国企业对外直接投资收益应当被计算在美国的 GDP 当中。同时，美国跨国企业的利润转移行为对

　　* 推荐人：中南财经政法大学财政税务学院，汪慕晗。
　　推送日期：2023 年 3 月 31 日。
　　原文信息：Guvenen, Fatih, Raymond J. Mataloni Jr., Dylan G. Rassier, and Kim J. Ruhl. Offshore Profit Shifting and Aggregate Measurement: Balance of Payments, Foreign Investment, Productivity, and the Labor Share [J]. *American Economic Review*, 2022, 112 (6): 1848–1884.

GDP 核算的影响主要集中于研发密集型行业。除了 GDP 之外，利润转移也会对国际收支状况、对外直接投资回报率、劳动生产率和劳动收入份额等相关经济变量产生影响。本文通过跨国企业附属机构的实际经济活动重新分配跨国企业的全球利润，这一调整方法使得重新计算得到的 GDP 等经济指标能够更加准确地反映国内商业部门的实际运行状况。

相比已有文献，本文运用更为细致的企业数据，依据各跨国企业内部的实际经营状况重新分配全球利润，最大程度地减少了跨国企业利润转移对国民经济核算产生的负向影响。同时，已有文献运用服务贸易份额的粗略分配方法与本文所得出的结论类似，更加证明了本文结论的稳健性。

二、利润分配与调整

跨国企业进行利润转移从本质上来说是利润的报告地与实际产生利润的经济活动地不一致，因此本文的主要目标就是纠正这一利润的"错配"现象。

本文假设跨国企业 m 的其中一个经济实体 n 的生产函数为 $y_{mn} = \theta_{mn} k_{mn}^{\alpha_{mn}} l_{mn}^{\gamma_{mn}} h_{mn}^{1-\alpha_{mn}-\gamma_{mn}}$，其中，$k$ 为资本，l 为劳动力，h 为无形资产。那么基于该生产函数，经济实体 n 的利润函数就可以表示为 $\pi_{mn} = y_{mn}[p_{mn} - c_{mn}(w_{mn}, r_{mn}, q_{mn})]$。

此时，以劳动力成本为例，上述利润公式可以写为 $\pi_{mn} = w_{mn} l_{mn}(\mu_{mn} - 1)/\gamma_{mn}$。其中，$\mu = p/c(r, w, q)$ 表示增值率，γ_{mn} 表示劳动力份额。如果假设跨国企业整体的增值率和劳动力份额一致，那么 n 通过实际经济活动产生的利润为支付的员工薪酬占跨国企业总员工薪酬的份额与跨国企业利润总额之积，即

$$\hat{\pi}_{mn} = \frac{w_{mn} l_{mn}}{\sum_{k=1}^{N_m} w_{mk} l_{mk}} \times \pi_m \text{。}$$

同理，我们也可以得出以资本份额和无形资产份额为权重计算的实体 n 通过实际经济活动所产生的利润，并对上述依据不同份额估计的利润进行简单平均得出本文对跨国集团 m 内部的某一经济实体 n 实际经济活动所产生的利润，即：

$$\hat{\pi}_{mn} = \frac{1}{3}\left[\frac{w_{mn}\ell_{mn}}{\sum\limits_{k=1}^{N_m} w_{mk}\ell_{mk}} + \frac{r_{mn}k_{mn}}{\sum\limits_{k=1}^{N_m} r_{mk}k_{mk}} + \frac{q_{mn}h_{mn}}{\sum\limits_{k=1}^{N_m} q_{mk}h_{mk}} \right] \times \pi_m$$

$\epsilon_{mn} = \hat{\pi}_{mn} - \pi_{mn}^{reported}$ 为本文对经济实体 n 利润转移行为的调整。

对于 GDP 的调整，本文依据上述方法对每个跨国企业实体进行分别的计算，再将调整的利润加总，对官方统计的国内生产总值进行纠正，即 $\hat{Y}^{VA} = Y^{VA} + \sum\limits_{m \in M} \epsilon_{m1}$。其中，$Y^{VA}$ 表示官方统计的用收入法和支出法核算的 GDP 的几何平均值，并用价格平减指数对其进行通缩调整。

三、基于利润重新分配的调整结果

（一）基准结果

图 1 报告了考虑利润转移调整后的结果。Panel A 显示调整的利润转移规模占国内商业部门附加值的比例在 2000 年前稳定在 0.6% 左右，在 2000 ~ 2010 年出现了显著的上升，并于 2010 年达到 1.7% 的峰值。随后这一比例出现了下降，2013 ~ 2015 年约为 1%。总体来说，样本期间累计调整数额巨大，2000 ~ 2016 年累计上调的 GDP 约为 2.05 万亿美元。利润调整的顶峰出现在 2010 年，其数额约为 1 890 亿美元，随后在 2016 年下降到 1 400 亿美元。

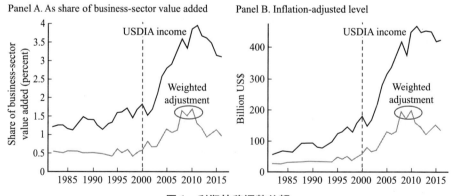

图 1　利润转移调整总额

（二）演变成因

上述关于利润转移调整幅度的演变因素主要有二：美国税收法律法规的变化和石油行业企业利润转移行为的变化。美国的税收法律法规在 20 世纪 90 年代后期出台了两个对跨国企业利润转移影响较大的政策：其一，IRS 在 1995 年首次颁布的成本分摊协议（CSAs），该协议允许跨国企业和与地处任意位置的附属机构分摊无形资产的研发成本，母公司也需要向该附属机构支付特许权使用费。这就导致跨国企业的母公司能够将一些附加值较高的无形资产的研发成本和地处低税率或零税率地区的附属机构进行分摊，并通过支付特许权使用费的方式转移由该无形资产产生的收益。其二，IRS 在 1997 年为了简化跨国企业子公司的认定和分类程序，在报税单上添加了一个勾选项以认定该实体是否为跨国企业的附属机构。一旦进行勾选，其与母公司之间的交易就会被认定为企业内部交易而不需要缴纳税款。上述两个政策均在 2011 年左右被 IRS 严格限制实施，从而限制了跨国企业通过这两项政策进行利润转移的途径。因此，在图 1 展现的结果当中可以很清晰地看到调整的利润从 20 世纪 90 年代后期开始上升，并在 2010 年达到顶峰，随后开始逐渐下降。

石油行业企业利润转移行为的变化是影响本文对于 GDP 调整的又一重要因素。美国的石油行业企业除了需要缴纳企业所得税之外，还需要缴纳资源税和特许权使用费，因此其税负要远高于其他行业的企业。此外，石油行业的产业链较长，其附属机构的覆盖面较广，也为石油行业企业的利润转移提供了较大的空间。图 2 Panel A 展示了 1982 ~ 2016 年的原油价格变化趋势。原油价格从 20 世纪 90 年代后期开始快速上升，加之石油需求相对缺乏弹性，大幅提高了石油行业跨国企业的全球收入。如果假设石油行业企业的利润转移倾向不变，那么石油价格越高，对于石油行业企业利润转移的调整就越大。Panel B 报告了全行业的调整状况和剔除了石油行业后的调整状况，可以看到原油价格较高的时期，两者之间的差距较大，也即对于石油行业企业的调整较大。

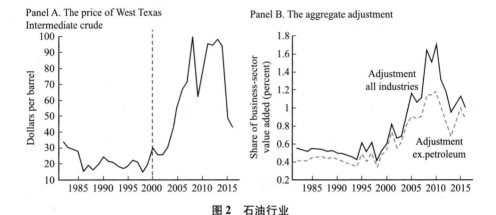

图 2　石油行业

（三）利润从何而来？

基准回归中通过对跨国企业向附属机构转移利润的重新分配发现，在美国对外直接投资收益中有超过30%的投资收益应当被视为美国 GDP 的增长。那么这些收益主要来自利润转移最为集中的七个国家，这些国家大多是被熟知的利润转移的低税地。与"荷兰—爱尔兰三明治"的税收筹划策略相一致，荷兰是最大的利润调整来源国，爱尔兰是第三大来源国。此外，其他的主要利润调整来源国大多是一些避税天堂和"专利盒"政策实施的地区。

（四）税率与跨国企业利润

本文在调整了跨国企业内部的全球利润分配后，估计了企业在剔除了实际经济活动产生的利润后，剩余利润与所在地税率之间的关系。回归公式如下：

$$\log(\pi_i) - \log(\rho_i) = \beta_0 + \beta_1 \tau_i + u_i$$

其中，$\log(\pi_i)$ 表示经济实体报告的利润，$\log(\rho_i)$ 表示利用经济实体实际经济活动份额权重计算的利润。二者之差表示本文对利润进行调整的部分。

表 1 报告了未经调整的利润、调整部分的利润和调整后的利润对税率回归的结果。可以看到，受税率影响最大的部分主要是本文进行调整的部分［列（2）］，而税率对调整后的利润影响并不显著［列（3）］。

表1 转移利润和税率

	log（unadj. profit）(1)	$\log\left(\frac{\text{unadj. profit}}{\text{adj. profit}}\right)$ (2)	log（adj. profit）(3)
Tax rate	−3.21 (0.48)	−5.15 (1.02)	0.41 (0.49)
Labor compensation	0.44 (0.13)		0.34 (0.14)
Physical capital	0.41 (0.13)		0.64 (0.14)
Constant	1.99 (0.41)	2.62 (0.38)	−1.94 (0.41)
Adj. R^2	0.92	0.31	0.95
Observations	56	56	56

Note：Standard errors are reported in parentheses.

（五）调整的行业构成

此外，本文的调整结果在行业之间存在着非常明显的异质性。调整占比较高的行业主要利润来源为无形资产收益，且主要为研发密集型企业，而重资产行业如交通运输、仓储和建筑业调整占比相对较小。

四、利润转移对其他经济指标的影响

（一）贸易逆差

由于GDP的核算存在收入法和支出法两种方式，因此在上调企业利润的同时，也需要对使用支出法核算的GDP进行一定的调整。本文假设利润转移仅通过无形资产交易一种方式进行，因此这部分转移出去的利润本质上可以被视作一种服务贸易的出口。据此，本文在支出法核算的GDP当中也对服务贸易出口进行了上调。调整后美国在2016年的贸易逆差从调整前占商业部门附加值的2.6%

下降到调整后的 1.8%，服务贸易的顺差从 1.4% 增加到了 2.2%。

（二）对外直接投资回报

由于本文将一部分对外投资收益（USDIA）重新划归美国企业的利润，因此前文对 GDP 的调整也会影响美国对外直接投资的回报率。调整后对外直接投资收益出现了显著下降，尤其是对避税天堂的投资，调整后投资收益率在样本期内均不到 5%。而对非避税天堂来说，调整对其投资收益率影响并不大。

（三）劳动生产率

对利润转移的调整增加了国内企业创造的附加值，因此国内企业每小时的产出（即劳动生产率）也产生了一定的变化。美国劳动生产率在调整前于 1982~2004 年加速增长，但在 2004 年后增速放缓。而对于利润转移的调整使得劳动增长率在增速快的时期更加快速地增长，而在增速放缓的时期增长更加缓慢。

（四）劳动收入份额

由于本文主要上调了美国国内的企业利润，而企业利润本质上是一种资本收入。因此，对利润转移的调整也导致了国民收入份额中资本收入份额的上升和劳动收入份额的下降。在进行调整后，美国劳动收入份额在 2000 年后下降得更快。同时，调整份额较大的两个行业的劳动力收入份额在调整后也呈现出更为明显的下降趋势。

五、研 究 结 论

利润转移会损害主权国家的税基，减少高税国的税收收入，同时它也会影响宏观层面的经济指标对国家实际经济状况的反映能力。本文从利润转移对美国 GDP 及其他相关经济指标的影响视角出发，依据跨国企业海外附属机构实际经济活动份额对其报告的利润进行调整，发现美国对外直接投资产生的收益中大约有38%应当被纳入GDP的核算，且这一调整主要集中于研发密集型的行业和企业。对利润转移的调整也降低了美国的贸易逆差、对外直接投资收益率和劳动收入份额。

推 荐 理 由

近二十年来，跨国企业的利润转移行为产生的影响在微观层面被广泛探讨。本文将对利润转移影响的关注点从微观层面转向宏观层面，发现利润转移对跨国企业全球利润的"错配"使得美国官方统计的GDP可能存在低估，进而可能导致对如贸易逆差、对外直接投资回报和劳动收入份额等相关经济变量的高估。近年来，我国跨国企业的利润转移问题引发了越来越多的关注，但主要还集中在微观企业层面。我国跨国企业的利润转移行为是否也影响了GDP对我国实际经济状况的衡量能力，这也是需要进一步的思考和亟待探索的重要话题。

攀高结贵：加入跨国企业供应链对本国企业的影响[*]

一、引　言

在全球范围内，跨国公司及其国外分支机构贡献了全球产出的33%、全球 GDP 的 28%、全球就业的 23% 以及超过 50% 的全球出口贸易（OECD，2018）。世界各国政府热衷于吸引跨国公司在本国建立子公司，寄希望于跨国公司的引入能够为本国带来更多的就业和更好的技术，带动当地企业发展。然而，加入跨国公司供应链对本地企业影响这一问题在学术界并未得到充分讨论，主要存在 3 大困难：（1）无法确定本地企业第一次成为跨国公司供应链的时间；（2）跨国公司在选择供应商时具有非随机性；（3）受限于数据，无法详细考察本地企业加入跨国公司供应链后对本国其他企业的影响。

受益于哥斯达黎加优质而详细的行政数据，本文考察了哥斯达黎加企业在 2010～2015 年首次成为跨国公司供应商后的变化：（1）加入跨国公司供应链之后，本地企业的销售额、雇佣人数、净资产、投入成本和全要素生产率（TFP）均显著提升，且该效应在第二年才较为显著；（2）不仅跨国公司本地供

---

　　* 推荐人：华中科技大学管理学院，何炳林。

　　推送日期：2023 年 6 月 30 日。

　　原文信息：Alfaro - Urena A. ，Manelici I. ，Vasquez J. P. The effects of joining multinational supply chains: New evidence from firm-to-firm linkages ［J］. *The Quarterly Journal of Economics*，2022，137（3）：1495 - 1552.

应链上游企业有所增长，本地企业的买方也获得了更加优质的客户；（3）安慰剂检验表明，只有加入跨国公司供应链才存在上述效果，加入国企、大公司和出口商的供应链均不存在这一效果；（4）基于理论模型的测算发现，本地企业在成为大型公司供应商后的第一年，对其他买方的销售额减少，这一现象随着时间推移而减弱。

相较于先前的文献，本文利用丰富的行政数据考察本国企业首次加入跨国公司供应链的影响，有效解决了缺乏数据的问题。同时，本文还考察了企业加入跨国公司供应链后的溢出效应，并利用哥斯达黎加特有的供应商评分机制，解决供应商加入跨国公司供应链的非随机性问题。本文为发展中国家政府大力引进跨国公司、推动本国企业加入国际供应链提供了宝贵的经验证据。

二、数据与实证设计

（一）数据来源

本文使用了相当丰富的行政数据，具体包括：（1）哥斯达黎加财政部的税务数据；（2）公司间的交易数据，该数据只记录高于 4 200 美元的交易；（3）社会保障基金中的雇主—雇员数据；（4）海关数据；（5）哥斯达黎加中央银行调查数据；（6）在自贸区从事经营活动公司的报告；（7）哥斯达黎加 FDI 数据库（CINDE），该数据拥有哥斯达黎加企业外资所有权的信息；（8）Orbis 数据库，使用该数据库对企业的外资所有权进行补充。除上述数据外，为方便海外跨国公司选择供应商，哥斯达黎加政府建立了一个本地公司的综合数据库，该数据库根据公司特征对本地公司打分并进行排名。本文通过该数据库中打分和跨国公司选取供应商的实际情况分析表明，跨国公司在选择供应商时在一定程度上是随机的。最后，作者还对跨国公司及其国内供应商进行了调查，以揭示跨国公司与其国内供应商之间不可观察的部分。

（二）实证设计

本文基准结果样本为 2010～2015 年首次成为跨国公司供应商的国内企业，

具体公式如下：

$$y_{it} = \alpha_i + \lambda_{spt} + \sum_{k=\underline{c}}^{\overline{c}} \theta_k D_{it}^k + \varepsilon_{it}$$

其中，y_{it} 是公司的一系列结果变量，α_i 是公司固定效应，λ_{spt} 是四位数行业×省份×年份固定效应。D_{it}^k 表示国内公司是否加入跨国公司供应链的虚拟变量。同时本文还采用多期 DID 进行识别，即在上述方程中加入 2008～2017 年从未向跨国公司供货的国内企业。

三、加入跨国公司供应链的影响

（一）对加入供应链企业的影响

如图 1 所示，本文发现，当本国企业加入跨国公司供应链之后，企业的销售额、雇佣人数、净资产、投入成本和全要素生产率（TFP）均显著提升，说明本国企业为跨国公司供货后，企业成长速度加快。同时可以看到，在加入跨国公司供应链后的第一年，本国企业的雇佣人数和净资产等只存在轻微增长，说明企业在第一年并未大规模扩产，只有从加入跨国公司供应链后的第二年开始，企业才开始扩大生产规模。

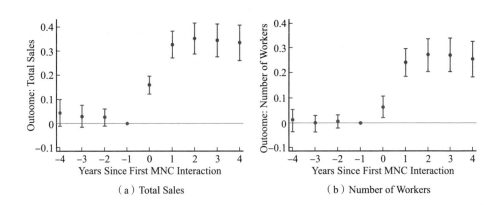

（a）Total Sales　　　　　　　（b）Number of Workers

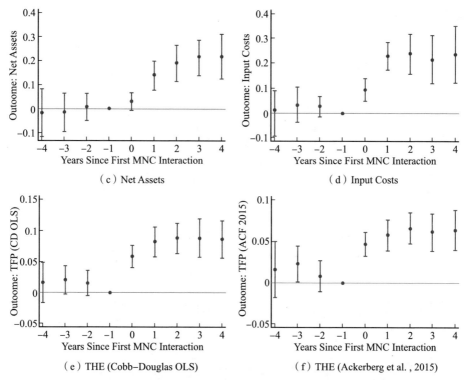

（c）Net Assets　　　（d）Input Costs

（e）THE (Cobb–Douglas OLS)　　　（f）THE (Ackerberg et al. , 2015)

图1　国内企业开始向跨国公司供货后，其规模和全要素生产率均有所提高

（二）对加入供应链企业向其他企业销售的影响

图2展示了本地企业加入跨国公司供应链之后对除跨国公司外的其他企业的影响。图2（a）和图2（b）分别表示本地企业的总销售额和剔除对跨国公司销售之后的销售额，图2（c）和图2（d）是根据公司间的交易数据加总得到的总销售额和剔除对跨国公司销售额，图2（e）和图2（f）分别表示剔除跨国公司后本地企业买方数量的变化和买方平均销售额的变化。从图2中可以看到，无论是采用企业层面的数据还是公司间的交易数据，本地企业加入跨国公司供应链后，第一年销售额增加量显著小于第二年，且对除跨国公司以外的买方销售额在第一年显著为负，第二年之后才存在显著的促进作用。结合图1可以发现，成为跨国公司供应链之后的第一年，跨国公司的加入对其他公司存在挤出效应，导致对其他公司的销售降低，而随着第二年公司产能扩大和全要

素生产率的提升，对其他公司的销售反而有所增加。从图 2（e）与图 2（f）中可以看出，对其他公司销售的增加主要源于新客户，而不是老客户，说明本地企业在加入跨国公司供应链之后，获得了更多优质的客户。

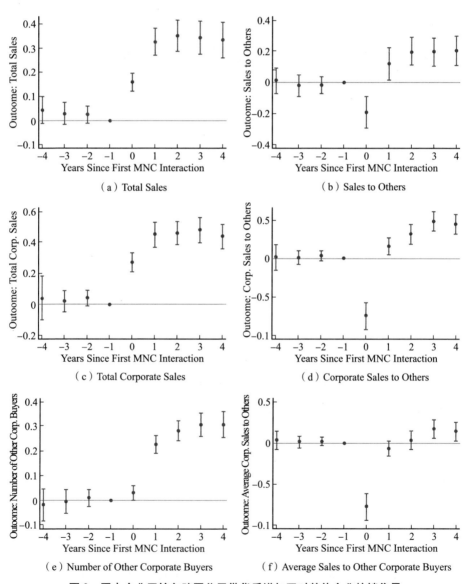

（a）Total Sales

（b）Sales to Others

（c）Total Corporate Sales

（d）Corporate Sales to Others

（e）Number of Other Corporate Buyers

（f）Average Sales to Other Corporate Buyers

图2　国内企业开始向跨国公司供货后增加了对其他企业的销售量

此外，本文还提供了其他证据：（1）在本地企业加入跨国公司供应链后，对与跨国公司同行业的其他本国企业的销售额显著增加，而对同行业的其他企业的购买不会增加；（2）加入跨国公司供应链之后，新增加的买家是一些更优质的买家，他们的员工数量更多、规模更大、全要素生产率更高；（3）其他一系列稳健性检验和异质性分析。

（三）安慰剂检验：加入大公司供应链的影响

由于跨国公司往往是大公司，那么上述结论是加入跨国公司供应链所特有的还是加入大公司供应链的共性，本文对此进行检验。从图3中可以看出，与加入政府供应链、加入大公司供应链、加入国内出口商供应链相比，只有加入跨国公司，本地企业的全要素生产率才有持续增长并且能有效促进对其他买方的销售额。

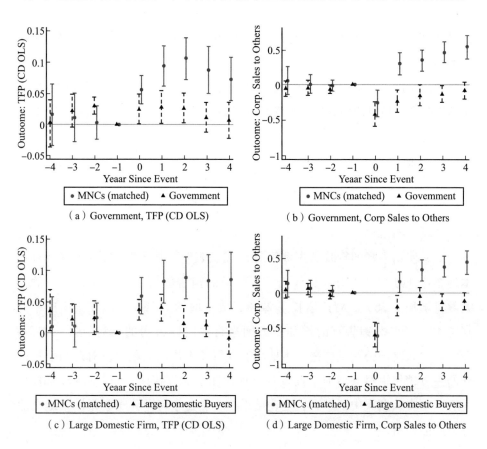

（a）Government, TFP (CD OLS)

（b）Government, Corp Sales to Others

（c）Large Domestic Firm, TFP (CD OLS)

（d）Large Domestic Firm, Corp Sales to Others

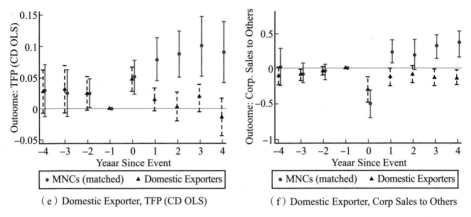

（e）Domestic Exporter, TFP (CD OLS)   （f）Domestic Exporter, Corp Sales to Others

图3　三个安慰剂事件的影响

除上述结论，本文还通过构建一个模型表明对某一大公司供货后的第一年会对其他买方存在挤出效应，但随着时间的推移，该效应会减弱，且挤出效应的大小与企业全要素生产率相关。最后，本文还对当地 762 家国内公司和 687 家跨国公司进行调研发现，跨国公司很在意产品的质量并且乐意帮助他们的供应商提高产品质量，同时还会帮助供应商提高管理水平等一系列有助于企业生产的能力。

四、研究结论

本文使用丰富的行政数据和事件研究法表明，加入跨国公司供应链后，本地企业业绩持续上升。具体而言，公司的销售额增长了 33%，雇用的工人数量增加了 26%，资产增长了 22%，成本增加了 23%，全要素生产率提高了 4%~9%。销售额的增加一方面来自对跨国公司的销售。另一方面，受益于加入跨国公司供应链，本地企业获得了更优质的顾客，对跨国公司以外的买方销售也显著增加，且该效应只存在于加入跨国公司供应链的情况。最后，本文从调查中了解到，上述结果主要受益于跨国公司会帮助本地企业提高产品质量。

推 荐 理 由

　　准确度量加入跨国公司供应链对本地公司的影响，无论在学术界还是在实务中均是一个重要问题。先前虽有文献进行相关研究，但受限于数据的可得性，并不能很好地厘清这一问题。本文利用详细的哥斯达黎加行政数据，对这一问题进行了细致的考察。本文的结论也支持现有发展中国家大力引入跨国公司的做法。这一结论值得进一步思考：跨国公司为何如此特殊，跨国公司通过何种机制对本国企业产生了长期的促进作用，这一现象是否在发达国家或其他大国也存在。

因势而谋：单边反避税
政策带来了什么？[*]

一、引　　言

近年来，越来越多的证据表明，跨国企业缴纳的企业所得税与其实际收入并不相符，跨国企业的避税行为已然成为政界和社会各界关注的焦点。尽管各国针对跨国企业利润转移的政策层出不穷，但早期的限制利润转移政策大多为单边反避税政策，且跨国企业利润转移规模似乎并未受政策影响，全球利润转移总量仍然持续扩大。这些单边反避税政策对利润转移行为的打击效果以及对企业实际经营活动的影响目前尚缺乏明确的经验证据。

为了检验单边反避税政策给跨国企业实际经营活动带来的影响，本文利用英国 2010 年实施的全球债务上限政策（worldwide debt cap rule，WDC）对单边反避税政策的真实效应进行了研究。研究发现，WDC 的实施能够有效减少跨国企业在英国境内的过度借款，使得他们在英国境内子公司持有的债务占全球债务的比例下降了 29%。然而，为了尽量规避 WDC 带来的影响，跨国企业增加了在非英国子公司，尤其是地处高税地区的子公司所持有的债务占比。从企业实际经营状况上来看，WDC 虽并未影响集团层面的总体经营状况，但是

　　* 推荐人：中南财经政法大学财政税务学院，汪慕晗。

　　推送日期：2023 年 11 月 10 日。

　　原文信息：Bilicka K. , Qi Y. , Xing J. Real responses to anti-tax avoidance：Evidence from the UK Worldwide Debt Cap ［J］. *Journal of Public Economics*，2022，214，104742.

在一定程度上影响了集团内部不同地区子公司的经营状况，产生了集团内部资源的重新分配效应。

相较于已有文献，本文为单边反避税政策效应提供了可靠的经验证据，并且在已有研究的基础上进一步将单边反避税效应拓展至除企业避税行为之外的其他企业经营活动上。通过对准自然政策改革所带来的效应评估，拓展了有关跨国企业出于避税动机进行债务转移和跨国企业全球经营分布的相关研究。

二、全球债务上限政策

英国税务总局（HMRC）于 2010 年颁布了全球债务上限政策，以限制跨国企业无休止的融资费用抵免。WDC 将地处英国的跨国企业在英国境内子公司持有的负债与集团层面的全球总负债进行比较，为跨国企业设定了一个"门槛比例"（gateway ratios）上限。门槛比例规定跨国企业在英国子公司持有的净债务占全球总债务比例不得超过 75% 的上限，并规定由超出这一上限的债务所产生的利息费用不再允许进行企业所得税的抵扣。这一政策增加了跨国企业通过资本弱化这一渠道进行利润转移的成本，限制了跨国避税行为。

在 WDC 实施之前，企业的债务成本为 $i(1-\tau)$，其中，i 为名义利率，τ 为法定企业所得税率。2008~2014 年，英国平均利率为 2.58%，平均企业所得税率为 26.8%，英国的税后债务成本约为 1.89%，低于 OECD 国家的平均水平。因此，英国在 WDC 实施之前属于跨国企业进行债务转移的目的地。然而在 WDC 实施后，超过门槛比例上限的跨国企业债务成本上升至 i，这导致了英国对于债务转移的吸引力急剧下降。因此跨国企业很可能减少他们在英国的债务，并将这部分债务分配到其他高税国，以保证他们在全球范围内的实际税负不会受到太大的影响。此外，WDC 的实施也可能对跨国企业的实际经营活动分布产生影响。在 WDC 实施之前，跨国企业可以将这部分予以抵扣的利息费用用于如增加投资、增加就业等实际经营活动。然而 WDC 的实施导致了他们用于投资和就业等实际经营活动的边际成本增加，而相对来说在非英国的子公司实际经营活动的边际成本就会下降，最终导致集团内部实际经营活动的重新分配。

三、数据来源与识别策略

(一) 数据来源

本文主要使用了由 BvD 提供的三套数据对位于英国的跨国企业的债务与经营状况进行分析。第一套数据来源于 Osiris 数据库。该数据库提供了 2005 ~ 2014 年位于英国的跨国企业经营状况、集团合并财务信息以及跨国企业子公司所属关系的相关信息。第二套数据来源于 FAME 数据库。该数据库提供了 2008 ~ 2014 年的子公司层面的非合并财务数据和更为详细的集团层面的财务数据。由于 FAME 数据库只包含跨国企业在英国境内的子公司,为了评估跨国企业的全球经营状况,本文通过 Orbis 数据库获取了跨国企业非英国子公司的相关财务信息作为对 FAME 数据库的补充。

此外,为了排除跨国企业的不同特征对本文估计结果的影响,本文使用跨国企业直接持有者所属的行业、地区和集团规模对样本进行了一对一的倾向得分匹配。最终,本文得到了在 WDC 实施当年超出门槛比例上限的 188 个跨国企业样本。

(二) 识别策略

本文通过双重差分法来估计 WDC 的实施对跨国企业的影响。对于超出门槛比例的跨国企业来说,WDC 的实施增加了他们通过资本弱化渠道进行利润转移的成本,因此这部分企业作为本文的处理组可能会受到 WDC 的影响。反之,未超过门槛比例的跨国企业则不会受到政策实施的影响,被设定为控制组。具体估计模型如下:

$$Y_{i,t}^{UK} = \alpha + \beta \times Failed_i \times Post_t + \eta_t + \psi_i + \epsilon_{i,t}$$

其中,$Y_{i,t}^{UK}$ 表示集团层面的结果变量,包括 WDC 规定的门槛比例、在英国持有的净负债、全球总负债以及衡量企业实际经营活动的代理变量。$Failed_i$ 为分组变量,处理组取值为 1,控制组取值为 0。$Post_t$ 为政策实施变量,WDC 实施当年及往后年份取值为 1,否则取值为 0。η_t 和 ψ_i 分别为时间与企业固定效应。

为了进一步分析不同地区子公司的经营活动变化，本文进一步使用子公司层面非合并财务数据进行分析，具体估计模型如下：

$$Y_{i,j,s,t}^{nonUK} = \alpha + \beta \times Failed_i \times Post_t + \delta \times X'_{i,j,s,t} + \eta_t + \kappa_j + \epsilon_{i,j,s,t}$$

其中，$Y_{i,j,s,t}^{nonUK}$ 表示位于 s 国隶属于跨国企业 i 的子公司 j 在 t 年的结果变量，$Failed_i$ 和 $Post_t$ 的定义与上式相同，$X'_{i,j,s,t}$ 为子公司层面和集团层面的一系列控制变量。κ_j 表示子公司固定效应。

在报告双重差分结果之前，为了证明 WDC 确实对跨国企业行为产生了一定的影响，本文在图 1 中对处理组与控制组企业的门槛比例进行了特征事实的描述。从图 1 当中可以很清晰地看到，在 WDC 实施之后处理组的门槛比例分布出现了明显的左移。相比之下，控制组门槛比例基本保持不变。这表明WDC 确实对处理组跨国公司产生了显著的影响。

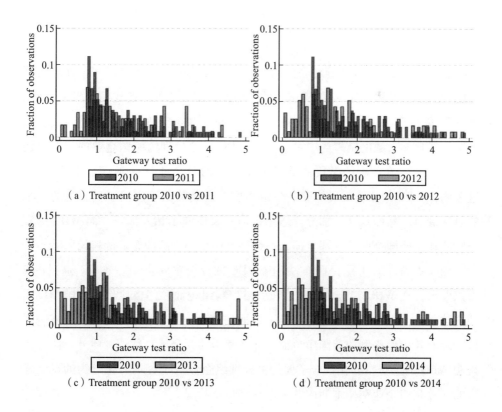

（a）Treatment group 2010 vs 2011　（b）Treatment group 2010 vs 2012

（c）Treatment group 2010 vs 2013　（d）Treatment group 2010 vs 2014

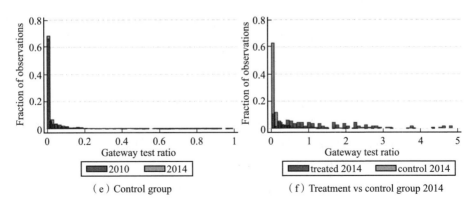

图 1　描述性统计

四、集团层面效应

（一）反资本弱化效应

表 1 报告了 WDC 实施对企业门槛比例、在英国持有净负债和全球总负债的影响。平均来说，WDC 的实施导致处理组跨国企业的门槛比例下降了 1.69。列（2）~列（4）报告了门槛比例、英净负债和全球总负债的自然对数变化情况。从自然对数的结果当中可以得出 WDC 导致处理组跨国企业的门槛比例下降了 29%，在英国的净负债下降了 64%，而其全球总负债却上升了 39%。这表明，WDC 的实施的确能够在一定程度上遏制英国境内出于税收目的产生的过度借贷。然而，这一部分全球总负债主要来源于私人借贷，而 WDC 的实施则增加了跨国企业的外部负债，这最终可能会加剧跨国企业的违约风险。

图 2 更为详细地展示了样本期内 WDC 的反资本弱化动态效应。通过图 2 可以看出，在 WDC 实施之前，处理组与控制组企业在门槛比例、英国净负债和全球总负债上均不存在显著差异。然而在 WDC 实施之后，处理组跨国企业持续降低其门槛比例和英国净负债，并持续增加其全球总负债。此外，图 2 还表明 WDC 的反资本弱化效应主要是由处理组企业对于资本弱化行为的调整导致的，控制组企业在样本期内并未调整其负债状况。

表 1　　WDC 实施对企业门槛比例、在英国持有净负债和全球总负债的影响

Dep. Var	Gateway Ratio (1)	Log Gateway Ratio (2)	Log UK Net Debt (3)	Log Gross Debt (4)
$Failed_t \times Post_t$	− 1.691 *** (0.594)	− 0.345 *** (0.125)	− 1.008 *** (0.297)	0.327 ** (0.139)
Year FE	✓	✓	✓	✓
Group FE	✓	✓	✓	✓
No. of groups	376	376	376	376
Observations	2 055	2 055	2 055	2 055

（二）纳税与经营状况

除了企业负债状况，WDC 还可能对企业的纳税状况与实际经营状况产生一定的影响。因此，本文分别检验了 WDC 实施对企业的纳税、总资产、固定资产与就业状况的影响。结果发现，WDC 的实施并未影响集团层面总体的纳税与实际经营状况。然而，集团层面的结果并不能代表跨国企业内部的经营状况调整。因此，本文接下来进一步使用子公司层面的非合并财务信息对 WDC 对集团内部资源的重新分配效应进行了检验。

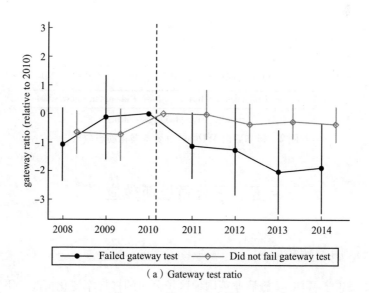

（a）Gateway test ratio

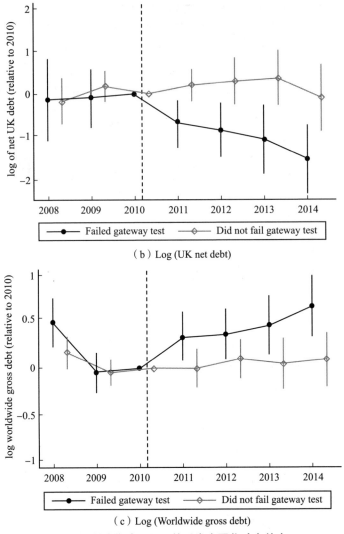

（b）Log (UK net debt)

（c）Log (Worldwide gross debt)

图 2　样本期内 WDC 的反资本弱化动态效应

五、子公司层面效应

（一）债务转移效应

表 2 报告了 WDC 实施后非英国地区子公司的杠杆率变化情况。平均来说，

非英国子地区公司在 WDC 实施之后，杠杆率上升了 17.4%，并且位于企业所得税法定税率越高地区的子公司的杠杆率的变化越大。这表明，受 WDC 影响的跨国企业会将更多的债务转移到企业所得税率更高地区的非英国子公司。同时，在列（3）~列（6）的分样本回归分析当中，我们发现外国跨国企业相对英国本国的跨国企业来说，对 WDC 的反应更大。他们将更多本来由英国子公司持有的债务转移至税率较高的非英国地区子公司。而英国本国的跨国企业由于受到本土偏好影响，虽然在 WDC 实施后也在一定程度上增加了非英国地区子公司的负债，但是调整的程度只有外国跨国企业的一半。

表2　　　　　　　WDC 实施后非英国地区子公司的杠杆率变化情况

Dep. Var. Lev_{ijst}	All MNC		Domestic MNC		Foreign MNC	
	(1)	(2)	(3)	(4)	(5)	(6)
$Failed_i \times Post_t$	0.174 *** (0.049)		0.133 ** (0.060)		0.234 *** (0.079)	
$Failed_i \times Post_t \times CIT_{st}$		0.615 *** (0.177)		0.374 * (0.209)	0.935 *** (0.276)	
Year FE	✓	✓	✓	✓	✓	✓
Host country-year FE	✓		✓		✓	
Subsidiary FE	✓	✓	✓	✓	✓	✓
No of groups	2 416	2 421	1 292	1 301	1 114	1 120
Observations	17 205	17 266	9 303	9 380	7 822	7 885

（二）实际经营活动

除债务转移效应外，WDC 的实施还可能造成跨国企业在集团内部进行实际生产经营活动地点的调整与重新分配。因此，本文利用子公司层面的非合并财务数据对此进行了进一步的研究。结果发现，跨国企业在 WDC 实施后显著地减少了他们在英国的经营活动。此外，跨国企业在英国经营活动的减少主要来源于外国跨国企业，而英国本国的跨国企业在政策后并未显著减少其在英国的实际经营活动。

最后，本文进一步分析了跨国企业在政策实施后在非英国地区的经营状况变化的情况。发现在政策实施之后，非英国地区子公司的总资产、固定资产和就业均出现了显著的增长，且外国跨国企业的这一边际效应更强。同时，跨国企业倾向于将更多的资本与就业再重新分配至位于企业所得税率更高地区的子公司。这也进一步证明了 WDC 的实施降低了跨国企业在非英国地区进行债务转移的相对成本。这导致跨国企业为了在资本弱化规则下维持其集团整体的税负稳定，将更多的债务、资本与就业重新分配至位于非英国地区的子公司，尤其是法定所得税率较高的国家。

六、结　　论

如何减少跨国企业以避税为目的的债务转移已经成为许多国家政府和政策制定者关注的重要议题。但已有文献当中对现有资本弱化规则的债务转移限制效果以及其对跨国企业的实际经营活动的影响方向却莫衷一是。本文利用英国 2010 年实施的 WDC 政策研究了资本弱化规则对跨国企业的债务与实际经营状况产生的影响。本文发现，在政策实施之后，跨国企业减少了位于英国地区的净负债，但是增加了全球范围内的私人借贷，在一定程度上可能导致违约风险增加。此外，虽然从集团层面来看，政策的实施并未影响跨国企业整体的纳税和经营状况，但却导致了集团内部不同地区子公司资源和实际经营状况的重新分配。这种重新分配则可能变相导致本国跨国企业由于本土偏好等原因被迫增加相对税负，最终造成市场竞争劣势。

推 荐 理 由

单边反避税政策在打击跨国企业的跨境逃避税行为中发挥了十分重要的作用。然而，由于全球化背景下资本跨境流动自由化，资本天然又具有"逐利"属性，单边反避税政策往往会带来一些意想不到的后果和严重的溢出效应。本文利用英国的一项单边反避税政策证实了单边反避税政策可能导致本国跨国企业由于相对成本的增加而在全球市场上产生竞争劣势。当今，由各个国家主导的单边反避税行动逐渐演变为多边税收合作。因此，在多边税收合作逐渐占据主导的今天，如何能够通过更加完善的国际税收合作机制避免由单边反避税政策引致的溢出效应，如何通过多边合作机制更有效地打击跨国企业的跨境逃避税行为，都是未来值得我们去研究和探讨的话题。

杯水车薪：利润转移的工资溢价[*]

一、引　　言

近年来，跨国企业利润转移行为令各国政府忧心忡忡，根据 Tørsløv et al. (2018) 的测算，2018 年约有 9 480 亿美元的利润流向低税率地区，尤其是欧盟的避税天堂。为解决这一问题，OECD 和 G20 在 2013 年联合推出了 BEPS 行动计划，旨在抑制利润大规模转移对主权国家税基的侵蚀。实际上，主权国家税收收入降低并不是利润转移造成的唯一经济后果，但鲜有文献探讨利润转移可能产生的其他经济后果。基于此，本文利用一套独特的雇主—雇员匹配数据，试图考察利润转移与员工工资之间的潜在效应，为利润转移的工资溢价提供可靠的经验证据。

本文通过一个简单的理论模型并使用高精度的行政数据发现，跨国公司通过利润转移获取的额外税后利润可能通过租金的形式在企业和员工之间分享。这种租金分享在不同的行业和不同类型的劳动力之间存在非常显著的差异。具体而言，相比于制造业企业，服务业企业的利润转移具有更高的工资溢价。同样地，相比于低技能员工，高技能员工能从利润转移中获取更高的工资溢价。这意味着，利润转移很有可能扩大了企业间和企业内部的工资不平

　　* 推荐人：中南财经政法大学财政税务学院，汪慕晗。

　　推送日期：2022 年 10 月 14 日。

　　原文信息：Alstadsaeter A. , Bjørkheim J. B. , Davies R. B. and Scheuerer J. Pennies from Haven：Wages and Profit Shifting [J]. *SSRN Electronic Journal*，2022.

等。最后，本文粗略计算了利润转移产生的工资溢价对增加政府个人所得税收入的影响，发现个人所得税收入的增加仅能抵消挪威企业利润转移导致的税收损失的3%。

相较已有文献，本文不仅为利润转移的潜在工资效应提供了可靠的证据，也将租金分享的研究视角拓展至企业的避税活动，试图从利润转移这一全新的角度分析企业与员工之间租金分享与逃税归宿的问题。同时，本文也对全球化与收入不平等这一经典话题进行扩展，为未来相关研究提供了重要参考。

二、研究设计

（一）基本背景

首先，本文假定一家代表性企业有三种类型的投入：资本（k）、高技能劳动力（数量为n_h，工资为w_h）和低技能劳动力（数量为n_l，工资为w_l）。该企业能够获得的收入为$r(k)$，$r(k)$是一个关于k严格单调递增的凸函数。首先，假设该企业没有进行利润转移，则其税后利润可表示为：

$$(1-t)\left(r(k) - \alpha k - \frac{1-\alpha}{1-t}k - n_l w_l - n_h w_h\right)$$

其中，α表示资本投入当时可以被抵扣的份额。由上式可得，在利润最大化条件下，最优资本规模为$r'(k^*) = \dfrac{1-t\alpha}{1-t}$。因此，在不进行利润转移的情况下企业的税后利润为：$(1-t)\left(r(k^*) - \dfrac{1-t\alpha}{1-t}k^* - n_l w_l - n_h w_h\right)$，即$(1-t)$ $(\pi^{n0} - n_l w_l - n_h w_h)$。

如果该企业将ϕ利润转移至位于低税率地区（税率为t^*，且$t^* < t$）的海外子公司。此时，利润转移的成本为$\beta(\phi) + \gamma$。因此，企业进行利润转移的最优规模为$t - t^* = \beta'(\phi^*)$。由于利润转移成本是不可抵扣的，企业进行利润转移的最优税后利润为：

$$(1-t)\left[r(k^*)-\frac{1-t\alpha}{1-t}k^*+\frac{t-t^*}{1-t}\phi^*-\frac{1}{1-t}(\beta(\phi^*)+\gamma)-n_l w_l-n_h w_h\right]=$$
$$(1-t)(\pi^{shift}-n_l w_l-n_h w_h)$$

员工工资是由议价能力决定的，高、低技能员工的议价能力分别用 h 和 l 表示。如果员工在企业内部就职，那么高技能员工和低技能员工的工资分别为 w_h 和 w_l。同样情况下，如果员工在其他企业就职，那么他们的工资则分别为 $\overline{w}_h$ 和 $\overline{w}_l$。考虑员工与企业进行工资议价的情形，企业的税后利润为：

$$\left[n_l(w_l-\overline{w}_l)\right]^l\left[n_h(w_h-\overline{w}_h)\right]^h(\pi-n_l w_l-n_h w_h)^{(1-l-h)}$$

税后利润最大化的条件下，高技能员工与低技能员工的均衡工资分别为：

$$\begin{cases}w_h=\dfrac{h}{n_h}(\pi-n_l\overline{w}_l)+(1-h)\overline{w}_h\\[2mm]w_h=\dfrac{l}{n_l}(\pi-n_h\overline{w}_h)+(1-l)\overline{w}_l\end{cases}$$

通过上述理论模型，本文得到了三个主要结论：（1）只有当利润转移收益大于成本时（$\pi^{shift}\geq\pi^{no}$），企业才会进行利润转移；（2）由于利润转移增加了企业的利润 π，高技能员工与低技能员工的工资都会有所增加，但增加的幅度取决于不同类型员工的人均议价能力；（3）由于高技能员工的人均议价能力更强，其也更容易分享利润转移产生的工资溢价。

（二）实验设计

1. 特征事实

在进行回归分析之前，本文对利润转移企业与员工工资的特征事实进行了一系列描述。图 1 显示发生利润转移的企业数量与雇员数量的比例在样本期内均呈现上升趋势。值得注意的是，利润转移企业数量仅占 2%，但员工数量占比却达到了 8% 左右，意味着利润转移的企业规模要更大，员工数量也更多。表 1 发现利润转移企业的规模虽然更大，但其资产回报率却更低，说明本文定义的利润转移企业确实存在更加激进的利润转移行为。同时，企业内部工资不平等状况存在一定程度的恶化，尤其是服务业。

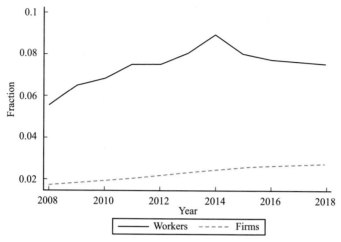

图 1 2008～2018 年利润转移者在企业和就业中所占比例

表 1   2008～2017 年利润转移状况和资产回报率

Dep. Variable：Return on Assets	(1)	(2)
	No Controls	With Controls
Profit Shifter	− 0. 0327 *** (0. 00789)	0. 0177 ** (0. 00824)
log（Total Fixed Assets）		− 0. 0135 *** (0. 000565)
log（Turnover）		0. 0220 *** (0. 00146)
Bank Transfers/Turnover		0. 00007 (0. 00009)
log（Employees）		− 0. 0135 *** (0. 00172)
Share High－Skill		0. 0214 *** (0. 00416)
Share Female		− 0. 00384 (0. 00365)

续表

Dep. Variable：Return on Assets	(1)	(2)
	No Controls	With Controls
Share Immigrant		0.000445 (0.00765)
Share Unionized		-0.0337 *** (0.00262)
Exporter		-0.0147 *** (0.00187)
Importer		-0.0122 *** (0.00173)
MNE		-0.00137 (0.00364)
Mean Dep. Variable	0.068	0.068
Industry - Year FE	YES	YES
R^2	0.0558	0.0839
N	134 526	134 526

2. 基准结果

为了验证利润转移与员工工资之间的关系，本文运用的实证模型如下：

$$\log(Wage_{i,j,t}) = \alpha Shifter_{j,t-1} + \beta Z'_{j,t-1} + \gamma X'_{i,t} + \delta_i + v_j + \phi_{s,t} + \varepsilon_{i,j,t}$$

其中，$Wage_{i,j,t}$ 表示在 j 企业就职的员工 i 在 t 年的工资；$Shifter_{j,t-1}$ 表示 j 企业 $t-1$ 期的利润转移状况；$Z'_{j,t-1}$ 和 $X'_{i,t}$ 分别表示企业层面特征与员工个体层面特征。α 是我们关注的核心估计系数，表示企业进行利润转移后员工工资的变化情况。表 2 报告了对应的估计结果显示，仅服务业表现出显著的工资溢价效应，员工工资上升了 2.12%。本文还根据平行趋势检验结果，发现利润转移企业和非利润转移企业的事前工资溢价效应并不存在显著的差异，识别假设得到满足。

表 2 2008～2018 年工资和利润转移现状

Dep. Variable：log（Wage）	（1）	（2）	（3）	（4）	（5）	（6）
	All Firms	All Firms	Manuf.	Manuf.	Services	Services
Profit Shifter	0.00974	0.00750	− 0.00075	− 0.00088	0.0212 ***	0.0178 ***
	(0.00682)	(0.00627)	(0.00997)	(0.00923)	(0.00692)	(0.00651)
log（Total Fixed Assets）	0.00118	0.00134 *	0.00266	0.00271	0.00089	0.00104
	(0.00084)	(0.00079)	(0.00179)	(0.00166)	(0.00089)	(0.00084)
log（Turnover）	0.0357 ***	0.0364 ***	0.0406 ***	0.0407 ***	0.0346 ***	0.0352 ***
	(0.00443)	(0.00421)	(0.00503)	(0.00462)	(0.00539)	(0.00512)
Bank Transfers/Turnover	0.00014	0.00014	− 0.00034	− 0.00038	0.00017	0.00017
	(0.00012)	(0.00012)	(0.00057)	(0.00054)	(0.00012)	(0.00012)
log（Employees）	0.0132 ***	0.0142 ***	0.0136 **	0.0142 ***	0.0137 ***	0.0144 ***
	(0.00359)	(0.00341)	(0.00575)	(0.00532)	(0.00414)	(0.00391)
Share High − Skill	0.00295	0.00317	0.00613	0.00606	0.00266	0.00265
	(0.00465)	(0.00435)	(0.00178)	(0.00164)	(0.00454)	(0.00426)
Share Female	0.00435	0.00433	0.0287 ***	0.0309 ***	0.00161	0.00121
	(0.00407)	(0.00386)	(0.00935)	(0.00896)	(0.00442)	(0.00415)
Share Immigrant	− 0.00499	− 0.00415	0.00752	0.00854	− 0.00717	− 0.00665
	(0.00629)	(0.00585)	(0.0116)	(0.0107)	(0.00721)	(0.00670)
Share Unionized	− 0.00078	− 0.00072	− 0.00734	− 0.00706 *	0.00183	0.00182
	(0.00228)	(0.00211)	(0.00460)	(0.00426)	(0.00254)	(0.00234)
Exporter	− 0.00068	− 0.00067	− 0.00272	− 0.00262	− 0.00041	− 0.00039
	(0.00101)	(0.00094)	(0.00228)	(0.00210)	(0.00109)	(0.00101)
Importer	0.00003	5.31e − 07	− 0.0067 ***	− 0.0068 ***	0.0005	0.0005
	(0.0009)	(0.0009)	(0.0025)	(0.0024)	(0.0010)	(0.0009)
MNE	− 0.00123	− 0.00140	− 0.00228	− 0.00272	− 0.00100	− 0.00113
	(0.00290)	(0.00269)	(0.00521)	(0.00480)	(0.00337)	(0.00315)
Age	0.0194 ***	0.0186 ***	0.0196 ***	0.0193 ***	0.0191 ***	0.0183 ***
	(0.00037)	(0.00036)	(0.00079)	(0.00076)	(0.00042)	(0.00041)
Age^2	− 0.0003 ***	− 0.0003 ***	− 0.0003 ***	− 0.0003 ***	− 0.0003 ***	0.0003 ***
	(5.10e − 06)	(4.92e − 06)	(0.00001)	(9.92e − 06)	(5.83e − 06)	(5.58e − 06)

续表

Dep. Variable：log（Wage）	(1) All Firms	(2) All Firms	(3) Manuf.	(4) Manuf.	(5) Services	(6) Services
Married	0.00785 *** (0.00076)	0.00750 *** (0.00073)	0.00515 *** (0.00138)	0.00500 *** (0.00127)	0.00858 *** (0.00090)	0.00831 *** (0.00086)
N	4 743 071	4 743 071	1 169 212	1 169 212	3 573 859	3 573 859
R^2	0.865	0.874	0.873	0.878	0.865	0.873
Worker FE	YES		YES		YES	
Firm FE	YES		YES		YES	
Worker-firm FE		YES		YES		YES
Industry-year FE	YES	YES	YES	YES	YES	YES

3. 劳动力内部差异

基准回归中的估计忽略了劳动力内部的异质性对估计结果的潜在影响。因此，本文对不同工作类型的员工进行异质性分析。表 3 的结果表明，技能需求相对较高的工作（如管理层、专业技术人员等）在利润转移中能够获得的工资溢价相对较高，而普通员工基本没有获得利润转移带来的工资溢价。同时，员工所能获得的工资溢价也和他们本身所处的收入分布位置有关。我们发现，在利润转移发生之后，整体工资溢价是随着收入增加而有所增加。对于制造业部门来说，其工资溢价几乎都不显著，而对于服务业部门来说，利润转移主要给高收入员工带来了显著的工资溢价。

表 3   2008～2018 年不同职业的工资和利润转移

Dep. Variable：log（Wage）	(1) All Firms	(2) All Firms	(3) Manuf.	(4) Manuf.	(5) Services	(6) Services
Profit Shifter	− 0.00632 (0.0135)	− 0.0164 (0.0135)	− 0.00592 (0.0185)	− 0.00958 (0.0186)	− 0.0171 (0.0160)	− 0.0252 * (0.0150)
x CEO	0.0925 *** (0.0157)	0.0720 *** (0.0154)	0.156 *** (0.0376)	0.159 *** (0.0360)	0.0688 *** (0.0173)	0.0449 *** (0.0164)

续表

Dep. Variable：log（Wage）	（1） All Firms	（2） All Firms	（3） Manuf.	（4） Manuf.	（5） Services	（6） Services
x Managers	0. 0330 ** （0. 0134）	0. 0413 *** （0. 0137）	0. 0272 （0. 0189）	0. 0282 （0. 0190）	0. 0525 *** （0. 0169）	0. 0571 *** （0. 0160）
x Professionals	0. 0324 ** （0. 0127）	0. 0435 *** （0. 0131）	0. 0292 * （0. 0177）	0. 0352 * （0. 0181）	0. 0477 *** （0. 0164）	0. 0543 *** （0. 0155）
x Technicians/Assoc. Pro-fessionals	0. 0253 ** （0. 0117）	0. 0346 *** （0. 0120）	0. 0208 （0. 0153）	0. 0263 * （0. 0156）	0. 0397 ** （0. 0160）	0. 0448 *** （0. 0151）
x Clerical Support Workers	0. 000878 （0. 0110）	0. 00966 （0. 0113）	− 0. 00507 （0. 0121）	− 0. 00041 （0. 0122）	0. 0176 （0. 0164）	0. 0223 （0. 0155）
x Service & Sales Workers	− 0. 00246 （0. 0125）	0. 00374 （0. 0130）	− 0. 00462 （0. 0118）	0. 00472 （0. 0123）	0. 0103 （0. 0170）	0. 0119 （0. 0157）
x Craft & Related Trades Workers	− 0. 0182 （0. 0135）	− 0. 0146 （0. 0140）	− 0. 0356 ** （0. 0155）	− 0. 0359 ** （0. 0166）	0. 0297 （0. 0186）	0. 0381 ** （0. 0189）
x Plant/Machine Operators & Assemblers	− 0. 0101 （0. 0114）	− 0. 00431 （0. 0123）	− 0. 0129 （0. 0125）	− 0. 00958 （0. 0133）	− 0. 0124 （0. 0188）	− 0. 0161 （0. 0281）
Controls	YES	YES	YES	YES	YES	YES
N	4 743 071	4 743 071	1 169 212	1 169 212	3 573 859	3 573 859
R^2	0. 866	0. 875	0. 874	0. 878	0. 866	0. 874
Worker FE	YES		YES		YES	
Firm FE	YES		YES		YES	
Worker-firm FE		YES		YES		YES
Industry-year FE	YES	YES	YES	YES	YES	YES

（三）数据与指标

本文主要使用了来自挪威的高精度行政数据，对 2008～2018 年的雇主与雇员信息进行匹配，捕捉企业与员工层面的特征信息。为了区分企业的处理状态，本文合并了挪威股东注册数据、对外投资数据（OFDI database）以及海外附属机构统计数据（FATS），将企业分为利润转移企业（always-shifters）、样本期内开始利润转移的企业（on-switchers）、样本期内停止利润转移的企业（off-switchers）、多次改变处理状态的企业（flip-floppers）。由于工资具有向下刚性，企业在停止利润转移时对员工工资的影响可能非常小。因此本文只考虑一直存在利润转移的企业和样本期内开始利润转移的企业，并将其定义为利润转移企业，以保证估计结果的准确性。对于样本期间内始终没有利润转移的企业，本文将其定义为非利润转移企业。此外，本文还通过银行外汇信息获取企业每年对避税天堂的支出数据，以区分企业对避税天堂的支出是单纯的交易支出还是转移的利润。

三、实证结果

本文对高技能员工通过利润转移获得的工资溢价规模进行了粗略的估算，发现 2018 年进行利润转移的企业给高技能员工（包括 CEO、经理和专业技术人员）支付了约 4.5 亿挪威克朗的工资溢价，相当于 2018 年样本中高技能员工工资中位数的 4.4%。其中约有 4 600 万挪威克朗支付给了 CEO，相当于工资中位数的 41.1%。值得注意的是，利润转移带来的工资溢价在一定程度上会增加挪威政府的个人所得税收入。通过计算发现，由利润转移的工资溢价效应所导致的个人所得税提升，与挪威企业额外创造了 12.4 亿挪威克朗的利润所缴纳的企业所得税相当。依据 Tørsløv et al.（2018）的估计，挪威企业在 2015 年的利润转移规模约为 467 亿挪威克朗，比较发现工资溢价所能增加的个人所得税收入仅相当于流失的企业所得税收入的 2.8%。因此，利润转移虽然能给政府带来个人所得税收入的增加，但相比其造成的所得税收入损失，可谓是杯水车薪。

四、结 论

利润转移会损害主权国家的税基，减少高税率国家的税收收入，同时它也会带来更多意想不到的经济后果，本文从工资分配的角度提供了相关的证据。研究发现，服务业企业的利润转移使得其员工的平均工资增加了约2%，制造业企业则不然。从企业内部视角来看，高技能与高收入员工获取了利润转移带来的大部分工资溢价，而低技能与低收入员工的工资则没有显著变化。因此，利润转移除了降低了政府的税收收入之外，也在一定程度上扩大了企业之间和企业内部的工资不平等。

推 荐 理 由

　　全球化的收入分配效应一直是学术界关注的重要话题。在全球化的背景下，利润转移是跨国企业最常用的逃税手段，它在降低企业税负的同时也会带来潜在的收入分配效应。本文利用来自挪威的高精度行政数据，对利润转移和工资溢价之间的关系进行验证。然而，仍然有很多的细节值得深究：利润转移究竟是如何影响企业工资溢价，作用机制是什么？为什么只有服务业存在利润转移的工资溢价效应？有关利润转移的收入分配效应还需要学术界未来进一步的探讨和研究。

Ⅲ　税收理论与政策

相得益彰：资本投资与劳动力需求[*]

一、引　　言

　　资本和劳动的关系是经济学中一直讨论的经典话题。早在《国富论》中亚当·斯密便指出机器的使用是对劳动的节约和简化，直至自动化和人工智能快速发展的 21 世纪，这一问题仍然具有很强的现实意义。然而囿于数据限制以及资本积累缓慢的特征等，回应上述问题面临着多重挑战。美国于 2001 年出台的奖金折旧（bonus appreciation）政策为本文识别资本成本的变化提供了良好的外生冲击。利用人口调查局的保密数据，本文对这项投资激励政策的效果进行了全方位的检验并考察了资本投资和劳动力需求之间的关系。

　　研究发现，无论从短期还是长期来看，奖金折旧政策显著拉动了企业资本投资的扩张和资本存量的上升，与此同时新雇佣的工人数量也有所增加，且生产性劳动力的增加幅度显著高于非生产性劳动力，这在一定程度上证明了资本和劳动之间存在互补关系。进一步的分析显示，由于劳动力市场中弱势群体的就业机会增加，如女性、年轻人、低学历群体和少数裔等，工人的平均工资水平在政策实施之后有所下降。此外，企业的整体生产力水平也没有表现出明显变化。通过构建要素需求结构模型，本文估计了不同投入要素之间的替代弹

　　* 推荐人：中南财经政法大学财政税务学院，马婷钰。

　　推送日期：2023 年 3 月 17 日。

　　原文信息：Curtis E. M. , Garrett D. G. , Ohrn E. C. , et al. Capital investment and labor demand［R］. National Bureau of Economic Research，2021.（AER，R&R）.

性，证明资本和生产性劳动力之间呈现互补关系，而与非生产性劳动力之间为替代关系。更为重要的是，本文发现规模效应是解释资本投资与劳动力需求同步变化的重要机制，即企业会通过增加所有投入要素以实现最大化的产出水平。

本文的边际贡献主要包括以下两个方面：（1）从投资、就业、工资等视角更为全面地考察了投资激励政策的效果，且对政策的长期效应进行了分析；（2）重新估计资本与不同类型劳动之间的替代弹性，对传统的"资本—技能互补"假说提出了挑战。

二、美国奖金折旧政策及数据来源

加速折旧政策作为一项历史悠久的投资激励政策，被世界各国广泛采用。美国于 2001 年开始推行奖金折旧政策，该政策允许企业在设备投资当年从其应税收入中按一定比例扣除购买成本，剩余成本则在规定的折旧年限按常规折旧规则计提折旧。假设一美元投资额中企业允许当年扣除的比例为 b，可以计算得到其折旧扣除在当年的现值 $z = b + (1 - b)z_0$，z_0 为常规折旧下每美元投资现值，伴随资产折旧年限的变化 z_0 也不尽相同。相比于常规折旧，奖金折旧给予了企业更大的补贴 $z - z_0 = b(1 - z_0) > 0$，且资产折旧年限越长（z_0 较小），政策效果越明显。需要说明的是，与奖金折旧政策同期进行的第 179 条规定（Section 179），允许企业在一定投资额度下扣除全部成本，本文在此考察的是两者的综合效应。

本文所使用的数据来源有：（1）制造业普查数据（census of manufactures，CM）。该数据在尾数为 2 和 7 的年份进行收集，包含了企业的投入和产出变量，如设备投资、材料成本和员工雇佣及其薪金情况等。本文也利用制造业年度调查数据（annual survey of manufactures，ASM），对 CM 数据未涉及的年份进行了补充。据此，本文构造出了一个包含 16 万家企业的平衡面板数据集，时间区间为 1997～2011 年。（2）季度劳动力指标（quarterly workforce indicators，QWI）。该数据囊括了企业和工人的一系列特征，并且允许考虑企业的进入和退出。

三、奖金折旧政策的经济效果

本文根据 z_0 的差异划分了处理组和控制组，双重差分模型设定如下：

$$Y_{it} = \alpha_i + \sum_{y=1997,\, y\neq2001}^{2011} \beta_y \big[\, Bonus_j \times \mathrm{II}\,[\,y=t\,]\,\big] + \gamma X_{i,t} + \varepsilon_{it}$$

其中，Y_{it} 为一系列结果变量（投资、就业、收入等）；α_i 为企业层面的固定效应；$Bonus_j$ 为虚拟变量，根据行业层面的每美元投资 z_0 的分布情况，可以看到在三等分点处 z_0 表现出了明显的跳跃，因此，当 z_0 位于三等分点右侧时赋值为 1；X_{it} 为相关控制变量。

（一）企业投资

本文先考察了企业的投资决策变化。图 1 的结果表明，奖金折旧政策的推行显著地增加了企业的资本投资，与此同时资本存量也有所上升。进一步将资本按设备类和建筑类划分后分别回归，本文发现设备资产规模的扩大要明显高于建筑资产，这也与奖金折旧政策的适用范围保持一致。

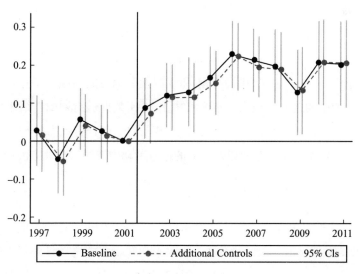

（a）Log Investment

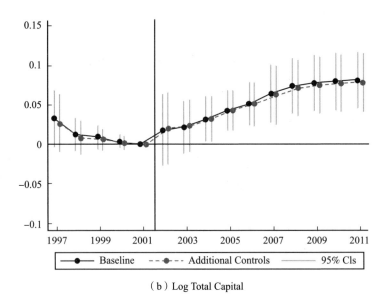

（b）Log Total Capital

图 1　奖金折旧对资本投资的影响

（二）工人雇佣

伴随资本投资大量增加而来的一个重要问题是，企业究竟是选择用设备替代现有工人，还是雇佣更多的工人去使用新设备。表 1 Panel A 的结果表明，奖金折旧政策激励了企业更多的雇佣工人，受政策影响更大的企业的新雇佣人数增加了 7.85% ~ 8.5%［列（1）~ 列（5）］。Panel B 和 Panel C 的结果进一步显示，生产性劳动力（production labor）的增长幅度明显大于非生产性劳动力（non-production labor）。这说明了资本和生产性劳动力之间倾向于互补关系。考虑企业在行业中的进入和退出，本文使用了 QWI 数据进行回归，结果依然保持稳健。为保证结果的可靠，本文也对 z_0 分界点的选取、劳动力类型的划分、经济周期及其他混杂因素的影响以及可能的地方劳动力市场溢出效应进行了检验。

（三）工人工资与企业生产力

从政策分析的角度，通常认为税收投资激励会推动工人的工资上涨。表 2 Panel A 的结果却显示，工人的平均工资水平在政策实施之后显著下降。考虑到整体就业人数的增加，一个可能的解释是工人的结构发生了改变。因此，本文选取了年龄、性别、学历和种族四个特征对工人的就业进行异质性分析，发现政策更偏向于扶持年轻人、女性、低学历人群和少数裔等弱势群体的就业。"资本深化"理论也常被用来解释税收投资激励的好处，认为资本投资的增加与企业生产力水平之间相互促进。然而，Panel B 结果表明奖金折旧政策并没有影响企业的 TFP 水平。但是，企业整体投资成本的下降的确促进了其经营规模的扩张（Panel C），本文在后文将通过要素需求结构模型对规模效应进行正规检验。

表 1   **奖金折旧对就业的影响**

	Panel A：Log Total Employment						
	(1)	(2)	(3)	(4)	(5)	(6)	(7)
	Difference – in – Differences					Long Difference	
Bonus	0. 0849 ***	0. 0812 ***	0. 0788 ***	0. 0785 ***	0. 0791 ***	0. 0965 ***	0. 095 ***
	(0. 0097)	(0. 0096)	(0. 0096)	(0. 0095)	(0. 0097)	(0. 0152)	(0. 0158)
	[0. 000]	[0. 000]	[0. 000]	[0. 000]	[0. 000]	[0. 000]	[0. 000]
	Panel B：Log Production Employment						
	Difference – in – Differences					Long Difference	
Bonus	0. 1047 ***	0. 1013 ***	0. 0993 ***	0. 0993 ***	0. 0987 ***	0. 1163 ***	0. 115 ***
	(0. 0108)	(0. 0106)	(0. 0106)	(0. 0105)	(0. 0107)	(0. 0164)	(0. 0168)
	[0. 0000]	[0. 0000]	[0. 0000]	[0. 0000]	[0. 0000]	[0. 0000]	[0. 0000]
	Panel C：Log Nonproduction Employment						
	Difference – in – Differences					Long Difference	
Bonus	0. 0732 ***	0. 0683 ***	0. 064 ***	0. 062 ***	0. 0622 ***	0. 0905 ***	0. 0814 ***
	(0. 0165)	(0. 0163)	(0. 0162)	(0. 0163)	(0. 0163)	(0. 0249)	(0. 0257)
	[0. 000]	[0. 000]	[0. 000]	[0. 000]	[0. 000]	[0. 000]	[0. 002]
Year FE	✓						
Plant FE	✓	✓	✓	✓	✓	✓	✓
State × Year FE		✓	✓	✓	✓	✓	✓
Plant Size$_{2001}$ × Year FE			✓	✓	✓		✓
TFP$_{2001}$ × Year FE				✓	✓		✓
Firm Size$_{2001}$ × Year FE						✓	✓

表2　　　　　　　　　　　奖金折旧对收入、生产率和收益的影响

	Panel A：Log Mean Earnings						
	(1)	(2)	(3)	(4)	(5)	(6)	(7)
	Difference – in – Differences					Long Difference	
Bonus	– 0. 0179 ***	– 0. 0208 ***	– 0. 0209 ***	– 0. 0205 ***	– 0. 0207 ***	– 0. 0282 ***	– 0. 0273 ***
	(0. 0045)	(0. 0043)	(0. 0043)	(0. 0043)	(0. 0044)	(0. 0069)	(0. 0071)
	[0. 000]	[0. 000]	[0. 000]	[0. 000]	[0. 000]	[0. 000]	[0. 000]
	Panel B：Total Factor Productivity						
	Difference – in – Differences					Long Difference	
Bonus	– 0. 0007	– 0. 0015	– 0. 0011	– 0. 0017	– 0. 0028	– 0. 0122	– 0. 0153
	(0. 0062)	(0. 0061)	(0. 0061)	(0. 006)	(0. 0059)	(0. 0108)	(0. 01)
	[0. 910]	[0. 806]	[0. 857]	[0. 777]	[0. 635]	[0. 259]	[0. 126]
	Panel C：Log Total Value of Shipments						
	Difference – in – Differences					Long Difference	
Bonus	0. 0572 ***	0. 0514 ***	0. 0512 ***	0. 0517 ***	0. 0542 ***	0. 0751 ***	0. 0808 ***
	(0. 0147)	(0. 0138)	(0. 0138)	(0. 0136)	(0. 0139)	(0. 0263)	(0. 0261)
	[0. 000]	[0. 000]	[0. 000]	[0. 000]	[0. 000]	[0. 004]	[0. 002]
Year FE	✓						
Plant FE	✓	✓	✓	✓	✓	✓	✓
State × Year FE		✓	✓	✓	✓	✓	✓
Plant Size$_{2001}$ × Year FE			✓	✓	✓		✓
TFP$_{2001}$ × Year FE				✓	✓		✓
Firm Size$_{2001}$ × Year FE						✓	✓

（四）行业异质性

本文更关心的是奖金折旧政策的受益行业究竟是夕阳产业还是新兴产业。Charles et al. (2019) 指出技能密集度、资本密集度、中国的进口竞争及自动化是影响美国制造业转型的四个核心因素。本文发现在控制了上述冲击之后，奖金折旧政策的效果依然存在。通过构造交互项考察四类冲击对政策效果的影

响，结果表明，在技能密集度越高、资本密集度越高、受到中国进口竞争影响越小的行业，政策的投资激励效果越明显。另外一个值得关注的点是自动化程度越高的行业，政策的就业激励效果越大，这也在一定程度上验证了资本和劳动之间的互补关系。

四、规模效应 vs 替代效应

本文通过构建一个要素需求结构模型，尝试厘清资本投资影响劳动力需求的经济机制。模型考虑三种投入：资本，生产性劳动力和非生产性劳动力。假设产出市场为垄断市场，需求价格弹性保持不变，且奖金折旧会降低企业的资本成本 $\phi \equiv \dfrac{\partial \ln (Cost\ of\ Capital)}{\partial Bonus} < 0$。$\phi$ 的变化会同时影响企业的投入和产出：一方面，企业通过调整资本和不同类型劳动的比例以最小化成本（替代效应）；另一方面，企业也会改变要素投入水平以求收益最大化的产出（规模效应）。根据模型对简约式估计的系数进行预测可得：

$$\beta^K = \frac{\partial \ln K}{\partial Bonus} = (\underbrace{-s_J \sigma_{KJ} - s_L \sigma_{KL}}_{\substack{Substitution \\ Effect}} \underbrace{- s_K \eta}_{\substack{Scale \\ Effect}}) \times \underbrace{\phi.}_{\substack{Bonus\ Lowers \\ Cost\ of\ Capital}}$$

$$\beta^L = \frac{\partial \ln L}{\partial Bonus} = s_K (\sigma_{KL} - \eta) \times \phi$$

$$\beta^J = \frac{\partial \ln J}{\partial Bonus} = s_K (\sigma_{KL} - \eta) \times \phi$$

由此可以分别计算出政策的规模效应 $\bar{\beta} \equiv s_J \beta^J + s_k \beta^K + s_l \beta^L = -s_K \eta \phi > 0$ 和替代效应 $\sigma_{KL} = \eta \left(1 - \dfrac{\beta^L}{\bar{\beta}} \right)$。其中，$\eta$ 为产品需求弹性，s 为不同投入的占比。

结构估计显示，规模效应的大小约为 10%，即政策实施后企业会增加 10% 的整体投入以最大化产出。资本和生产性劳动力之间是互补关系（$\sigma_{KL} < 0$），而与非生产性劳动力之间是替代关系（$\sigma_{KJ} < 0$）。规模效应的大小与总效应基本一致，大约能解释总效应的 90%。因此，本文认为规模效应是解释资本投资刺激劳动力需求的主导机制。

　　既然资本与劳动互补，那么更低的工资是否会拉动更多的资本投资呢？本文选择了三个代理变量表示劳动力成本的变化，分别为企业是否有工会、企业是否位于工作权州（Right – to – Work State）以及产业集中度。结果表明，工会化程度更低、位于工作权州以及产业集中度更高的企业，劳动力成本更低，投资激励效果也越大。

五、研究结论

　　本文利用美国在 2001 年推出的奖金折旧政策，系统考察了投资激励政策的效果，特别是对资本和劳动力需求的影响。结果显示，政策同时对企业投资和工人就业产生积极的影响，但是由于工人结构的变化，整体的工资水平是有所下降的。此外，企业的生产力水平没有明显变化但经营规模有所扩张。要素需求结构模型的估计结果证实，规模效应是解释资本投资拉动劳动力需求的主要渠道。

推 荐 理 由

　　自动化程度的提高和人工智能的发展将如何塑造今天乃至未来的劳动力市场格局？本文研究显示，与传统的"资本—技能互补"假说相悖，资本投入与生产性劳动力表现出同步增加的趋势，且劳动力市场中的弱势群体获得了更多的就业机会。伴随 ChatGPT、New Bing 等程序的爆火，人们开始担忧大量的工作岗位是否会被人工智能所取代，在此背景下，本文的研究为我们提供了很强的现实启示。

巧发其中：增值税预扣机制[*]

一、引　　言

　　增值税在世界范围内广泛实施，已经成为各国政府的主要收入来源。自1975年以来，经合组织国家政府总收入中增值税占比从9%跃升至20%。增值税广受推崇的原因是其自身内含三种执行机制：一是第三方信息大幅度降低了信息不对称；二是激发了买卖双方之间互相欺骗的动机；三是预扣机制，即制造商所缴纳的增值税的一部分在生产上游已被扣除。对于增值税的前两个机制已有诸多文献进行深入研究，但鲜有文献考察增值税执行过程中的第三个机制的效用。

　　基于1999年巴基斯坦将增值税实施范围拓展至上游能源部门的政策冲击和增值税申报数据，本文利用双重差分的研究策略，以进口商为对照组，识别增值税预扣机制对制造业应税销售额、应税投入成本、登记注册数量和政府收入的因果效应，并构造一个简单的逃税模型对其进行理论分析。研究结果表明，增值税实施范围向上游拓展使得制造业的应税销售额和企业登记注册数量，以及政府收入显著增加。此外，本文还发现大量制造业聚集在零税负点附近，即进项税刚好等于销项税。制造业应税销售额的上升幅度与

　　* 推荐人：中南财经政法大学财政税务学院，胡龙海。

　　推送日期：2023年6月9日。

　　原文信息：Waseem M. The role of withholding in the self-enforcement of a value-added tax：Evidence from Pakistan ［J］. *The Review of Economics and Statistics*，2022，104（2）：336－354.

应税投入成本的上升幅度几乎相同，即申报销售额的增加是为了应对投入成本的上升。这样能够保证制造业需要承担的税负为正，以避免税务部门的稽查。

本文主要有两点边际贡献：首先，考察了增值税的预扣机制的影响，填补了相关研究空白；其次，基于增值税实施范围向上游拓展这一新的政策冲击，识别了在中低收入国家预扣机制对经济主体申报选择的因果效应，丰富了相关实证文献。

二、增值税逃税的理论模型

相比其他税种，增值税的一个显著特点就是内嵌了一种预扣机制。本文构建了一个简单的理论框架，分析在不同税务监管强度下增值税向上游拓展对企业缴税和政府收入的影响差异。在理论框架设计中，s 表示实际销售额，c 表示实际投入成本，$\hat{s}_i$ 表示企业 i 申报的应税销售额，$s_i - \hat{s}_i$ 表示未申报销售额，τ 表示税率，$g(s_i - \hat{s}_i)$ 表示企业面临的逃税成本，则 $g'(s_i - \hat{s}_i)$ 表示边际逃税成本，$\hat{s}_i^*$ 表示企业 i 的最优申报销售额，即税率等于边际逃税成本。企业的逃税成本模型如图 1 所示。

图 1（a）和图 1（b）展示了在高逃税成本国家进行增值税改革对企业行为和政府收入的影响，图 1（c）和图 1（d）展示了在低逃税成本国家进行增

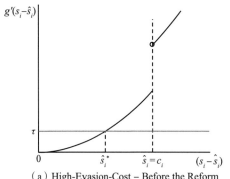

（a）High-Evasion-Cost – Before the Reform

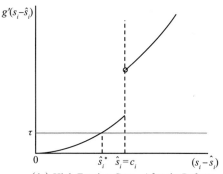

（b）High-Evasion-Cost – After the Reform

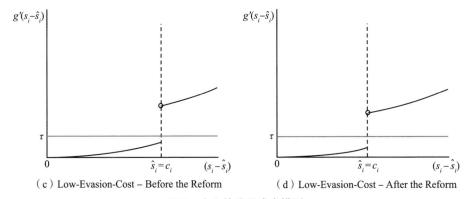

（c）Low-Evasion-Cost – Before the Reform　　（d）Low-Evasion-Cost – After the Reform

图 1　企业的逃税成本模型

值税改革对企业行为和政府收入的影响。将图 1（a）和图 1（b）进行对比发现，在高逃税成本国家，瞒报销售额逃税的企业（处于 $0 - \hat{s}_i^*$ 范围的企业）并未受到增值税改革的冲击，因此政府的税收并未增加，只是缴税时间发生改变。将图 1（c）和图 1（d）进行对比发现，在低逃税成本国家，瞒报销售额逃税的企业（处于 $0 - \hat{s}_i^*$ 范围的企业）受增值税改革的影响，企业缴税的时间发生改变，同时税收增加。

三、巴基斯坦增值税改革

与其他发展中国家相同，巴基斯坦在 20 世纪 90 年代引入了增值税，并于 1990 年 7 月颁布实施增值税的立法。为了减少设立一项重大税制的政治成本，巴基斯坦决定按照生产阶段逐步推广增值税，如图 2 所示。图 2 表示不同生产阶段引入增值税的时间点，图 2（a）是增值税覆盖企业数量，图 2（b）是制造业在 1996 年引入增值税，图 2（c）是进口商在 1997 年引入增值税，图 2（d）是下游批发零售商在 1998 年引入增值税，图 2（e）是上游能源部门在 1999 年引入增值税，图 2（f）是服务部门在 2000 年引入增值税。增值税每一次改革都是在当年 6 月宣布，当年 7 月初开始生效。

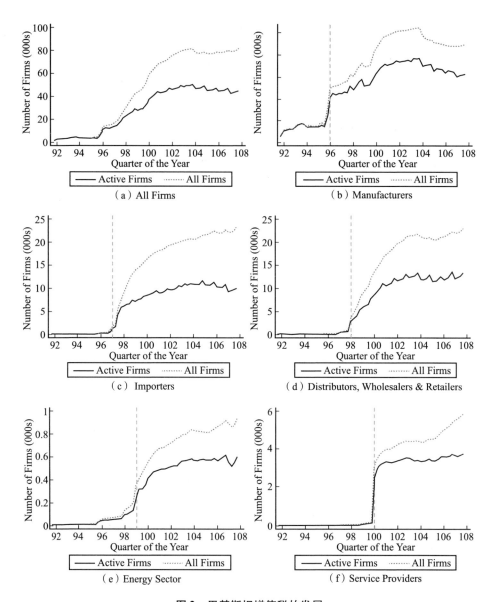

图 2　巴基斯坦增值税的发展

　　在样本期间，巴基斯坦税务部门还进行了一次强制调查，要求受访企业填写一份调查问卷，内容包括企业的收入、资产和负债等信息，并在回访时提交。税务部门会将调查信息与其他渠道数据相比对，如有异常会进一步审查。

尽管该调查发生在样本期内，但样本所有企业都接受了该调查，因此，不会影响本文的双重差分估计结果。

四、研 究 策 略

为估计增值税预扣机制的效应，本文主要关注 1999 年增值税向上游能源部门拓展对制造业企业的产出和登记注册数量的影响。以进口商作为对照组，双重差分（DID）估计模型设定如下：

$$\log \hat{s}_{it} = \alpha_i + \beta_1 . 1(i \in M) + \beta_2 . 1(t > t') + \beta_3 . 1(1 \in M) . 1(t > t') + \tilde{X}'_{it}\gamma + \tilde{\lambda}_t + \varepsilon_{it} \tag{1}$$

其中，$\log \hat{s}'_{it}$ 表示企业 i 在时间 t 的申报销售额的对数，M 表示制造商，t' 表示增值税改革时间，$\tilde{X}'_{it}$ 表示企业特征控制变量，$\tilde{\lambda}_t$ 表示时间固定效应，ε_{it} 为干扰项。本文主要关注交互项系数 β_3，假定制造商和进口商满足事前平行趋势。

本文还期望精确估计动态效应，事件研究（event study）估计模型如下：

$$\log \hat{s}_{it} = \alpha'_i + \sum_{r=1}^{r=T} \lambda'_r + \varepsilon'_{it} \tag{2}$$

使用的研究数据来源于 1997～2003 年巴基斯坦的增值税申报数据，主要包含三部分内容：一是企业申报的销售总额；二是投入总成本；三是企业税负。税务登记信息还包含了企业特征，如行业代码、注册日期、生产阶段和地理位置等。同时，2008 年 7 月以来，企业需要提交一份"发票摘要"，包含企业销售和购买的交易细节，本文以此构建企业之间的上下游联系。

五、增值税预扣机制的经济效应

研究结果表明，增值税内嵌的预扣机制会影响制造业申报的应税销售额，动态效应和双重差分实证分析结果如图 3 所示。图 3（a）展示的是预扣机制对应税销售额的动态效应，发现政策实施前的估计系数满足平行趋势假定，

1999 年增值税向上游能源部门拓展使得制造商的应税销售额大幅度上升，而进口商的应税销售额并未发生显著改变，该政策效果一直持续到 2004 年。图 3（b）是双重差分实证结果，其中制造商是处理组，进口商是对照组，表明政策实施之后相比进口商，制造商的应税销售额显著增加。图 3（c）和图 3（d）是事后平行趋势，表明在政策效应消失后，对照组和处理组也符合事后平行趋势。此外，本文使用了相同的实证策略估计该政策对应税投入成本的影响，发现预扣机制使得应税投入成本显著增加，提升的幅度与应税销售额上升的幅度相一致。

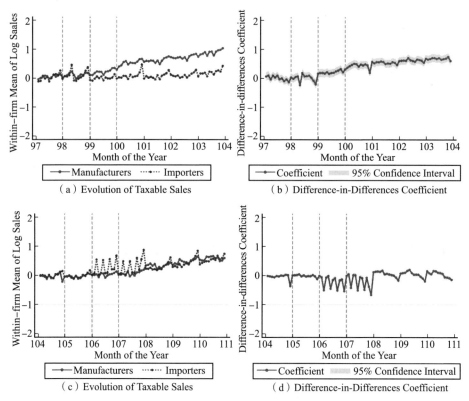

图 3　增值税内嵌的预扣机制对应税销售额的影响

　　本文还考察了预扣机制实施对制造商税务登记注册数量的影响，具体结果如表 1 所示。表 1 展示了制造商税务登记注册数量随时间的动态变化情况，列

（2）～列（4）是企业登记注册数量，列（5）～列（7）是提交增值税申报表的企业数量，列（8）～列（10）是承担正税负的企业数量。列（2）、列（5）、列（8）是制造商的数量，列（3）、列（6）、列（9）是进口商的数量。表1的结果说明1999年政策实施使得进行税务登记注册的企业数量激增，进行税务申报的企业数量在2000年后也显著上升。

表1　　　　　　　制造商税务登记注册数量随时间的动态变化情况

Year (1)	Registration			Entry			Real Entry		
	#Obs. (2)	#Counter. (3)	% Difference (4)	#Obs. (5)	#Counter. (6)	% Difference (7)	#Obs. (8)	#Counter. (9)	% Difference (10)
1999	5 349	3 382	0.582 (0.061)	3 541	3 478	0.018 (0.030)	3 489	3 417	0.021 (0.032)
2000	5 993	3 277	0.829 (0.061)	7 714	3 157	1.443 (0.035)	6 549	1 772	2.696 (0.061)
2001	3 728	2 454	0.519 (0.077)	2 780	2 321	0.198 (0.048)	2 717	1 725	0.575 (0.059)
2002	2 563	2 516	0.019 (0.081)	2 404	2 420	-0.007 (0.044)	2 207	1 994	0.107 (0.054)
2003	2 252	2 294	-0.018 (0.083)	2 251	2 220	0.014 (0.048)	2 059	1 853	0.111 (0.056)
2004	2 556	2 941	-0.131 (0.070)	2 525	2 625	-0.038 (0.041)	2 337	1 908	0.225 (0.052)

除了考察企业行为的变化，本文还讨论了政府收入的变化。表2展示了增值税预扣机制对政府收入的影响，列（2）和列（3）是包含所有经济部门的结果，列（4）和列（5）是剔除能源部门，列（6）和列（7）是仅包含能源作为中间投入品的制造商。列（2）、列（4）、列（6）是缴纳的增值税额，列（3）、列（5）、列（7）是相对前一年的增加百分比。表2中结果显示，在1999年政策实施后，政府的增值税收入大幅度增加。

表 2　　　　　　　　　　　　增值税预扣机制对政府收入的影响

Year	Including Energy		Excluding Energy		Including Energy as an Intermediate Good	
	PKR Mill.	PercentIncrease	PKR Mill.	Percent Increase	PKR Mill.	Percent Increase
(1)	(2)	(3)	(4)	(5)	(6)	(7)
1997	29 085	—	28 106	—	28 601	—
1998	30 735	5.67	29 484	4.90	30 116	5.29
1999	49 666	61.60	36 795	24.80	43 633	44.88
2000	65 011	30.89	43 976	19.52	54 758	25.50
2001	73 782	13.49	49 502	12.57	61 709	12.69
2002	89 534	21.35	54 859	10.82	71 230	15.43
2003	93 292	4.20	55 886	1.87	73 950	3.82

　　为进一步验证本文实证结果的可靠性，本文还进行了一系列稳健型检验：考虑了美元汇率、进口占比、税率和能源价格的变化，考虑生产阶段和投入产出比的差异，调整固定效应和剔除大企业样本等因素。

六、研究结论

　　公共财政学者和政策制定者一致认为，增值税的广泛应用主要得益于其实施的有效性和便利性。本文基于巴基斯坦阶段性引入增值税的背景，考察了增值税内嵌的预扣机制对制造商合规性的影响。研究表明，增值税预扣机制使得制造商申报的应税销售额、应税投入成本显著增加，而应税销售额是对应税投入成本的补偿性增长。在中低收入国家税务稽查力度较低的情况下，预扣机制还会减少企业逃税行为，使得政府增值税收入增加。

推 荐 理 由

　　增值税改革是一项重大的理论问题与政策问题。增值税的实质是对一国国内的销售价值征税，同时对全部纳税人实行完全的"进项抵扣"。这个原则的实施前提是：增值税的抵扣与返还链条必须不中断，从而保证增值税的负担最终会反映在消费品的价格中。然而，本文指出在中低收入国家，增值税并没有在所有生产、流通环节实现完全的抵扣。本文利用巴基斯坦将增值税拓展至上游能源部门，识别了增值税预扣机制对制造商产出、投入申报和政府收入的影响，丰富了对增值税的研究。研究结论引发我们进一步思考，增值税改革的不彻底性对广大的消费者的福利会产生什么样的影响，以及我国的增值税改革未来推进的方向。

革故鼎新：电子纳税
对企业行为的影响[*]

一、引　　言

　　新技术的引入有利于政府部门改善服务、提升效率和打击腐败，其中信息数字化在税务部门税收征管方面的影响尤为明显。传统的非电子纳税往往伴随税务合规成本高、填报不准确和腐败行为严重等问题，影响国家税收收入、挫伤企业纳税积极性甚至降低居民公共产品质量。随着信息数字化发展，电子纳税成为当今各国税收征管新趋势。税务电子化改革是政府税收征管改革的重大举措之一。通过纳税电子化、信息化来有效降低政府征税成本，提升政府透明度已得到学术界广泛认同，但只有少量文献探讨税务电子化改革对企业纳税的影响，尤其是新技术的引入对不同企业的异质性影响。

　　本文利用塔吉克斯坦（Tajikistan）首都杜尚别（Dushanbe）的 1 498 家中小企业数据，通过进行随机田野实验，考察了影响企业选择电子纳税的关键因素，以及电子纳税对企业纳税行为的影响。研究发现：（1）采用电子纳税后，企业平均每个月在纳税申报上节省了近 5 个小时，有效减少企业合规成本，但企业纳税总额和贿赂行为没有显著变化；（2）具体而言，电子

　　* 推荐人：中南财经政法大学财政税务学院，王晗玥。
　　推送日期：2023 年 9 月 1 日。
　　原文信息：Okunogbe O. , Pouliquen V. Technology, taxation, and corruption: Evidence from the introduction of electronic tax filing [J]. *American Economic Journal: Economic Policy*, 2022, 14（1）: 341 – 372.

纳税对税务合规行为不同的企业纳税总额产生了相反的影响，采用电子纳税后，之前逃税较多的企业纳税额增加了一倍，而逃税较少的企业纳税额有所下降；（3）机制分析表明，通过切断纳税人与税务官员的沟通渠道，限制双方不正当腐败行为来规范税收征纳是电子纳税影响企业纳税额的重要渠道。

相较已有文献，本文具有以下3点贡献：（1）受限于数据的可得性，先前的文章难以考察新技术的引入对企业纳税的影响。本文通过一项随机实验首次考察了电子纳税对政府税收收入和企业税收行为的影响。（2）首次考察了技术引入对企业纳税行为的异质性影响。本文通过企业事前的税务合规差异，划分了两类企业，发现电子纳税有效减少了合规企业的纳税额，而不合规企业的纳税额有所上升。（3）本文为发展中国家如何提高其国家财政能力，以及如何通过新技术引入来减少税务官员与纳税人之间的串通贿赂行为提供了宝贵的经验证据。

二、实验设计和理论分析

（一）实验设计

为了避免自然实验中可能存在的内生性问题，本文的研究基于一项随机实验。实验中，2004家企业被随机分为两个处理组和一个对照组。其中，有802家企业为强处理组（A组），当地税务机关为这些企业提供电子纳税的相关信息、培训及演示，并会帮助企业完成电子纳税注册流程。400家企业为弱处理组（B组），当地税务机关也会为弱处理组企业提供电子纳税的相关信息、培训及演示，但不帮助企业进行注册申报。剩余的802家企业为对照组（C组），税务机关仅为这些企业提供一般纳税申报的培训，而不提供任何与电子纳税有关的培训，也不帮助企业进行注册申报。基于该实验，本文主要研究两个问题：（1）何种因素影响企业是否采用电子纳税方式进行报税？（2）采用电子纳税方式进行报税对企业纳税行为有哪些影响？

（二）理论分析

针对上述研究问题，本文提出了相应的预测。在对企业和税务官员的访谈中了解到，企业不采用电子纳税的原因主要有两个方面：一是企业对电子纳税系统的安全缺乏信任；二是企业在注册过程中存在操作困难等问题。因此，本文认为缺乏对电子纳税的培训和后续服务支持是企业不采用电子纳税的重要影响因素。

接着，本文基于税务官员与企业贿赂行为的"胁迫"（coercion）目的与"合谋"（collusion）目的，分析预测了电子纳税对企业的影响。第一，对企业税务合规成本的影响。本文认为电子纳税转型可以节省企业线下办理税收业务的时间，进而降低企业税务合规成本。第二，对企业纳税总额的影响。本文认为采用电子纳税会对企业纳税额产生异质性影响。具体来说，在手工申报方式下，逃税风险低的企业可能遭到胁迫，进而缴纳更多的税收，当采用电子纳税时，税务官员无法胁迫企业，企业的纳税额会减少；而逃税风险高的企业则相反，电子纳税会减少其与税务官员串通合谋的机会，进而企业纳税额会增加。第三，对企业贿赂行为的影响。本文认为采用电子纳税会减少企业与税务官员之间的互动，从而使贿赂金额下降。

三、数据和实证分析

本文数据主要来源于三个方面。一是税务机关提供的关于企业特征、税务申报方式、纳税行为等信息的管理数据。二是在培训之前进行的企业调查数据。三是培训一年后进行的调查数据。这些调查数据包括企业特征、企业投资、生产与销售等经济行为信息以及企业在税收方面的信息。

为了检验电子纳税系统的培训和后续服务支持对企业是否采用电子纳税的影响，本文构建了方程（1）：

$$D_i = \beta_0 + \beta_1 T_{A,i} + \beta_2 T_{B,i} + \alpha X_i + \lambda S_i + \epsilon_i \tag{1}$$

其中，D_i 是表示企业是否注册和使用电子纳税的虚拟变量，$T_{A,i}$ 和 $T_{B,i}$ 用来区分是强处理组（A 组）还是弱处理组（B 组），X_i 是一系列企业层面的控制变量，S_i 是一系列其他层面的控制变量。参数 β_1 和 β_2 分别估计了在处理后 A 组和 B 组企业电子纳税采用率的系数，它们之间的差（$\beta_1 - \beta_2$）估计了后续服务（即税务机关帮助企业完成电子纳税注册流程）对企业采用电子纳税的影响。

将企业是否为强处理组（A 组）作为企业是否采用电子纳税的工具变量，本文利用方程（2）来检验采用电子纳税对企业的影响：

$$Y_i = \beta_0 + \gamma \widehat{Efile} + \pi Y_{i,t=0} + \lambda S_i + \epsilon_i \tag{2}$$

其中，Y_i 是结果变量，$\widehat{Efile}$ 表示企业是否采用电子纳税，系数 γ 估计了企业采用电子纳税对企业税收方面的影响，其余系数与方程（1）一致。接着，本文利用方程（3）来检验风险评分对企业纳税行为的异质性影响：

$$Y_i = \beta_0 + \gamma \widehat{Efile \times LowRisk} + \alpha \widehat{Efile \times HighRisk} + \rho HighRisk + \pi Y_{i,t=0} + \lambda S_i + \epsilon_i$$

$$\tag{3}$$

其中，$LowRisk$ 和 $HighRisk$ 分别表示企业是低风险或高风险企业，参数 γ 和 α 分别估计了风险得分较低和风险得分较高的企业采用电子纳税对企业纳税行为的影响，其余系数与方程（2）一致。

四、结　果

（一）影响企业采用电子纳税的因素

项目实施一年后，A 组中有 93% 的企业注册并至少使用了一次电子纳税方式，而 B 组仅有 63% 的企业使用了电子纳税，C 组有 59% 的企业使用了电子纳税。表 1 展示了方程（1）的回归结果，可以发现，电子纳税培训和后续服务使企业电子纳税采用率提高了 34%。B 组与 C 组没有显著差异，说明仅进行相关培训并不能吸引企业采用电子纳税。

表 1　　　　　　　　　　对采用电子文件格式的影响的回归结果

	Mean [SD] control group	Difference between control group and [⋯]		Observations	*p*-values of the test Group A = Group B
		Group A	Group B		
Panel A. Administrative data from TC（August 2014 – *December* 2015）					
Used e-filing	0.59 [0.492]	0.337 (0.023)	0.038 (0.033)	1 498	0
Used e-filing conditional on survival	0.641 [0.48]	0.34 (0.022)	0.042 (0.035)	1 275	0
Still using e-filing in Dec. 2015	0.548 [0.498]	0.238 (0.027)	0.046 (0.034)	1 498	0
Panel B. Endline survey data（February 2016）					
Firm used electronic filing to submit tax reports in 2015	0.564 [0.496]	0.439 (0.022)	0.038 (0.037)	1 263	0
Found out about e-filing during intervention training	0.796 [0.403]	0.202 (0.018)	0.054 (0.029)	1 263	0
Found out about e-filing from business network	0.17 [0.376]	− 0.169 (0.017)	− 0.047 (0.027)	1 263	0
Found out from another source (other training, Tax Committee publication⋯)	0.033 [0.18]	− 0.033 (0.008)	− 0.007 (0.013)	1 263	0.011

（二）企业采用电子纳税的影响

表 2 展示了企业采用电子纳税方式纳税对其税务合规成本、纳税总额和贿赂行为的影响。表 2 的结果显示，企业采用电子纳税后，税务合规成本显著降低，但纳税总额和贿赂行为并没有受到电子纳税的影响。

图 1 展示了电子纳税对企业纳税金额的异质性影响。可以看到，在引入电子纳税之前，低风险评分的企业会比高风险评分的企业缴纳更多的税［第（1）列和第（3）列］；采用电子纳税后，高风险企业增加的纳税额大于低风险企业减少的纳税额，两组企业的纳税差距缩小［第（2）列和第（4）列］。总之，电子纳税对不同风险评分的企业纳税额产生了相反的异质性影响。

表 2　采用电子纳税方式纳税对其税务合规成本、纳税总额和贿赂行为的影响

Dependent variables:	#visits per month to tax authority office in 2015 (1)	Time spent monthly on tax-related activities in 2015 (hours) (2)	Tax paid in 2015[a] (admin. data) (in TJS) (3)	At least one positive tax payment in 2015 (4)	Median of tax paid in 2015[a] (admin. data) (5)	Tax paid in 2015[a] (survey data) (in TJS) (6)	Think that it is common for firms to pay bribes (7)	Ever paid a bribe to a tax official (list exp.) (8)
Overall sample								
(ITT) Impact of assignment to Group A	-0.47 (0.03)	-1.58 (0.33)	1 859 (2 925)	-0.002 (0.019)	-50 (153)	1 701 (3 195)	0.023 -0.028	-0.039 (0.057)
(IV) E-fling impact (all firms)	-1.39 (0.06)	-4.71 (0.99)	5 721 (8 934)	-0.005 (0.058)	-155 (474)	5 049 (9 445)	0.07 -0.084	-0.117 (0.168)
Observations	1 263	1 252	1 498	1 498	1 498	1 263	1 263	1 263
Mean outcome control group (B&C)	0.79	11.7	28 245	0.847	1 605	25 305	0.613	0.075
Mean outcome Group A	0.33	10.08	30 152	0.843	1 551	26 928	0.632	0.02
E-filing impact, legal entities sample								
(IV) E-filing impact (legal entities)	-1.47 (0.08)	-5.07 (1.11)	7 043 (11 192)	-0.017 (0.071)	-216 (591)	5.059 (11 848)	-0.025 -0.093	-0.200 (0.188)
Observations	934	925	1 096	1 096	1 096	934	934	934
Mean outcome control group (B&C)	0.84	11.8	31 222	0.806	1 660	28 049	0.617	0.123
Mean outcome Group A	0.32	10	33 745	0.801	1 586	29 860	0.608	0.044
Impact by baseline risk profile score								
(IV) E-fling impact for below-median risk score	-1.64 (0.12)	-6.30 (1.72)	-15 930 (19 412)	-0.147 (0.077)	-1 896 (1 023)	-20 386 (19 076)	-0.236 -0.144	-0.587 (0.296)
Sharpened two-stage q-values / (IV) E-filing impact for above-median risk score	0.001 -1.33 (0.08)	0.001 -4.05 (1.44)	0.26 25 737 (12 970)	0.124 0.045 (0.102)	0.097 1.145 (671)	0.171 26 403 (14 721)	0.214 0.161 -0.119	0.104 0.154 (0.235)
Sharpened two-stage q-values	0.001	0.001	0.104	0.495	0.097	0.171	0.214	0.345
p-value diff. (low versus high risk score)	0.031	0.319	0.076	0.131	0.013	0.052	0.035	0.050
Observations	934	925	1 067	1 067	1 067	934	934	934

续表

Dependent variables:	#visits per month to tax authority office in 2015 (1)	Time spent monthly on tax-related activities in 2015 (hours) (2)	Tax paid in 2015ª (admin. data) (in TJS) (3)	At least one positive tax payment in 2015 (4)	Median of tax paid in 2015ª (admin. data) (5)	Tax paid in 2015ª (survey data) (in TJS) (6)	Think that it is common for firms to pay bribes (7)	Ever paid a bribe to a tax official (list exp.) (8)
Mean outcome in control group (B&C) for								
Firms below median risk score	0.84	12.05	40 087	0.951	2 295	34 140	0.637	0.143
Firms above median risk score	0.84	11.52	23 751	0.701	1 090	21 529	0.596	0.098
Mean outcome in Group A for								
Firms below median risk score	0.33	10.03	36 314	0.908	1 785	29 072	0.569	− 0.039
Firms above median risk score	0.32	9.97	32 671	0.722	1 455	30 733	0.652	0.139

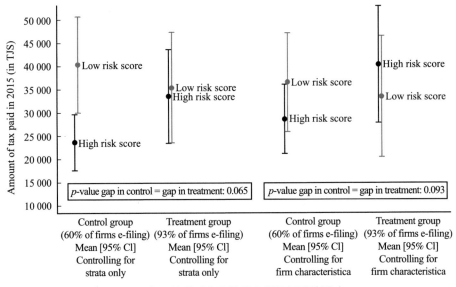

图 1　电子纳税对企业纳税金额的异质性影响

（三）机制分析

本文的机制分析结果表明，引入电子纳税之前，低风险评分的企业平均比高风险评分的企业缴纳正税的月份多三个月；采用电子纳税后，低风险评分的企业一年内缴纳正税的月份平均减少了两个月，而高风险评分的企业不存在这种影响，说明电子纳税给企业纳税额带来的异质性影响与风险评分有关。根据对税务机关和企业的访谈，一方面，税务官员可能会胁迫风险评分低的企业支付超出他们真实税负的税款以满足税务机关设定的税收目标；另一方面，税务官员可能会和风险评分高的企业串通合作，帮助企业逃税。而采用电子纳税阻断了纳税人与税务官员的互动渠道，相应的胁迫或合谋行为受到影响，最终出现对企业纳税额的异质性影响。此外，本文还进行了一系列稳健性检验，以确保结论的可信性。

五、研究结论

本文研究了影响企业采用电子纳税的关键因素以及电子纳税对企业的影响。研究发现，税务机关对企业电子化转型的后续服务支持是影响企业是否采用电子纳税的关键因素。此外，电子纳税减少了企业税务合规成本，对企业纳税总额和贿赂金额不存在显著的影响，但在企业间出现显著的异质性，且企业和税务机关之间的勾结是造成电子纳税对企业纳税额异质性影响的重要因素。最后，从本文的研究结论得到以下政策启示：由于技术引入的异质性效应，政府在决定是否采用新技术时要考虑到不同用户在转型时的顾虑和困难，以及技术转型对不同用户的异质性影响。

推 荐 理 由

随着信息数字化发展，政府部门通常会引入新技术来提升政府服务质量和效率。在税收征管方面，电子纳税凭借其便捷高效性和安全保密性有效降低政府税务合规成本和保障纳税数据安全，因此，采用电子化征管方式已成为当今各国税收征管新趋势。然而，电子纳税也存在缺乏稳定性，注册程序复杂等问题。为使税收征管更高效，积极发挥数字技术在提高国家财政能力方面的作用，围绕电子纳税等新技术的相关研究是一个重要的方向。本文的研究结果也值得我们进一步思考，新技术的引入是否会带来与政府目标背道而驰的影响？政府在推行新技术时如何权衡对不同用户的异质性影响？这些问题值得我们进一步深入研究。

暗度陈仓：税收设计、信息披露与财富弹性*

一、引　　言

税收的行为反应和税收弹性估计对最优税收设计至关重要。近年来，学者对财富税及其弹性估计问题进行了广泛研究。然而，在将先前估计的税收弹性应用在具体的政策设计时，存在一个关键的问题，即税基弹性不是结构性参数，而是受到税制设计影响的。为了解决这个问题，一种可行的解决方案是，在不改变其他税收设计的情况下，研究税收设计中对纳税人行为影响最为显著部分的因果效应。但税制设计变化较少、税制变化往往伴随着税率的变化和数据限制等问题的存在，使得关于税制设计对财富弹性的影响的研究变得较为困难。为了解决这些问题，本文通过一种新的动态聚束方法，利用法国财富税申报要求改革，估计了不同组别纳税人的异质性反应，为税制设计的一个关键维度即信息申报要求变化对纳税人的行为影响提供了证据。研究发现，首先，在申报要求改革的间断点处，产生了明显的纳税人聚束行为。简化申报改革导致处理组纳税人申报的财富增长率下降，平均下降至少 0.5 个百分点。其次，不同财富的人群对改革的反应存在异质性。财富略低于简化申报门槛的纳税人，在改革后比距离门槛较远的纳税人产生了更大的行为反应，而财富略高于门槛

* 推荐人：中南财经政法大学财政税务学院，盛倩。

推送日期：2023 年 12 月 1 日。

原文信息：Garbinti B. , Goupille – Lebret J. , Muñoz M. , Stantcheva S. , Zucman G. Tax Design, Information, and Elasticities: Evidence from the French Wealth Tax [Z]. 2023, NBER Working Paper.

的纳税人对简化申报改革的反应更小，这种不对称性主要是由于门槛以上的纳税人担心申报负的增长率会被稽核与审计。本文还发现，纳税人在简化申报门槛处的聚束反应具有显著的持续性。最后，机制分析表明，误报的便利性是纳税人重视简化申报制度的最重要原因。当纳税人不需要报告资产组合的详细类别时，他们就倾向于隐藏特定资产或者报告错误的数额，进而导致在简化门槛下的大量低报现象。

本文的边际贡献有以下几点：（1）本文改善了传统的静态聚束方法。通过将该方法映射到因果识别框架中，识别了在处理组中利用改革的遵从者或聚束者比例，进而估计了局部平均处理效应（LATE）和意向处理效应（ITT）。（2）本文的结果证实了税收设计选择对税收遵从和执法具有直接影响，且该影响具有显著持久性，为最优税收设计提供了重要的政策启示。（3）本文关注税收收入中至关重要的部分群体，即财富分布上百分之五的纳税人，为研究富有纳税人的逃税反应提供了证据。

二、制度背景与数据来源

（一）法国财富税改革

1989～2017 年，法国实施了年度累进财富税（ISF），对财富在免税门槛以上纳税人的净财富进行征税。这些纳税人需自行申报，提交财富税申报表，报告其主要住宅、其他不动产、股票和银行存款等详细信息。如图 1 所示，在 2011 年 6 月，法国在该税制中引入了两项改革：一是实施简化申报制度。财富在简化申报门槛以下的纳税人只需报告总的财富净值和应税财富总额以及三项税收抵免项目。简化申报门槛最初设定在 300 万欧元，2012 年下调至 257 万欧元，并于 2013 年生效。二是将免税门槛从 80 万欧元提升至 130 万欧元。本文重点关注 2013 年简化申报改革产生的净效应。

（二）数据来源

本文的全新纵向数据集来自法国税务总局（DGFIP），其中包括 2006 ～

2017 年法国全部财富税纳税人信息，同时还获得了纳税人的所得税申报表数据，其中包括纳税人所有的应税资本和劳动收入，以及基本的人口特征信息。

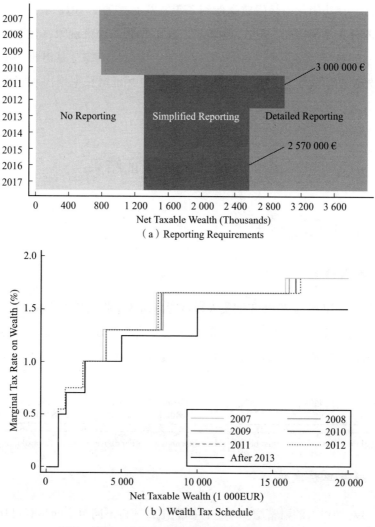

（a）Reporting Requirements

（b）Wealth Tax Schedule

图 1　2007～2017 年法国财富税税率表和报告要求

（三）统计证据

2010 年边际税率的变化并未导致财富分布出现断点，纳税人没有发生显著的聚束行为。但免税门槛处却存在显著的聚束反应，2006～2010 年，财富略高于免税门槛的纳税人在免税门槛处发生聚集。在 2011 年免税门槛提高到 130 万欧元后，纳税人在该门槛处也出现了显著的聚束反应，并且这种反应随时间不断加强。

其次，在将简化申报门槛降低到 257 万欧元之前的 2012 年，纳税人在该门槛处的分布是平滑的，但在 2013 年出现了显著的聚束现象，且随时间出现持续增强的趋势，这表明在 2013 年后出现的聚束反应完全是申报要求改革导致。另外，在简化申报门槛处，纳税人的平均财富增长率也出现了明显的断点，财富增长率出现明显的下降。

三、方法介绍与实证结果

（一）动态聚束方法

1. 定义组别

首先，本文根据 2012 年纳税人财富距离简化申报门槛的距离来定义组别，将应税财富在 236 万～271 万欧元的纳税人分为 5 个处理组，即特低组、远低组、略低组、略高组、远高组，将 2012 年应税财富在 271 万～285 万欧元的纳税人设定为控制组。

[2 360K, 2 430K]	[2 430K, 2 500K]	[2 500K, 2 570K]	[2 570K, 2 640K]	[2 640K, 2 710K]	[2 710K, 2 780K]	[2 780K, 2 850K]
Very far below	Far below	Just below	Just above	Far above	Control groups	

2. 增长率标准化

通过对纳税人的财富增长率进行标准化，使得不同组别间具有可比性。标准化财富增长率定义为实际财富增长率与达到简化申报门槛所需财富增长率的差值，计算方式如下：

$$\widetilde{g}_{i,t,2\,570} = \underbrace{\frac{W_{i,t+1} - W_{i,t}}{W_{i,t}}}_{actual\ growth\ rate} - \underbrace{\frac{2\,570K - W_{i,t}}{W_{i,t}}}_{growth\ rate\ needed\ to\ be\ at\ threshold} = \frac{W_{i,t+1} - 2\,570K}{W_{i,t}} \quad (1)$$

当 $\tilde{g}_{i,t,2\,570}$ 为 0 时，表明纳税人正好处于 257 万欧元门槛上；当 $\tilde{g}_{i,t,2\,570}$ 小于 0 时，纳税人位于简化申报门槛以下。图 2 显示，门槛以下处理组的标准化增长率大量聚集在 0 以下，且聚集程度随着离门槛越远而降低。对于门槛以上的处理组，其标准化增长率在 0 附近也存在聚束反应，但是反应程度小得多。

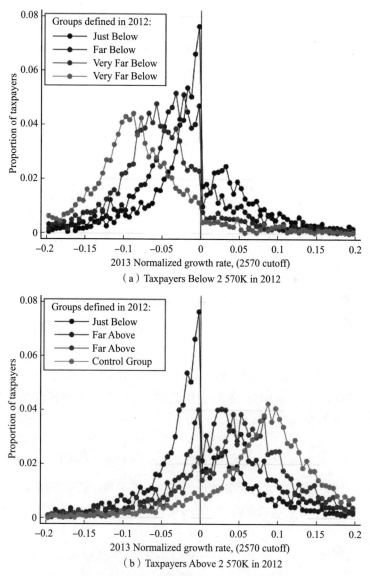

（a）Taxpayers Below 2 570K in 2012

（b）Taxpayers Above 2 570K in 2012

图 2　对简化阈值的行为反应，归一化增长率

3. 构造反事实分布

对于任一处理组 $T_j = [a_j, b_j]$，通过控制组构造其标准化财富增长率的反事实分布。构造公式如下：

$$\tilde{g}_{i,c_j} = \frac{W_{i,t+1} - c_j}{W_{i,t}} \text{ with } c_j = 2\,780K \times (2\,570K/b_j) \tag{2}$$

其中，c_j 是控制组的安慰剂门槛，该门槛离控制组的距离与 257 万元门槛离处理组的距离相等。

4. 结果估计

首先，对于任一处理组 T_j，在聚束区间 $[a_L, a_U]$ 的左区间 $[a_L, 0]$ 内，聚束者 B_j 的比例为：

$$B_j = \int_{a_L}^{0} \left[fT_j(\tilde{g}_{i,2\,570}) - f_{T_j}^{counter\,factual}(\tilde{g}_{i,2\,570}) \right] d\tilde{g}_{i,2\,570} \tag{3}$$

$$B_j = \int_{a_L}^{0} fT_j(\tilde{g}_{i,2\,570}) d\tilde{g}_{i,2\,570} - \int_{a_L}^{0} fC(\tilde{g}_{i,c_j}) d\tilde{g}_{i,c_j} \tag{4}$$

$$B_j = \sum_{a=a_L}^{0} \left[P_{T_j}(a) - P_C(a) \right] \tag{5}$$

其中，$f_{T_j}(\tilde{g}_{i,2\,570})$ 为处理组 T_j 的标准财富增长率分布，$f_C(\tilde{g}_{i,c_j})$ 为处理组 T_j 的反事实分布，$P_z(a)$ 表示在给定组距 a 时，组别 Z 中增长率为 $\tilde{g}_{i,s}$ 的纳税人比例。

图 3 为略低组的标准化财富增长率及其反事实分布，从图 3 中可以观察到聚束区间下限 a_L 为 -0.045，然后利用公式（6）求得聚束区间的上限 $a_U = 0.1$，得到聚束区间为 $[-0.045, 0.1]$。

$$\sum_{a=a_L}^{0} \left[P_{T_j}(a) - P_C(a) \right] = - \sum_{a=0}^{a_U} \left[P_{T_j}(a) - P_C(a) \right] \tag{6}$$

其次，利用公式（7）计算各处理组别层面的平均增长率下降幅度 $\Delta E_j(g)$，即 ITT。其中，$gZ(a)$ 表示在给定组距 a 时组别 Z 中纳税人的平均财富增长率。

$$\Delta E_j(g) = E(g|T_j) - E(g|C) = \sum_{a=a_L}^{a_U} \left[P_{T_j}(a) \times gT_j(a) - P_C(a) \times g_C(a) \right] \tag{7}$$

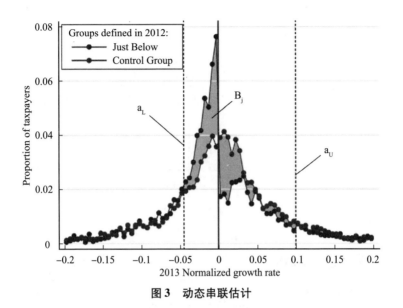

图3　动态串联估计

最后，利用公式（8）可得聚束者的增长率下降幅度，求得 LATE。

$$\Delta E_j(g)_B = \Delta E_j(g)/B_j \tag{8}$$

（二）实证结果

通过动态聚束效应分析发现，简化申报改革显著扭曲了财富增长率的分布（见图4）。略低组、远低组和略高组在标准化增长率为0处左侧有显著的聚束效应。其中，略低组的财富增长率降幅约为0.47个百分点，远低组为0.44个百分点，略高组为0.18个百分点。这种效应由一小部分人（即聚束者）的行为变化所导致。在略低组、远低组和略高组中，分别有14.7%、8.4%和3.9%的纳税人发生了显著的行为变化。而且这些聚束效应具有持续性，在改革四年后依然显著。另外，略高组中聚束者的比例大大低于略低组中的比例。其原因在于，对于财富在门槛以上的纳税人，需要报告负的财富增长率才能使自己处于257万元门槛以下，但是这可能引起税务局的警惕，从而面临被审计和稽查的风险。

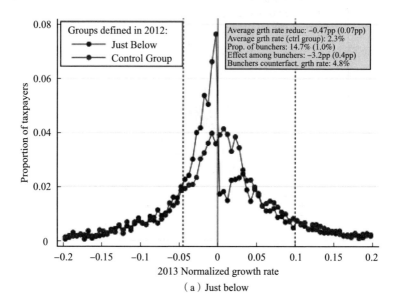

（a）Just below

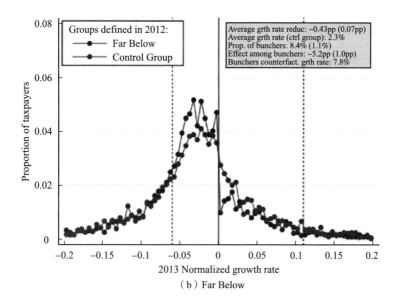

（b）Far Below

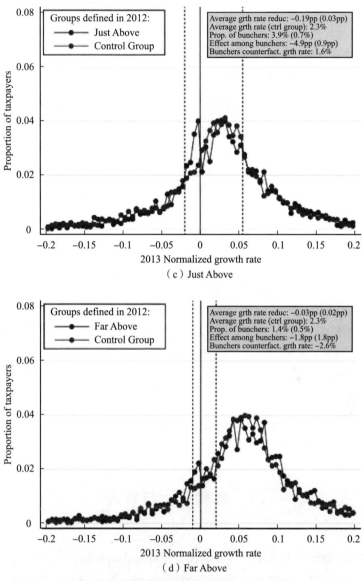

图 4　对简化阈值的行为反应——动态聚束

　　作者还利用标准双重差分方法，对纳税人的行为反应进行了估计。表 1 显示，两种方法估计出的 ITT 效应一致，没有显著的统计性差异。动态聚束方法下，简化申报改革对所有处理组都有显著的影响，而在双重差分法下，只有略低组出现了显著的反应。同时，也可以发现，门槛以下处理组的反应显著大于门槛以上处理组的反应，这与前文的结果一致。

表1　　　　　　　　对简化阈值的行为反应——动态聚束与双重差分

	Dependent Variable：Wealth Growth Rate in percent				
	(1)	(2)	(3)	(4)	(5)
	Wealth groups defined in 2012				
	Just Below [2 500K, 2 570K]	Far Below [2 430K, 2 500K]	Very Far Below [2 360K, 2 430K]	Just Above [2 570K, 2 640K]	Far Above [2 640K, 2 710K]
	Diff-in-diff				
Average effect（ITT）	-0.77** (0.34)	-0.38 (0.32)	-0.30 (0.31)	-0.16 (0.34)	0.14 (0.36)
	Dynamic bunching				
Average effect（ITT）	-0.47*** (0.07)	-0.44*** (0.08)	-0.37*** (0.08)	-0.18*** (0.03)	-0.03 (0.03)
Share of bunchers	14.7*** (1.1)	8.5*** (1.0)	6.6*** (1.1)	3.9** (0.7)	1.4*** (0.5)
Effect among bunchers（LATE）	-3.2*** (0.4)	-5.3*** (1.0)	-5.8*** (1.6)	-4.8*** (0.9)	-1.7 (3.5)

四、机制分析与讨论

为什么部分纳税人会出现财富增长率下降？作者发现，聚束者对简化申报改革的行为反应是出于逃税或者错误申报的动机，而不是因为自身财富或收入发生了显著变化。纳税人看重简化制度的价值，试图通过误报财富以维持在简化制度中。但是误报具有成本，该成本随着误报的财富数额而增加，随着报告的增长率而减少。因此，有远见的纳税人会进行跨期误报，出于这种"平滑误报"的动机，纳税人从较早时期就会开始选择误报财富。纳税人重视简化申报制度的最重要原因，在于该制度具有较高的误报便利性，而不是因为较低的麻烦成本或者出于隐私问题的担忧。

五、结 论

本文基于法国财富税纳税人的详细数据，利用动态聚束方法，研究了法国财富税简化申报改革的因果效应。作者发现，纯粹的边际税率变化没有产生纳税人聚束行为，但是在免税门槛与简化申报门槛处出现了大量的聚束反应，这些反应具有显著的持续性。而且简化申报门槛下的纳税人财富增长率明显低于简化门槛以上的纳税人。这些结果表明，不当的税收设计选择将对税收执法产生直接影响，而且影响广泛、具有持续性。

推 荐 理 由

税收的行为反应和税收弹性是财税领域的重要研究话题，同时也是最优税收理论中的重要部分。本文通过研究法国简化申报改革的财富税纳税人行为反应，发现降低申报要求使得纳税人报告的财富增长率显著下降，表明降低信息披露要求会导致税基遭到侵蚀，且这种效应随着时间不断累积。这不仅意味着纳税人信息对税务执法和税收征管意义重大，同时也意味着不当的税收设计选择可能存在较高且不断增加的税收收入成本。虽然我国尚未开征财富税，但是在其他税种改革过程中，同样也面临着类似的纳税人行为反应问题，特别是有关于我国税收优惠政策的实施效果的考察中，存在着不一致的结论，这似乎表明需要学者和政策制定者根据底层税收设计和纳税人行为反应展开进一步的探讨与研究。

消失的它：州税差异与企业策略性关闭行为[*]

一、引　言

　　税收政策与企业选址是公共经济学领域研究的经典话题，大量研究以个人所得税和企业所得税等为研究对象，考察税收政策对企业选址的影响。然而，鲜少有文献探讨税收政策对跨州企业（multi-state firm）关闭工厂的影响。理论上，在经济下行时期，跨州企业可能选择关闭部分工厂以降低运行成本。税收政策引致的税收成本差异可能会影响跨州企业对关闭工厂的选择。

　　美国的失业保险（unemployment insurance，UI）税为研究这一问题提供了可能。首先，失业保险税在各州之间存在显著差异。美国的失业保险税由各州政府独立管理，在过去三十年间，各州的失业保险税差距不断扩大，人均最高失业保险税从每年400美元以下至2 000美元以上不等。其次，在2008年金融危机后，各州政府的失业保险税收入超过了企业所得税收入，失业保险税规模较大，足以影响企业的决策行为。

　　由于缺乏企业失业保险税缴纳数据，本文依据各州的最高失业保险税构建本文的核心解释变量"相对最高失业保险税成本"（relative maximum UI tax costs），考察失业保险税差异对跨州制造业企业关闭工厂的影响。研究发现：

　　* 推荐人：中南财经政法大学财政税务学院，阮慧。
　　推送日期：2023年10月6日。
　　原文信息：Guo A. The effects of state business taxes on plant closures：Evidence from unemployment insurance taxation and multi-establishment firms ［J］. *Review of Economics and Statistics*，2021：1 – 45.

（1）1997～2014 年，当相对最高失业保险税成本增加 1 个标准差，企业关闭工厂的概率相较于均值（4%）增加 5 个百分点，且这种效应集中在经济下行时期。（2）本文的异质性分析发现，源于关闭工厂成本的差异，拥有更多资产和劳动份额更低的工厂对失业保险税差异的反应更小。（3）在集约边际上，位于高失业保险税州的工厂就业波动更低，当最高失业保险税增加 1 个标准差，就业波动相较于均值降低 5 个百分点。

本文的研究贡献主要体现在以下两个方面：（1）本文首次从工厂关闭的视角出发，探讨了州商业税对跨州企业策略性关闭工厂行为的影响，并为之提供了经验证据。（2）本文的研究结论为失业保险税的改革提供了参考，迄今为止，失业保险税仍未涉及联邦层面的统一改革。本文的研究表明，失业保险税的分州管理造成了各州之间的税收差异，引致了企业的策略性行为，导致了经济中的资源错配问题。这为失业保险税的改革提供了指导和理论依据。

二、制 度 背 景

由于美国各州政府独立管理辖区内企业的失业保险账户，依据企业过去在本州的失业保险救济支出分配税率。因此，跨州企业在各州的裁员仅影响企业在本州的失业保险税率，而不会影响其他州工厂适用的税率。尽管各州的失业保险税存在多维度差异，但主要源于两个方面：一是失业保险税的最高税率（maximum tax rate）。为应对极端负面冲击对企业的影响，各州都为失业保险税设定了最高税率，防止在极端情况下企业失业保险税成本的无限上升。二是失业保险税的税基。各州的税基主要包括两类：（1）16 个州将税基与每年的州平均工资挂钩，税基随着工资的上升而提升。（2）其余州的税基为联邦法定最低失业保险税基，即 7 000 美元。

当跨州企业面临较强的负面冲击时，它们有动机将裁员集中至位于高失业保险税州的工厂，并在裁员后关闭该工厂。这意味着企业不用在该州缴纳任何的税收，从而实现企业失业保险税成本最小化的目的。因此，跨州企业有动机主动关闭位于高税州的工厂。

三、数据构建与研究设计

（一）数据构建

关注制造业企业。由于制造业企业工厂通常生产产品代码相同的产品，且在过去 20 年间，制造业企业面临的失业保险税成本变动较大（大规模裁员且对失业保险救济的利用率较高），因此，本文的研究对象为跨州制造业企业。

观测层面的定义。当单个企业在一州内跨行业经营时，通常依据行业设定失业保险账户，即同行业的工厂使用一个账户。这意味着单个工厂的裁员仅影响同行业工厂的税率，不影响其他行业工厂适用的税率。为此，本文根据企业识别码和行业代码构建本文的企业 ID，即 Firm identifier – NAICS（后文中企业均是指据此定义的企业）。同时，为清晰定义企业关闭工厂的行为，本文将各企业工厂（establishment）在州层面加总，使得各企业在各州仅存在一个工厂（plant）。当企业的所有工厂都关闭时，这意味着企业工厂（plant）的关闭。因此，本文的观测层面界定为企业识别码—行业代码—州—年份（Firm identifier – NAICS ID – State – Year），如图 1 所示。

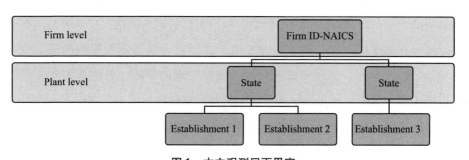

图 1　本文观测层面界定

（二）数据来源

本文主要使用了以下两套数据：（1）纵向企业数据库（the longitudinal business database，LBD）：提供了各工厂（establishment）的年度就业、年度总工资、行业代码（NAICS）、设立和关闭年份、企业识别码（firm identifier）等信息。（2）工业普查数据（the census of manufacturers，CMF）：提供了工厂（establishment）层面的特征信息，包括全要素生产率（TFP）、工厂资产、劳动份额等。

由于不同行业的裁员和失业保险税率相互独立，本文剔除掉了样本中所有的非制造业工厂。此外，本文要求企业在 1997～2014 年，至少某些年份跨州经营，且工厂的就业人数在某些年份至少达到 10 人。

（三）自变量的设定

为探讨失业保险税差异对企业关闭工厂的影响，作者首先构建了相对最高失业保险税这一指标 Dev_{fst}，它是本文的自变量：

$$Dev_{fst} = Maxtax_{st} - \sum_{k \in f} \frac{Emp_{kft}}{TotEmp_{ft}} Maxtax_{kt}$$

其中，f、s、t 分别表示企业、州和年份。$Maxtax_{st}$ 表示企业 f 在 s 州 t 年的最高失业保险税（=最高税率×税基）。k 表示企业 f 设有工厂的州，$\frac{Emp_{kft}}{TotEmp_{ft}}$ 表示企业 f 在 k 州工厂的就业人数与企业总就业人数的比值，$\sum_{k \in f} \frac{Emp_{kft}}{TotEmp_{ft}} Maxtax_{kt}$ 表示企业 f 在各州的最高失业保险税乘以各州所占的就业份额，它表示企业的平均失业保险税成本。当 Dev_{fst} 值越大时，意味着企业 f 在 s 州工厂的税收成本相较于同公司的其他工厂越高。

（四）实证策略

本文的主要模型设定如方程（1）所示：

$$Exit_{fst} = \beta_1 Dev_{fst} + \beta_2 EmpShare_{fst} + \sum_n \alpha_n I(\#States = n)_{ft} + \delta_{st} + \gamma_j + \epsilon_{fst}$$

（1）

其中，$Exit_{fst}$ 为本文的核心因变量，当企业 f 在 s 州的工厂 $t+1$ 年报告的就业人数为 0 或记录 t 年为工厂关闭年份时取值为 1。$EmpShare_{fst}$ 表示企业 f 在 s 州工厂就业在企业 f 中的份额。$\sum_n \alpha_n I(\#States = n)_{ft}$、$\delta_{st}$、$\gamma_j$ 分别表示企业 f 跨州数量的固定效应、州—年份固定效应和行业固定效应。ϵ_{fst} 为误差项。其中，我们感兴趣的系数是 β_1，当它取值为正时，意味着当失业保险税成本增加时，企业关闭 s 州工厂的概率增加。

四、实证结果

（一）失业保险税对企业关闭工厂的影响

方程（1）的回归结果如表 1 所示。研究发现，系数 β_1 显著为正。在控制了州—年份固定效应后，当相对最高失业保险税成本增加 1 个标准差时，企业关闭工厂的概率相较于均值增加 5 个百分点。

表 1　　　　　　　　　　　　方程（1）的回归结果

Exit multiplied by 100	(1) Exit	(2) Exit	(3) Exit	(4) Exit
Dev_{fst}（ $100's）	0.0368 *** (0.0135)	0.0512 *** (0.0150)	0.0503 *** (0.0149)	0.0583 *** (0.0174)
Employment Share$_{fst}$	− 10.04 *** (0.165)	− 10.03 *** (0.165)	− 10.06 *** (0.194)	− 9.028 *** (0.210)
Distancefst			− 0.00246 (0.00376)	− 0.00543 (0.00461)
R^2	0.016	0.018	0.021	0.022
Mean of Exit	3.935	3.935	3.935	4.461
SD of Dev	3.859	3.859	3.859	3.280
State – by – Year FE		Yes	Yes	Yes
Industry – by – Year FE			Yes	Yes
Multi – by – Year FE			Yes	Yes
Age Bins			Yes	Yes
Weighting				Yes
# of Unique Firms	14 500	14 500	14 500	14 500
N	475 000	475 000	475 000	475 000

进一步，在方程（1）的基础上，本文加入调节变量 Δ_{jt}，考察经济形势是否影响失业保险税与工厂关闭的关系。Δ_{jt} 表示据 j 行业 1998 ~ 2015 年全国最大季度失业率计算的标准分数（$Z - score$），代表当年的经济形势。此外，相较于方程（1）本文将行业固定效应 γ_j 替换为行业—年份固定效应 γ_{jt}。其回归结果如表 2 所示。交乘项的系数显著为正，且在 Δ_{jt} 取值为负值时，Dev_{fst} 对 $Exit_{fst}$ 影响将减少甚至不存在（比如取值为 - 2 时）。因此，相对失业保险税成本对工厂关闭的影响集中出现在经济下行时期。

表 2　　　　　　　　　　加入调节变量后的回归结果

Dependent Vars multiplied by 100	(1) Exit	(2) Exit	(3) Exit	(4) Empl Growth
Dev_{fst} （ \$ 100's）	0. 0513 *** (0. 0150)	0. 0513 *** (0. 0149)	0. 0595 *** (0. 0174)	- 0. 132 *** (0. 0390)
$Dev_{fst} \times \Delta_{jt}$ （ \$ 100's）	0. 0276 ** (0. 0111)	0. 0283 ** (0. 0111)	0. 0326 ** (0. 0147)	- 0. 0576 ** (0. 0280)
Employment Share$_{fst}$	- 10. 03 *** (0. 165)	- 10. 06 *** (0. 194)	- 9. 026 *** (0. 210)	8. 745 *** (0. 474)
Distance$_{fst}$		- 0. 00245 (0. 00376)	- 0. 00540 (0. 00461)	- 0. 00106 (0. 00978)
R^2	0. 021	0. 021	0. 022	0. 025
Mean of Dep Var	3. 935	3. 935	4. 461	- 10. 58
SD of Dev	3. 859	3. 859	3. 280	3. 859
Multi – by – Year FE		Yes	Yes	Yes
Age Bins		Yes	Yes	Yes
Weighting			Yes	
# of Unique Firms	14 500	14 500	14 500	14 500
N	475 000	475 000	475 000	475 000

（二）工厂关闭成本的异质性影响

在基准分析的基础上，本文进一步考察了 TFP、人均资产、劳动份额对研究结果的影响。研究发现，拥有更高人均资产的企业对失业保险税差异的反应更小，劳动收入份额更高的企业的反应更强。这可能源于企业关闭成本的差异，拥有更高资产工厂的关闭成本更高。

（三）失业保险税对企业集约边际的影响

除了探讨企业广延边际（extensive margin）的反应，本文还考察了失业保险税对企业集约边际的影响，即考察失业保险税对就业的影响。研究发现，当最高失业保险税变动 1 个标准差时，工厂（Plant）的就业波动相较于均值降低 5 个百分点。

五、结　　论

本文以失业保险税为研究对象，考察了州商业税差异对跨州制造业企业关闭工厂行为的影响。研究发现，当相对最高失业保险税成本增加 1 个标准差，企业关闭工厂的可能性增加了 0.2 个百分点（均值的 5%），这种效应集中体现在经济下行时期。其中，资产更多和劳动份额更低的工厂对失业保险税差异的反应更小。此外，本文还考察了企业在集约边际上的反应，发现当最高失业保险税提升 1 个标准差，就业波动相较于均值降低 5%。

推 荐 理 由

本文首次从企业关闭工厂的角度，考察了失业保险税对跨州制造业企业关闭工厂决策的影响，为州商业税与企业选址的研究提供了新的研究视角和实证证据。同时，除了策略性关闭工厂行为，企业还可以通过工作外包、第三方就业等手段降低企业的失业保险税成本。税收对新就业形态兴起的影响是未来重要的研究方向。此外，聚焦到中国，由于失业保险费规模较小可能无法影响企业的行为，但养老保险、医疗保险等社会保障费在各地的差异可能也会影响到跨区企业关闭工厂的行为决策，这是值得我们思考的方向。

因地制宜：地方精英如何
提高国家纳税能力？[*]

一、引　言

国家能力（包括税收能力）是影响一国政治经济发展的重要因素。在众多影响国家能力的因素中，地方精英（local elites）对国家能力的影响起到阻碍还是促进作用，学术界仍然存在争议。一方面，地方精英参与治理可以减少行政机关设置，降低了行政成本；另一方面，地方精英可能存在"精英俘获"行为获取利益，导致社会成本增加。虽然地方精英可能掌握地方政权而不受中央管制，但低能力国家仍有可能选择与地方精英合作的方式增强国家能力。基于此，本文研究了低能力国家能否通过将国家税收工作委托给地方精英的方式来提高自身的财政能力。

为考察这一问题，本文基于刚果民主共和国房产税改革，于2018年利用随机实验考察了地方精英对国家能力的影响，探究了低能力国家为了提高财政能力选择征税官员时在地方精英与国家代理人（state agents）之间的权衡。结果显示，相对于国家代理人主管区域的税收遵从率6.3%，地方精英征税区域

　　*　推荐人：中南财经政法大学财政税务学院，李东颖。
　　推送日期：2023 年 1 月 19 日。
　　原文信息：Balán P．，Bergeron A．，Tourek G．，Weigel J. L. Local Elites as State Capacity：How City Chiefs Use Local Information to Increase Tax Compliance in the Democratic Republic of the Congo ［J］．*American Economic Review*，2022，112（3）：762 – 797.

的税收遵从提高到 9.5％，提升了约 3.2％，征税额高出了 44％，这个结果意味着与国家代理人征税相比，地方精英表现出更强的纳税能力。

相较于之前对于国家能力的研究，本文存在以下三点边际贡献：第一，本文是第一个通过随机实验研究地方精英和国家税收征管员在税收征管过程中的抉择和权衡。第二，本文为地方精英在低能力国家的治理和发展中的作用的文献做出了贡献，以往论文大多关注地方精英如何通过向客户分配公共资源或利用政策漏洞等"寻租"行为来塑造治理成果，本文则将地方精英的地方信息视为国家能力的来源。第三，本文对发展中国家的税收文献有所贡献，证明了在发展中国家征税人的最优选择可能因国家能力而异。

二、研究背景与实验设计

刚果民主共和国是非洲人口最多的国家之一，也是最贫穷的国家之一。刚果民主共和国是一个低能力的国家。为了筹集财政收入，政府于 2016 年启动了首次全市范围的房产税征收运动，房产税净额开始扩大。本研究与卡南加政府合作，在 2018 年房产税征收过程中设计随机实验，将该市 356 个街区（共计 45 162 处房产）随机分配给"中央""地方"进行房产登记与征税，即分别由省税务局雇用的工作人员与地方精英负责征税。除了征税负责人类型不同，各街区在房产登记和评估、税收责任等其他因素均一致，基于此可以开展良好的随机实验。实验设计了五个干预组：

（1）国家代理人（central），在该组中，征税官均由国家代理人担任，有征收企业税的先前经验，分为两队工作，每队每月随机分配到两个社区。每个月的采集者被重新随机成对。

（2）地方精英（local），在该组中，地方精英全权负责征税工作。地方精英通常是在社区中富有名望的长者，他们通常终身任职，负责解决社区纠纷，帮助维护当地基础设施。与国家代理人相比具有两个关键优势：他们熟悉社区的情况，掌握大量地方性的信息，同时享有社区中的权威，在征税中具有更强的话语权。

（3）中央＋地方信息（CLI），这一组基本按照中央组的模式设计，但是不同之处在于，在完成财产登记、开展上门催缴之前，国家代理人会就居民财产状况征询地方精英，地方精英则根据登记名单向代理人指明最有可能缴税的住户。如此设计的目的在于识别地方精英的信息优势所造成的干预效应。

（4）中央×地方（CXL），分到这一组中的征税官由一名国家代理人和一名地方精英组成，以观测混合效应。

（5）纯控制组。被分到这一组的社区将维持 2016 年的征税方法，即在财产登记后由居民自行前往税务部门缴税，本实验组设计目的在于控制 2018 年的征税流程变化所造成的影响。

实验组在社区单位上随机分配征税，文章根据地理位置、在以前的房产税运动中的处理状态以及地方精英过去的税收经验进行了块随机设计和分层，并通过了平衡性检验。

三、数据与模型

文章使用行政税收数据和三次住户调查数据。房产登记数据包括 45 162 个潜在纳税人的纳税身份证号码、地理坐标、业主姓名、房产分类等详细房产特征信息。住户调查数据主要采集了当地住户的样本特征如人口统计学、税收、政治和治理，以及对地方精英的看法等信息。中期调查询问了税收过程中的信息，包括收税人的访问次数，是否有任何付款（正式或非正式）和收据。本文采用简单的固定效应线性回归模型进行估计，模型如下：

$$y_{ijkt} = \beta_0 + \beta Local_{jkt} + X_{ijk}\Gamma + \alpha_k + \theta_t + \varepsilon_{ijkt}$$

其中，i 指代个体，j 指代社区，k 是随机抽样层，t 是征税运动开展的时间。Y_{ijkt} 是一系列被解释变量，先后指代税收遵从性、税收收入。X_{ijk} 是控制变量。α_k 是抽样层的固定效应，θ_t 是时间固定效应。$Local$ 是核心解释变量，指代的是地方精英。文章选取所有注册财产的财产税遵从性和税收收入作为主要被解释变量。

四、地方精英与国家代理人的税收差异

（一）对税收遵从性和税收收入的影响

如表 1 结果所示，相对于国家代理人员，城市精英的征税区域的税收遵从性提高了 3.2 个百分点，相当于每处房产税收收入增加了 79.6 刚果法郎，整体换算下来意味着地方精英相较于国家代理人员能够增加 44% 的税收收入。将数据加总到社区水平、加入财产固定效应以及增加更多控制变量重新估计后的结果仍然稳健。回归结果表明地方精英相对于国家代理人有着更强的纳税能力，地方精英能够提高当地居民的税收遵从性，也增加了当地的财政能力。文章后续会对地方精英的高纳税能力进行深入讨论。

表 1　　　　　　　　对税收遵从性和税收收入的影响的回归结果

	(1)	(2)	(3)	(4)	(5)
Panel A：Compliance					
Local	0.023 ** (0.008)	0.032 *** (0.007)	0.032 *** (0.008)	0.033 *** (0.007)	0.040 *** (0.008)
Observations	28 872	27 764	213	27 764	23 803
Clusters	221	213		213	213
Central Mean	0.068	0.063	0.065	0.063	0.073
Panel B：Revenues					
Local	57.215 ** (25.939)	79.870 *** (23.063)	82.709 ** (38.738)	69.177 ** (20.849)	82.384 *** (23.889)
Observations	28 872	27 764	213	27 764	23 803
Clusters	221	213		213	213
Mean	195.583	184.65	212.274	184.65	211.361
Time FE	No	Yes	Yes	Yes	Yes

	(1)	(2)	(3)	(4)	(5)
Panel B：Revenues					
House FE	No	No	No	Yes	Yes
Stratum FE	Yes	Yes	Yes	Yes	Yes
Exempt Excluded	No	No	No	No	Yes

（二）对政府信任的影响

由于将纳税权力委托给地方精英可能存在腐败或降低公众对政府信任等委托代理问题，文章采用不同的方法检验了贿赂、公众对政府看法和税收本身的处理效应。

首先，文章考察了收税人对官方税收规则和协议的尊重程度，选取豁免权和房产估值（低值/高值房产）进行估计，文章将收税人的评估与官方的评估进行比较确定其差异，这个差异的大小在一定程度上代表了收税人对官方纳税规则的履行程度。根据表2面板A的结果，地方精英更有可能正确地为家庭免税，且对房屋类型的评估也较为准确。以上结果表明，地方精英似乎比国家代理人更尊重税收运动的规则和程序。根据表2面板B，相比于国家代理人，地方精英的总税款征收增加了1.6~3.1个百分点的贿赂款，证明征税过程中，地方精英确实存在委托代理的腐败问题。根据面板C的结果，地方精英征税并没有破坏政府税收的合法性。面板D的结果表明，地方精英征税区的市民税收遵从度更高。文章并没有发现公民对税务局的信任、对财产税的公平感知、税收士气或执法感知在统计上有显著变化。总而言之，委托地方精英征税似乎增加了贿赂，但没有短期证据表明地方精英以其他方式滥用职权或损害公民对政府的看法。

（三）为什么地方精英的征税能力比国家代理人强？

针对这个问题文章考虑了三种可能的潜在机制：（1）更多的纳税访问。地方精英一般来自其工作的社区，而国家代理人收税需要从税务司派往指定的社区，因而地方精英拜访当地居民成本更低、更加便利。为了检验这一机制，文章考察了在中线调查期间公民报告的收税人税收访问的差异。结果显示，地方精英和国家代理人相比，地方精英并没有进行更多的税收访问。

表2　　　　　　　　　　　对政府信任的影响的回归结果

Dependent variable	$\hat{\beta}$	SE	R^2	N	$\bar{x}_{Central}$
Panel A：Property Assessments					
Assigned Exemption	0.039 *	0.021	0.055	13 772	0.266
Incorrect Exemption	0.012	0.007	0.020	13 771	0.044
Assigned High Band	0.030	0.021	0.230	27 764	0.114
Incorrect Assignment	− 0.013 **	0.006	0.041	27 764	0.031
Panel B：Bribes					
Paid Bribe（Midline）	− 0.001	0.003	0.007	18 596	0.016
Gap Self v. Admin（Midline）	0.016 *	0.009	0.018	14 309	0.077
Paid Bribe（Endline）	0.018 *	0.009	0.049	1 169	0.014
Other Payments（Endline）	0.031 **	0.014	0.041	2 407	0.094
Panel C：View of government					
View of government（index）	0.023	0.049	0.100	2 411	0.011
Trust in government	0.127 **	0.057	0.075	2 286	0.028
Responsiveness of government	− 0.049	0.045	0.099	2 282	0
Performance of government	− 0.060	0.052	0.060	2 179	− 0.014
Integrity of government	0.043	0.047	0.058	2 313	0.016
Panel D：View of chief					
View of chief（index）	0.052	0.049	0.093	2 386	0.017
Trust in chief	0.040	0.053	0.116	2 372	0.022
Responsiveness of chief	− 0.058	0.057	0.111	1 681	− 0.008
Performance of chief	0.067	0.059	0.081	1 342	0.007
Integrity of chief	0.056	0.056	0.081	1 888	0.011

Dependent variable	$\hat{\beta}$	SE	R^2	N	$\overline{x}_{Central}$
Panel E：View of taxation					
Perceived tax compliance on avenue	0. 100 *	0. 055	0. 073	1 851	0. 026
Trust in tax ministry	0. 085	0. 061	0. 073	2 259	0. 025
Property tax morale	0. 075	0. 047	0. 057	2 343	0. 014
Fairness of property taxation	− 0. 004	0. 053	0. 046	2 407	0. 003
Perception of enforcement	− 0. 019	0. 05	0. 070	2 379	0. 015

（2）有针对性地纳税。在进行数量相同的税务走访的条件下，地方精英可能拥有关于财产所有者的地方信息优势，使其能够选择那些具有较高支付倾向的人进行访问。为了检验这一机制，文章比较了 CLI 与国家代理人的税收遵从和税收收入，结果表明，当有地方精英协助时，国家代理人提升了 2.4% 的税收遵从度和 30.9% 的征税额。这个结果意味着当国家代理人拥有地方精英的信息优势后，可以显著地改善自身的征税能力，进一步印证地方精英所拥有的信息的重要性。

（3）说服力。对这一机制的检验是，考察对相同的目标家庭进行征税时，地方精英的表现是否优于国家代理人，文章没有发现国家代理人和地方精英存在差异。进一步地，通过对地方精英在公共品供给中的角色和权力来估计结果的异质性效应，文章发现异质性证据很少。总的来说，没有证据表明地方精英通过说服力实现了更高的征税能力。

五、主 要 结 论

本文的结果表明，低能力国家政府选择与地方精英合作征税，相较于国家代理人模式有更强的征税能力，能够提升民众 3.2% 的纳税遵从性和 44% 的征税额。即便委托地方精英征税可能导致贿赂行为的产生，但这并不影响人们支付税款的内在动机或对政府的信任。文章利用随机试验发现如果国家代理人在征税前征询地方精英的意见，其征税能力能够有效提升，地方精英利用其自身关于本地情况的信息优势来实现更强的税收遵从性，主要在于他们能够有效识别那些更有可能交税的住户。随着经济的现代化和国家的发展，像刚果民主共和国这样的国家必然会发现，集中的国家税收会带来更高的收入，但同时，地方精英仍是脆弱国家初期提升财政能力的重要盟友。

推 荐 理 由

国家能力对经济与政治发展的重要性一直是重要且具有现实意义的话题，逐渐引起人们重视，然而低能力国家如何提升治理能力仍然是一个难题。现实中低能力国家通常会选择和地方精英一起合作进行国家治理，但地方精英对于国家现代化发展的效果，仍然存在争论。文章利用与政府合作得到实验数据，对此问题进行了细致的考察。本文用巧妙的实验设计，通过税收征管员进行不同的分组，准确识别地方精英对税收收入的影响，结合数据量化分析，本文结论对研究地方精英的信息优势在国家治理过程中的重要性具有重要意义。如何评价地方精英的寻租行为仍然是未来学者研究的重点，寻租行为会加剧社会不平等，使国家治理环境更恶劣，未来可以聚焦寻租行为在不同文化和制度背景下的表现，为制定更有效的政策和提高国家治理水平提供建议和支持。

百密一疏：税收执法 VS 税收筹划*

一、引　言

在过去的十几年里，数字经济和离岸金融的快速发展加剧了跨国公司的避税行为，跨国利润转移活动激增。据估计，36%的跨国公司将利润转移至避税天堂，严重侵蚀了国家的税基。为了抑制利润转移对税基的侵蚀，许多国家出台了加强跨国涉税信息报告和执行的政策。然而，想要准确估计这些政策的因果效应困难重重，挑战之一在于缺乏详细的跨国母、子公司之间的交易数据。

智利在 2011 年实施了一项旨在限制跨国企业利润转移的政策（以下简称反国际避税改革）。该政策修改了转让定价相关法律，要求跨国公司提供详细的跨国交易信息以及关联交易的定价方法，这有助于加强税务机关的执法能力。基于这一政策冲击和获取的行政税收数据、海关数据、专家访谈数据，本文对反国际避税政策的经济后果进行了有效评估。

研究发现：（1）子公司所在国税率每降低 1 个百分点，母、子公司之间的交易增加 5.5%。相比之下，母公司与非子公司之间的交易对海外税率变化不敏感；（2）反国际避税改革不会对跨国公司内部交易总额、特许权使用费

* 推荐人：中南财经政法大学财政税务学院，何炳林。

推送日期：2022 年 11 月 18 日。

原文信息：Bustos S.，Pomeranz D.，Serrato J. C. S.，et al. The Race Between Tax Enforcement and Tax Planning：Evidence From a Natural Experiment in Chile［R］. National Bureau of Economic Research，2022.

以及利息等产生影响，跨国公司的进出口价格在改革前后也不存在显著差异；
（3）跨国公司的纳税金额和国内销售额没有受到改革的影响；（4）访谈表明
跨国公司的税收咨询服务需求大幅增加，意味着税收筹划是反国际避税政策失
效的重要原因。

相较以往文献，本文具有以下两点边际贡献：（1）首次考察反国际避税
政策对企业利润转移渠道以及税收支付的影响；（2）首次验证税收筹划是影
响反国际避税政策实施效果的重要因素。

二、研究设计

（一）基本背景

在 2011 年以前智利实施全球课税制度，跨国公司的海外利润只有在汇回
国内时才交税。由于部分避税天堂的所得税税率要明显低于智利国内的税率水
平，因此跨国公司可以利用这一政策将利润转移到这些避税天堂。为了遏制这
一行为，智利税务局从 2011 年开始实施了反国际避税改革，成立专门监督跨
国公司内部关联交易活动的部门，并在 2012 年通过了转让定价法：一是加强
大中型跨国公司（销售额超过 100 000 智利 UF）的信息披露要求，跨国公司
必须向税务机关披露与海外子公司的交易信息以及相应的定价方法；二是跨国
公司需要向税务机关证明公司内部交易符合转让定价法律。

本文建立了一个理论模型，刻画跨国公司在可选择税收筹划时的利润转移
行为。跨国公司进行全球利润转移后，税后利润为：$\sum_{j} \left[(1 - t_j) f_j(K_j) - \rho K_j \right]$。其中国家是 j，生产函数是 f_j，资本是 K，税收是 t，资本成本为 ρ。本
文假设 $\overline{f_j} = f_j(K_j) / K_j$ 是真正的利润率，r_j 是跨国公司向政府汇报的虚假利
润率。

假设税收监管包括两个维度，分别是合规要求 F_1 和执法强度 F_2。合规要求
是指公司满足正常合规披露，公司的合规成本是 $\theta_1 F_1$。执法强度是指税务机关

对公司利润转移的监管强弱，公司瞒报利润所需要花费的成本为 $\dfrac{F_2}{\theta_2} \dfrac{K_j (r_j - \bar{f}_j)^2}{2}$，

θ_2 是公司瞒报利润的能力。跨国公司向税务机关报告的利润为 $r_j = \bar{f}_j + \dfrac{\theta_2}{F_2}(\tilde{t} - t_j)$，其中 $\tilde{t} = \dfrac{\sum\limits_j t_j K_j}{\sum\limits_j K_j}$ 是跨国公司在各国的加权平均税率。企业进行利润转移

后的利润最大化行为可表示如下：

$$\prod (\theta_1, \theta_2, F_1, F_2) \equiv \max_{\{K_j\}} \underbrace{\sum_j \left[(1 - t_j) f_j(K_j) - \rho K_j \right]}_{Real\ Profits \equiv \pi(\theta_2, F_2)} - \theta_1 F_1$$

$$+ \frac{\theta_2}{F_2} \underbrace{\sum_j K_j \left[(1 - t_j)(\tilde{t} - t_j) - \frac{(\tilde{t} - t_j)^2}{2} \right]}_{Profit\ Shifting \equiv \psi(\theta_2, F_2)}$$

跨国公司真实利润为 $\pi(\theta_2, F_2)$，合规成本是 $\theta_1 F_1$，利润转移的利润为 $\dfrac{\theta_2}{F_2} \psi(\theta_2, F_2)$。

接下来引入专业税务咨询公司。跨国公司用 i 表示，其中，跨国公司内部的会计人员用 I 表示，专业税务咨询公司用 C 表示，雇佣税务咨询公司的跨国公司分布函数为 $\theta_{0,i}^C \sim G(\cdot)$。本文假设 $\theta_2^I = 0$。只有当跨国公司进行利润转移后的税后利润大于利润转移前的税后利润加上聘用专业税务咨询公司成本，跨国公司才会选择利润转移：

$$\Delta \prod \equiv \underbrace{\left[\pi(\theta_2^C, F_2) - \theta_1^C F_1 + \frac{\theta_2^C}{F_2} \psi(\theta_2^C, F_2) \right]}_{\prod^C} - \underbrace{\left[\pi(0, F_2) - \theta_1^I F_1 \right]}_{\prod^I} > \theta_{0,i}^C$$

聘用税务咨询公司的跨国公司数量由下式给出 $N^C = G(\Delta \prod)$。定义跨公司的平均利润为 $\prod = E[\max\{\prod^C - \theta_{0,i}^C, \prod^I\}]$，对 F_1、F_2 求导可得：

$$\frac{\partial \prod}{\partial F_1} = -\left(\theta_1^C N^C + \theta_1^I (1 - N^C) \right) \equiv -\bar{\theta}_1; \quad \frac{\partial \prod}{\partial F_2} = -\frac{\theta_2^C}{F_2^2} \psi(\theta_2^C, F_2) N^C$$

第一个等式表明增加合规要求 F_1 会降低公司的平均利润，第二个等式表明增加执法处罚会通过限制利润转移降低跨国公司利润，但聘请税收咨询公司可以抵消税收执法增加导致的利润减少。

（二）实验设计

1. 跨国公司利润转移

本文首先考察跨国公司集团内是否存在利润转移行为，模型设定如下所示：

$$\ln(Y_{ijat}+1) = \beta_1 Tax\ Rate_{jt} + \beta_2 Tax\ Rate_{jt} \times Affiliate_a + \beta_3 \ln(GDPpc)_{jt}$$
$$+ u_{it} + \alpha_{ia} + \mu_j + e_{ijat}$$

其中，Y_{ijat} 是公司 i 在 t 年支付给 j 国公司 a 的金额。$Affiliate_a$ 是一个虚拟变量，a 公司为跨国公司子公司时为 1。$Tax\ Rate_{jt}$ 是 j 国在 t 年的企业所得税税率。样本包括所有在 2007～2015 年的跨国公司。接着，本文在上述计量模型的基础上进一步添加 $Post_t$ 变量，在政策实施后即 2011 年及之后年份取值 1，否则为 0，模型设定如下：

$$\ln(Y_{ijat}+1) = \beta_1 Tax\ Rate_{jt} + \beta_2 Tax\ Rate_{jt} \times Affiliate_a + \beta_3 Tax\ Rate_{jt} \times Affiliate_a$$
$$\times Post_t + \beta_4 Post_t + \beta_5 Tax\ Rate_{jt} \times Post_t + \beta_6 Affiliate_a \times Post_t$$
$$+ \beta_8 \ln(GDPpc)_{jt} + u_{it} + \alpha_{ia} + \mu_j + e_{ijat}$$

2. 跨国公司进出口

本文使用的企业数据集提供了跨国公司内部的进出口金额，海关数据集提供了企业—国家—产品层面的进出口总额，并将跨国公司提供的贸易金额与海关贸易金额进行匹配。选择出口金额相似的公司作为实验组，与跨国公司进出口价格相同的国内公司作为对照组，构造模型分析改革对跨国公司进出口价格的影响。模型设定如下：

$$\ln(Price)_{ipt} = \alpha_0 + \beta_1 Multinational_i \times Post_t + \mu_i + v_{pt} + e_{ipt}$$

其中，$\ln(Price)_{ipt}$ 是公司 i 在第 t 季度进出口产品 p 的平均单价。如为跨国公司，则 $Multinational_i$ 等于 1。对于 2011 年及其之后年份，$Post_t$ 等于 1。

3. 跨国公司纳税

虽然跨国公司缴纳的税款是在国内公司的 6.5 倍以上，但它们的纳税金额占工资比重非常接近（0.162 对 0.163）。为了考察改革对跨国公司纳税行为的影响，本文构建了如下的模型：

$$\frac{Y_{it}}{Payroll_{it}} = \alpha_0 + \beta_1 Multinational_i + \beta_2 Post_t + \beta_3 Multinational_i \times Post_t + \beta_4 X_{it} + \mu_i + e_{it}$$

其中，Y_{it} 表示公司 i 在 t 年的纳税金额，$Payroll_{it}$ 为员工工资，其余变量与之前计量模型的定义一致。

（三）数据与指标

本文使用的数据来自智利税务部门和海关部门的微观行政数据以及对税务咨询专家的深入访谈。最终使用的样本为销售额超过 100 000 智利 UF，且存在进出口或与外国公司交易的跨国公司，其中，跨国公司的定义为在国外有子公司的公司。

三、实 证 结 果

（一）跨国公司的利润转移、进出口和纳税行为

表 1 的结果显示子公司所在国税率下降时，母子公司之间的关联交易增加，跨国公司存在利用海外子公司利润转移的可能。与非子公司之间的关联交易则不显著。表 2 进一步报告了智利反国际避税政策对跨国公司利润转移活动的影响，此时政策的交互项并不显著，意味着改革没有影响跨国公司的利润转移活动。

表 1　　　　　　　　　国际收支对目的地国税率变化的敏感性

	(1) All	(2) Royalties	(3) Services	(4) Interests	(5) Other
Panel A：Up to 2013					
Tax rate x affiliate	− 0.055 *** (0.012)	− 0.028 *** (0.008)	− 0.029 *** (0.009)	− 0.009 ** (0.004)	− 0.005 (0.003)
Tax rate	0.011 (0.014)	− 0.006 (0.009)	0.016 (0.013)	0.004 (0.006)	− 0.005 (0.005)

续表

	(1) All	(2) Royalties	(3) Services	(4) Interests	(5) Other
Panel A: Up to 2013					
Observations	45 248	45 248	45 248	45 248	45 248
Adjusted – R^2	0.388	0.339	0.358	0.376	0.261
Panel B: Up to 2014					
Tax rate x affiliate	− 0.051 *** (0.011)	− 0.027 *** (0.007)	− 0.027 *** (0.009)	− 0.009 ** (0.004)	− 0.005 (0.003)
Tax rate	0.015 (0.014)	− 0.014 (0.009)	0.034 *** (0.013)	0.003 (0.005)	− 0.009 * (0.005)
Observations	51 712	51 712	51 712	51 712	51 712
Adjusted – R^2	0.375	0.334	0.351	0.355	0.238
Panel C: Up to 2015					
Tax rate x affiliate	− 0.051 *** (0.011)	− 0.027 *** (0.007)	− 0.027 *** (0.009)	− 0.010 ** (0.004)	− 0.005 * (0.003)
Tax rate	0.022 (0.014)	− 0.008 (0.009)	0.037 *** (0.013)	0.003 (0.005)	− 0.009 * (0.005)
Observations	58 176	58 176	58 176	58 176	58 176
Adjusted – R^2	0.366	0.330	0.347	0.341	0.228
Log（GDPpc）in destination country	Yes	Yes	Yes	Yes	Yes
Firm FE × year	Yes	Yes	Yes	Yes	Yes
Firm FE × affiliate dummy	Yes	Yes	Yes	Yes	Yes
Firm FE × destination country	Yes	Yes	Yes	Yes	Yes
Destination country FE	Yes	Yes	Yes	Yes	Yes
Number of firms	1 206	1 206	1 206	1 206	1 206
Pre-treatment average countries per firm	2.68	2.68	2.68	2.68	2.68
Mean outcome in 2009	2.178	0.821	1.283	0.238	0.220

表 2	改革对国际收支对目的地国税率变化的敏感性的影响				
	(1) All	(2) Royalties	(3) Services	(4) Interests	(5) Others
Panel A：Up to 2013					
Tax rate × affiliate × post	− 0. 013 (0. 010)	− 0. 011 * (0. 007)	− 0. 004 (0. 008)	− 0. 001 (0. 004)	− 0. 004 (0. 004)
Tax rate × affiliate	− 0. 049 *** (0. 013)	− 0. 022 *** (0. 008)	− 0. 028 *** (0. 010)	− 0. 009 * (0. 005)	− 0. 003 (0. 003)
Observations	45 248	45 248	45 248	45 248	45 248
Adjusted − R^2	0. 266	0. 189	0. 224	0. 285	0. 186

表 3 分析了反国际避税政策对跨国公司进出口行为的影响，发现回归系数均不显著，意味着改革后跨国公司进出口单价没有变化。图 1、图 2 利用比较了跨国公司和国内公司的纳税额、国内销售额情况，可以看出，在改革前后两者的纳税额和国内销售额并没有显著变化。

表 3	对进出口单价的影响（双重差分估计）					
	Imports			Exports		
	(1) 80% to 120%	(2) 90% to 110%	(3) 95% to 105%	(4) 80% to 120%	(5) 90% to 110%	(6) 95% to 105%
Panel A：Up to 2013						
Post × multinational	− 0. 013 (0. 017)	0. 010 (0. 020)	0. 012 (0. 026)	− 0. 006 (0. 039)	0. 012 (0. 049)	0. 036 (0. 048)
Observations	999 485	948 294	891 709	92 817	83 927	67 822
Adjusted − R^2	0. 664	0. 663	0. 658	0. 806	0. 807	0. 781

（二）跨国公司的税务咨询情况

本文在 2014 年对部分的智利税务咨询专家进行面对面采访，在 2021 年又对更多的税务咨询专家进行了视频采访。访谈内容均表明，在智利反国际避税政策实施后税务咨询的需求明显增加。数据也显示改革导致智利四大税务咨询公司的专家雇佣数量从 8 名增加到 95 名，增加了 12 倍。

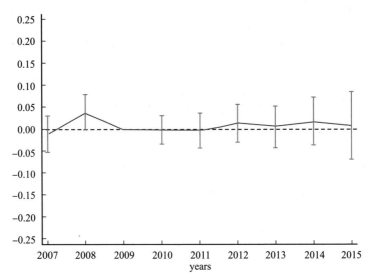

图 1 改革对企业所得税的影响（跨国公司与国内公司的比较）

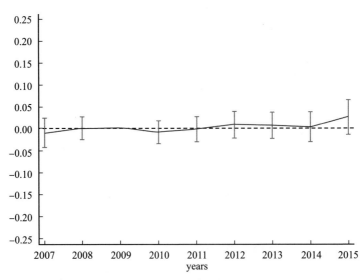

图 2 安慰剂结果：国内销售（跨国公司与国内公司的比较）

四、结　论

基于智利税务部门和海关部门丰富的行政数据，本文考察了智利反国际避税改革的有效性。出乎意料的是，反国际避税政策并未减少跨国公司的利润转移行为，具体有以下发现：（1）反国际避税政策对跨国公司的利润转移、进出口和纳税行为均不存在显著影响，充分说明该项改革未达到预期效果。（2）政策实施后税务咨询行业人数增加，意味着反国际避税政策的失效是跨国公司税务筹划需求增加导致的。

推 荐 理 由

跨国企业避税问题一直是国际税收治理面临的重要挑战，已有多篇文献考察了国际税收政策对跨国公司利润转移的影响。之前文献受限于数据，仅能通过母公司实际税率或子公司实际税率考察政策效应。本文利用丰富的行政数据，细致地考察了反国际避税政策对母、子公司关联交易的影响，发现税收筹划会影响反国际避税政策的有效性，这为 OECD 等国家制定国际税收政策提供了新思路。

授鱼不如授渔：遗产继承的
财富不平等效应[*]

一、引　　言

2022 年《世界不平等报告》显示，全球 76% 的财富掌握在 10% 的人群中，财富的过度集中在所有不平等中表现尤为突出，如何缓解财富不平等已经成为亟待解决的重要问题。思考财富的来源，白手起家和遗产继承是两条主要的途径，它们对财富不平等的相对贡献程度决定了遗产税和劳动税调节不平等的能力大小。大量研究关注了初代的财富积累，探讨了对富人征税的问题，对于财富的代际转移问题却鲜有讨论。厘清遗产继承对财富不平等的影响，既可以了解财富不平等的成因，又可以为遗产税的制定提供一定的参考。基于此，文章分别从短期和长期的视角，尝试分析遗产继承对财富不平等的影响及作用机制。

首先，文章建立了一个理论框架分析遗产继承对财富不平等的短期效应和长期效应；其次，基于瑞典的人口行政数据，文章利用相同教育水平但失去父母时间不同的同龄人，巧妙构造了遗产继承时间的外生变化，实证考察遗产继承对财富不平等的短期影响和长期影响。研究发现，遗产继承在短期内减少了

* 推荐人：中南财经政法大学财政税务学院，何炳林。

推送日期：2022 年 9 月 16 日。

原文信息：Nekoei A. , Seim D. How Do Inheritances Shape Wealth Inequality? Theory and Evidence from Sweden [J]. *The Review of Economic Studies*，2022.

财富不平等，在长期内却加剧了财富不平等。其中普通继承人（财富排名低于95%的继承人），他们的遗产会在10年内耗尽，而富有继承人（财富排名高于5%的继承人）的遗产却完好无损。探究其机制，对于所有继承人来说，遗产的13%～16%会被用于消费，不同继承人的消费金额不存在显著差异，但遗产回报率的不同导致其消费习惯有所区别。对普通继承人而言，他们接收的遗产多为现金，并直接用于消费，而对于富有继承人，他们接收的遗产更多是股票或者房屋，遗产的收益率较高，可以使用遗产的投资回报进行消费，不需要消耗遗产本金。

相较于已有文献，文章不仅证明了继承遗产在短期内减少了财富不平等，还通过理论框架阐明了为什么继承会减少财富不平等，并对不同机制的重要性做出定量预测。同时文章还进一步发现遗产继承短期能够缩小财富不平等，但长期反而会扩大不平等。有趣的是，这种财富不平等逆转不是由于消费行为或劳动力供给的不同，而是遗产回报率的差异所导致的。

二、研 究 设 计

（一）基本背景

瑞典继承法规定，个人去世后，其在世配偶获得全部遗产，若配偶离世，遗产分配给直系后代，无后代则由更远的亲戚继承。文章将父亲或母亲之一去世的个体纳入分析，因为数据显示父亲或母亲去世后有大量遗产转移给后代。

（二）实验设计

首先，文章研究继承人对继承遗产的反应以及这些反应如何影响继承财富的演变。在此基础上，进一步研究了遗产继承对继承人财富不平等的短期影响和长期影响，并分析继承财富引起的行为变化。

$$\Delta A_t = \underbrace{p_t \cdot \Delta q_t}_{\text{Quantity changes : Savings } S_t} + \underbrace{\Delta p_t \cdot q_{t-1}}_{\text{Price changes : Capital gains } G_t} \tag{1}$$

A_t 表示个体的财富，p_t 是资产的价值，q_t 是资产的数量。个人的效用为：

$$v_t(y_t,\ w_t) = \max_{C_t, Z_t} u_t(C_t,\ Z_t/w_t)$$

y_t 是非劳动收入，w_t 是工资，C_t 是消费，Z_t 是劳动收入。考虑到遗产 I' 的效用后，个人的总效用为

$$\max_{\{q_t\}, I'} \sum \beta^t v_t(y_t, w_t) + U_h(I')$$

其中，β 表示折旧。非劳动收入 y_t 计算方式如下：

$$y_t = \underbrace{r_t \cdot q_t}_{\text{Capital income } R_t} - \underbrace{p_t \cdot \Delta q_t}_{\text{Savings } S_t} \tag{2}$$

其中，r_t 表示资产的利率，令 $\bar{y}_T = \dfrac{1}{T} \sum_{t \le T} y_T$ 表示前 T 个时期的平均非劳动收入。使用式（1）、式（2）和预算约束可以将遗产继承对非劳动收入的影响机制分解为两个方面：

$$\underbrace{\frac{1}{T}\frac{\partial(A_0 - A_T)}{\partial I}}_{\text{Average depletion}} + \underbrace{\frac{\partial \bar{R}_T}{\partial I} + \frac{\partial \bar{G}_T}{\partial I}}_{\text{Average return}} = \frac{\partial \bar{y}_T}{\partial I} = \underbrace{\frac{\partial \bar{G}_T}{\partial I}}_{\text{MPC}} + \underbrace{\frac{-\partial \bar{Z}_T}{\partial I}}_{\text{MPE}} \tag{3}$$

$$\underbrace{}_{\text{Financing}} \qquad\qquad \underbrace{}_{\text{Expenditure}}$$

根据收入端，$\dfrac{\partial \bar{y}_T}{\partial I}$ 可以分为消耗的本金加上财富继承的额外回报。在消费端，$\dfrac{\partial \bar{y}_T}{\partial I}$ 可以分为用于商品的消费（MPC）和休闲（MPE）。其中，用于商品的消费（MPC）和用于休闲（MPE）的消费分别等于：

$$\underbrace{\frac{\partial C_t}{\partial I}}_{\text{Dynamic MPC}} = \underbrace{\frac{\partial C_t}{\partial y_t}}_{\text{Static MPC}} \times \underbrace{\frac{\partial y_t}{\partial I}}_{\text{MAR}} \tag{4}$$

$$\underbrace{\frac{\partial Z_t}{\partial I}}_{\text{Dynamic MPC}} = \underbrace{\frac{\partial Z_t}{\partial y_t}}_{\text{Static MPE}} \times \underbrace{\frac{\partial y_t}{\partial I}}_{\text{MAR}} \tag{5}$$

1. 短期效应

$\bar{A}$ 和 $\underline{A}$ 分别表示在社会财富排名为 θ 的继承人和 $1 - \theta$ 的继承人在遗产继承前的平均财富水平。$\bar{I}_p$ 和 $\underline{I}_p$ 表示两类继承人收到的平均遗产。α 表示继承人

父母的财富排名，如果在继承财富后 $\alpha = \theta$，说明处于完全的代际流动，财富不平等没有变化。在继承遗产前，继承人的财富排名为 $S^W \equiv \dfrac{\theta \bar{A}}{\theta \bar{A} + (1-\theta)\underline{A}}$，他们收到的遗产排名为 $S^I \equiv \dfrac{\theta \bar{I}_p}{\theta \bar{I}_p + (1-\theta)\underline{I}_p}$。当且仅当公式（6）满足时，继承遗产会降低继承者的财富排名。

$$(1-\theta)\underbrace{(S^W - \theta)}_{\substack{wealth \\ inequality}} > \underbrace{(\alpha - \theta)}_{\substack{intergener. \\ immobility}} \underbrace{(S^I - \theta)}_{\substack{inheritance \\ inequality}} \tag{6}$$

2. 长期效应

继承遗产的长期效应既取决于最初的短期效应，也取决于继承后财富的演变。现在假设继承前的财富不随时间增长，即 $A_t = A_0$。为了理解长期财富不平等的继承效应，只需要比较在 t 时剩余的遗产 $A_0 + I \times \dfrac{\partial A_t}{\partial I}$ 和 A_0 的大小。具体的计算方法为，通过实证比较实验组和控制组在 t 时的财富 A_t 和 A_t^c，这两者分别代表 $A_t^c + I \times \dfrac{\partial A_t}{\partial I}$ 和 A_t^c 的值，这样就可以考虑遗产的长期效应。

（三）数据与指标

文章使用了涵盖瑞典全部人口的个体行政数据，研究对象为 1999～2015 年父母中的一个去世且 2014 年尚且存活的个人。

三、实证结果

（一）遗产财富的演变

图 1 显示了普通继承人财富的演变。从图 1（a）可以看出，在父母去世 1 年后，继承人的平均财富增加了大约 58 瑞典克朗（6 700 美元），但从第二期开始财富几乎是直线下降，图 1（b）使用不同方式计算财富占比结

论依然成立。普通继承者在继承财富的 7 年后已经耗尽一半的遗产，遗产占比资产的比例也从 10% 降至 2.5%。图 2 进一步分析了不同类型继承人的遗产财富变化趋势，对于普通继承人，他们的遗产会在 10 年内耗尽，但富有继承人的遗产却完好无损。

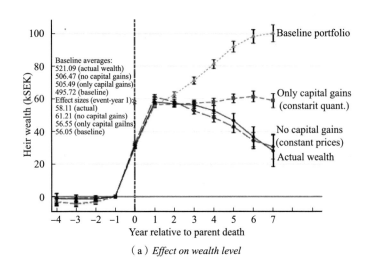

（a）*Effect on wealth level*

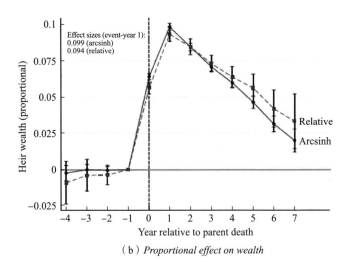

（b）*Proportional effect on wealth*

图 1 遗产对继承人财富的影响

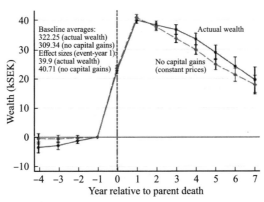

Heirs & Parents: Bottom 95%

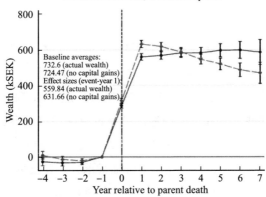

Heirs: Bottom 95%；*Parents*: Top 5%

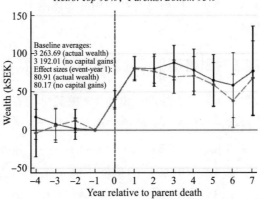

Heirs: Top 95%；*Parents*: Bottom 95%

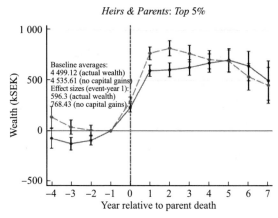

图2　继承人和父母财富的异质继承损耗率

（二）遗产财富演变差异的原因

　　为了进一步探究普通继承人和富有继承人的遗产财富演变差异，文章使用式（3）对不同类型的继承人遗产财富的分配和回报进行分析。研究发现，所有继承人在继承遗产后，遗产的 13% ~ 16% 会形成继承者的非劳动收入并用于消费。然而，那些富有继承人的遗产基本没有减少（每年减少 0.5%），而普通继承人遗产却在减少（每年减少 6%）。由于富有继承人获得的遗产中金融资产和房地产中占有更高的比例，而普通继承人主要获得现金，富有继承人的年平均回报率高于普通继承人，而且面临的负债较低。这意味着普通继承人主要使用遗产的本金用于消费，而富有继承人主要使用投资回报进行消费。在支出方面，普通继承人将更多的财富花在耐用品和休闲上，但总支出与富有继承人不存在显著差异。

（三）遗产继承对财富不平等的影响

　　短期效应。数据显示，23% 的遗产由前 1% 的父母拥有，68% 的遗产由前 10% 的父母拥有。在遗产分配时 6% 的遗产由前 1% 的继承人获得，25% 的遗产由前 10% 的继承人获得（见图3），图4 Panel B 报告了继承前后不同群体所占财富份额的变化，前 1%（10%）的份额下降了 1.65（2.78）个百分点，这说明遗产继承会缩小财富不平等效应，主要原因是位于财富分布较低位置的群体继承了更多的财产，而遗产税实际上略微增大了财富不平等效应。

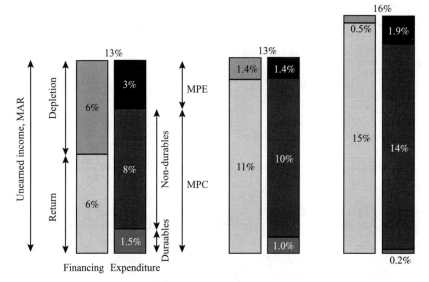

图3　不同类型继承人遗产财富的分配与回报

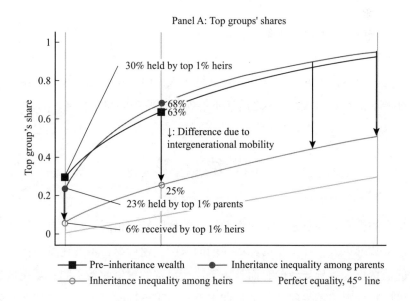

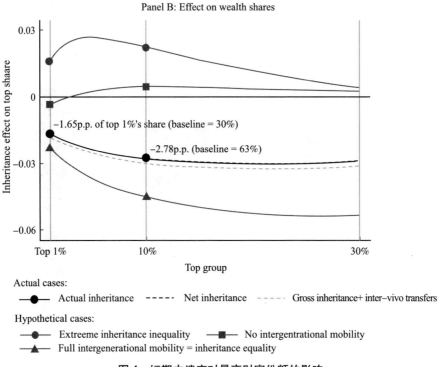

图 4　短期内遗产对最高财富份额的影响

　　长期效应。富有继承人的财富份额在短期内下降，但随着时间的推移会恢复。财富排名前 1% 的个体，财富排名在收到遗产后下降了大约一个百分点，但 7 年之后财富排名又得到恢复。普通继承人的财富份额也在短期下降，但恢复速度低于富有继承人，7 年之后还不能恢复至原来的财富排名。

四、结　　论

　　文章的核心关注点是父母死亡后财富的代际转移情况。与富有的继承人相比，大多数继承人会在十年内耗尽他们的遗产。遗产财富消耗速度不同不是继承人的消费行为差异导致的，而是源于遗产财富的投资收益不同。短期内遗产继承可以减少财富不平等，但从长期来看，由于不同类型继承人的遗产财富回报率不同，在消费行为相同的情况下，富有继承人可以使用遗产的投资收益而不是本金进行消费，在从而加剧了财富的不平等。

推 荐 理 由

　　财富不平等可以分解为两个来源：一是劳动收入、储蓄率或投资回报率的异质性导致的继承前财富不平等，这决定了劳动税对不平等的调节能力；二是遗赠财富的不平等，它反映了代际传递导致的财富不平等，这决定了遗产税对不平等的调节能力。文章关注遗产在塑造财富不平等方面的作用，并考察了遗产税的影响。不过，除了遗产外，父母生前的财富转让和关系网络、对子女的人力资本投资也是财富代际传递的一部分，未来可从以上角度考察对财富不平等的影响。

财富税何去何从？发展中国家
富人逃税的量化与征管[*]

一、引　言

  日益加剧的财富不平等对社会发展产生了深远的影响，引发了学术界和政策制定者对财富税制度的再次思考。迄今为止，学者们就美国等发达国家财富税的设计展开研究，对发展中国家财富税制度的探索却浅尝辄止。但是，财富税制度的讨论对发展中国家而言似乎更加重要：一方面，发展中国家饱受收入过低和财富不平等的影响，征收累进税可以改善社会福利；另一方面，发展中国家税收征管能力不足，富人容易利用避税天堂隐匿财富，这导致财富税制度在发展中国家往往难以付诸实践。因此，如何推动发展中国家的财富税制度改革引人深思。本文基于哥伦比亚丰富的微观数据，刻画了财富税逃税行为及其分布状况，并利用自愿披露计划和《巴拿马文件》泄露事件构造双重差分模型，分析征管激励和威胁感知如何影响财富税逃税行为。研究发现，离岸逃税是财富税征收过程中面临的重要威胁，随着财富水平的增加，纳税人逃税的可能性显著提高。位于财富分布顶端（前 0.01%）的纳税人逃税的可能性为 40.9%，是前 5% 纳税人逃税可能性的 55 倍。加强税收的征管激励和威胁感知有助于

---

  * 推荐人：中南财经政法大学财政税务学院，李文雅。

  推送日期：2022 年 11 月 4 日。

  原文信息：Juliana Londoño‑Vélez and Javier Ávila‑Mahecha. (2021) Enforcing Wealth Taxes in the Developing World：Quasi‑Experimental Evidence from Colombia ［J］. *American Economic Review*：Insights.

提升纳税人的税收遵从：从征管激励来看，自愿信息披露计划实施后披露者的财富申报水平增加了33.38%，净财富增加49.2%，政府的财富税税收收入和所得税税收收入大幅增加；从威胁感知来看，《巴拿马文件》泄露之后纳税人的外国资产申报增加了29.6%。

相较于以往研究，本文有以下几点边际贡献：一是刻画了财富税的逃税行为及其分布状况，通过考察纳税人面对税收征管威胁而产生的财富申报行为的转变，阐明了税收执法对发展中国家分配状况的影响。二是基于 A－S 逃税模型的理论框架，本文利用哥伦比亚财富税征管过程中的两次政策冲击，探究税收征管与纳税遵从之间的因果关系，补充了欧洲财富税的文献研究。三是本文所研究的哥伦比亚征管改革是基于跨境税务信息交换协议（TIEA）和自愿披露计划（VDP）下的税收实践，这也为评估打击全球避税天堂的有效性的文献作出贡献。

二、研究设计

（一）基本背景

为了打击财富税逃税行为，哥伦比亚在 2015～2017 年实施了一系列税收政策以鼓励民众申报资产，主要内容包括以下几点：一是要求纳税人在个人资产申报表中申报外国资产；二是实施自愿披露计划，对纳税人自愿披露自己以往隐匿的财富给予罚款减免的优惠，为鼓励纳税人尽早参与，2015～2017 年政府分别将罚款从10%增加到11.5%和13%；三是将逃税定为刑事犯罪。此外，2016 年 4 月，《巴拿马文件》的泄露导致许多纳税人的海外资产被披露。在此背景下，哥伦比亚政府要求《巴拿马文件》中涉及的纳税人提供离岸活动的相关文件，并与巴拿马签署了 TIEA。在政策激励与征管威胁的双重作用下，纳税人的财富申报行为发生转变，哥伦比亚成为研究发展中国家财富税改革的理想样本。

(二) 实验设计

1. 富人逃税行为的量化

首先，本文使用上述数据对哥伦比亚财富税逃税的分布情况进行描述性统计。总体而言，哥伦比亚 2015～2017 年的自愿披露计划有 12 000 余人参与，共披露了 15.76 亿美元的资产和虚假负债，相当于当地 GDP 的 1.73%。本文依据纳税人 2013 年纳税申报表中披露的金额对其财富等级进行排名，统计结果发现，随着纳税人财富等级的提升，其逃税的可能性不断增加。如 Panel A 所示，位于财富顶层（前 0.01%）的纳税人逃税的可能性为 40.9%（见图 1），是前 5% 纳税人逃税可能性的 55 倍。从隐匿财富的地区分布来看，财富税的逃税者承认有 87% 的资产隐匿于离岸避税天堂，如巴巴多斯、百慕大、开曼群岛等地区。从隐匿财富的资产组合来看，财富税的逃税者更愿意持有流动性较高的金融资产，如证券、信托等，而不愿意持有流动性较差的非金融资产，如房产、汽车等。

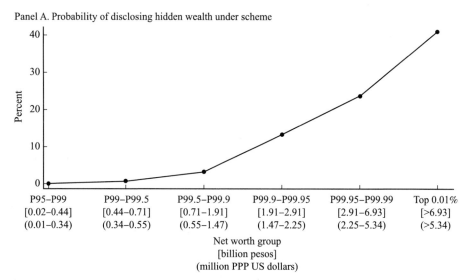

图 1 哥伦比亚财富税逃税的分布情况

2. 税收激励与财富逃税行为

基于哥伦比亚 2015～2017 年的自愿披露计划，本文构建了双重差分模型，研究税收激励如何影响纳税人的财富申报行为。模型设定如下式所示，$1(Post \times Discloser)$ 表示是否受到政策干预。表 1 展示了基准回归结果，第（1）列表示自愿披露计划对纳税人财富申报的影响，发现政策实施后披露者的财富申报水平增加了 33.38%，净财富增加 49.2%。除此之外，政府的财富税税收收入幅增加。

表 1　　披露计划下的税收优惠对向税务机关报告的财富和收入的影响

	Wealth		Income						Capital gains and other irregular income			
	Gross (1)	Net (2)	Foreign (3)	Dividend (4)	Interest (5)	Total gross (6)	Taxable (7)	Tax (8)	Gross (9)	Net (10)	Taxable (11)	Tax (12)
δ	0.288 (0.015)	0.400 (0.030)	1.010 (0.105)	0.061 (0.170)	0.416 (0.117)	0.132 (0.030)	0.132 (0.034)	0.329 (0.090)	0.069 (0.157)	0.322 (0.130)	0.339 (0.125)	0.339 (0.100)
Observations	314 706	314 706	138 004	138 004	314 706	314 706	314 706	314 706	314 706	314 706	314 706	314 706
R^2	0.66	0.572	0.614	0.753	0.629	0.686	0.547	0.641	0.264	0.246	0.246	0.242

接着本文使用事件研究法对政策前后纳税人的财富申报进行平行趋势检验，模型如下式所示。

$$asinh(y_{it}) = \alpha_i + \gamma_t + \delta \cdot 1(Post \times Discloser) + v_{it}$$

其中，$asinh(y_{it})$ 表示纳税人 i 在 t 年报告的结果 y 的反双曲正弦变换，α_i 表示个体固定效应，γ_t 表示年度固定效应，D_{it}^k 表示年份 t 和是否披露个人财富的交互项，V_{it} 表示随机扰动项。需要强调的是，β_k 表示相较于未披露者，披露者在 k 年（相较于 2014 年）报告结果的百分比变化。平行趋势检验结果如图 2 所示，政策实施前财富披露方和未披露方的差异趋近于 0，在统计上不显著，支持平行趋势检验（见图 3）。

Panel A. Wealth (assets minus debt) and assets

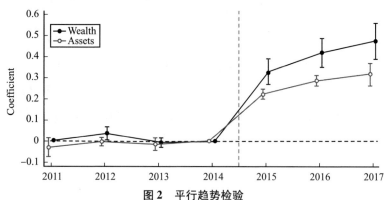

图 2　平行趋势检验

Panel B. Income: interst, foreign, total gross, and tax

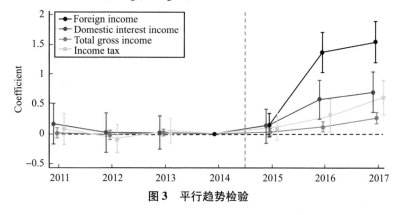

图 3　平行趋势检验

3. 威胁感知与财富逃税行为

本文利用 2016 年《巴拿马文件》泄露事件构建双重差分模型，研究纳税人的威胁感知如何影响其逃税行为。以纳税人是否在《巴拿马文件》名单中为标准，本文将其划分为处理组和对照组，图 4 刻画了 2015 年（泄露前）和 2016 年（泄露后）两组纳税人财富申报行为的变化，发现事件发生前处理组和控制组的纳税人申报概率相似，统计上不存在显著差异，事件发生后两组纳税人的申报行为发生巨大变化。

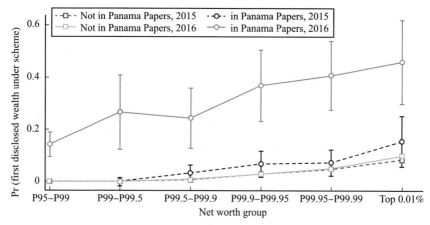

图 4　泄露事件前后纳税人财富申报行为的变化

双重差分模型设定如下式所示，α 是个体固定效应，$1(\ln Panama\ Papers)$ 和 $1(After\ Leak)$ 分别表示纳税人是否在《巴拿马文件》名单上和泄露时间前后，β 表示《巴拿马文件》泄露事件对纳税人纳税行为的影响程度，μ_{it} 是随机扰动项。表 2 展示了基准回归结果。第 1 列表示《巴拿马文件》名单上的纳税人首次披露隐藏资产和虚假负债的可能性增加了 27.4%，第 2 列表示纳税人的外国资产申报增加了 29.6%。总而言之，《巴拿马文件》泄露确实提高了纳税人的威胁感知，导致纳税人增加了财富申报。

$$y_{it} = \alpha + \gamma 1(\ln Panama\ Papers)_i + \lambda 1(After\ Leak)_t + \beta \cdot 1(DID)_{it} + \mu_{it},$$

表 2　　　　　　　　　巴拿马文件泄密对财富披露和税收的影响

	Dependent variable			
	1（Disclosed any） （1）	1（Disclosed foreign asset） （2）	asinh（Wealth tax） （3）	asinh（Wealth tax plus penalties） （4）
β	0.274 (0.027)	0.296 (0.025)	0.261 (0.043)	0.850 (0.088)
Control mean	0.0328	0.0192	15.221	15.315
Observations	118 966	118 966	118 966	118 966
R^2	0.015	0.023	0.001	0.004

（三）数据与指标

本文使用了两个来源的四类数据，包括基于哥伦比亚税务与海关局（DIAN）的个人所得税申报表（1993～2016 年）、个人财富纳税申报表（2015～2017 年）、外国资产个人信息申报表（2015～2017 年）和国际调查记者联合会（ICIJ）泄露的微观数据（主要是 2016 年的《巴拿马文件》泄露，信息包括离岸实体真正所有人的姓名和实体联系地址等）。

三、实证结果

本文基于哥伦比亚丰富的微观数据，刻画了财富逃税行为及其分布状况，并利用自愿披露计划和《巴拿马文件》泄露事件构造双重差分模型，分析征管激励和威胁感知如何影响财富税的逃税行为。研究发现，离岸逃税是财富税征收过程中面临的重要威胁，随着财富水平的增加，纳税人逃税的可能性显著提高。税收征管激励和征管威胁感知有助于提升纳税人的税收遵从水平。

推 荐 理 由

学者们对财富税的研究兴趣经久不衰，但由于个人的财富数据难以收集和难以找到有效的政策经验估计因果效应等问题，有关发展中国家的财富税研究相对迟缓。本文利用哥伦比亚的税收征管实践巧妙地排除了其他政策对纳税人税收遵从的干扰。然而，文章也存在一些不足，比如哥伦比亚财富税制度对发展中国家的可借鉴程度尚未得知，作者在实证研究过程缺少相应的稳健性检验与分析，对结论的支持力度不足。

地区税收冲击的多米诺骨牌效应：
来自美国零售连锁店的证据[*]

一、引　言

　　跨地区经营企业是经济活动的重要组成部门，其中，连锁零售店贡献了经济活动中70%的销售额和工薪税收入（美国人口统计局，2012），跨州经营的企业吸纳了68%的就业（Giroud and Rauh，2019）。与此相反的是，许多经济政策具有明显的区域属性，例如美国的税收政策是由各州自主决定的。一个重要的问题由此产生，区域性的经济冲击是否会影响连锁店的定价策略？对于这一问题，有两种截然不同的理论观点：一是差异定价理论，其认为连锁店企业会根据不同地区的供给状况制定不同的价格，受区域性经济冲击的影响较大；二是统一定价理论，其认为连锁店企业属于同一供应链，不同地区的连锁店零售价格差异会较小甚至为零，受区域性经济冲击的影响较小。

　　为了对上述理论观点进行验证，本文探讨了全国连锁的杂货店、大宗商品以及药品店的零售价格如何对区域性成本冲击做出反应。首先，本文构建了一个包含多市场的垄断厂商定价模型，考察在差异定价策略和统一定价策略的情形下区域性成本冲击对连锁店零售价格的影响。其次，本文利用美国不同类型

　　* 推荐人：中南财经政法大学财政税务学院，黄永颖。
　　推送日期：2022 年 10 月 21 日。
　　原文信息：Butters R. A.，Sacks D. W.，Seo B. How Do National Firms Respond to Local Cost Shocks?
[J]. *American Economic Review*，2022，112（5）：1737 – 1772.

的政策冲击对理论模型的结论进行验证：

（1）基于华盛顿提高啤酒税的政策冲击，研究发现受到改革直接影响的连锁店零售价格显著增加，价格转嫁程度为1.01。间接受到改革影响的连锁店零售价格没有变化（以下简称溢出效应），也没有证据支持受到改革影响越大的供应链零售价格反应越大。区域性成本冲击的价格转嫁程度与全国性成本冲击的价格转嫁程度较为接近。

（2）基于2006～2018年全国68个啤酒、烈酒、香烟和苏打水的消费税冲击，研究发现受到政策直接影响的连锁店零售价格转嫁程度为1.01，受到政策间接影响的连锁店零售价格没有发生显著变化，全国性成本冲击的价格转嫁程度介于1.08～1.16，略大于区域性成本冲击的价格转嫁程度。

（3）利用销售税改革、批发价格冲击、区域价格管制以及运输成本等替代性的区域性成本冲击进行研究，结论和消费税改革的发现基本一致，说明区域性成本冲击的类型不会改变研究结论。总体而言，实证发现直接受到区域性成本冲击影响的连锁店零售价格发生显著改变，但已有文献发现区域性需求冲击对零售价格影响很小甚至为零。本文从管理层忽视成本、隐性合谋、品牌声誉等角度对这一分歧提供了可能的解释。

相比于已有文献，本文具有以下三点边际贡献：一是丰富产业组织、公共经济学和行为经济学的多支文献。已有文献发现区域性需求冲击对零售价格没有太大的影响，本文则进一步从供应链的视角考察区域性成本冲击对零售价格的影响；二是丰富有关零售价格如何对税收政策做出反应的文献，尤其是估计消费税的税负转嫁的相关文献；三是考虑了经济主体非完全理性的情况下的税收归宿问题。

二、研　究　设　计

（一）基本背景

已有研究发现，同一商品在相同供应链的价格差异要明显小于不同供应链之间的价格差异，而且区域性需求冲击对当地市场价格的影响十分有限。基于此，本文构建了一个理论模型，进一步探讨区域性成本冲击如何影响连锁店的零售价格。假设一个经营 N 个市场的垄断厂商在单个市场中面临的商品需求为 $x_m(p_m)$，每个市场的需求仅取决于当地的商品价格 p_m，需求价格弹性为 $\varepsilon(p) = -(p/x)x'$，商品需求是凸性的，定义为 $\zeta(p) \equiv -p(x''/x')x'$，$x'$、$x''$ 分别是需求函数的一阶导和二阶导。每个市场商品的供给边际成本是恒定的，为 c_m。接下来，我们考虑两种情形。

1. 差异定价策略

垄断厂商对供应链采取差异定价策略，模型设定及最终推导如下：

$$\max_{p_1,\cdots,p_N} \sum_m [p_m - c_m] x_m(p_m)$$

$$p_m^* = \frac{\varepsilon_m}{\varepsilon_m - 1} c_m$$

$$\rho_{mn} \equiv \frac{dp_m}{dc_n} = \begin{cases} \dfrac{1}{2 - \zeta_n / \varepsilon_n} & \text{if } n = m \\ 0 & \text{otherwise} \end{cases}$$

由此，我们可以得到三个结论：（1）当地冲击对零售价格的影响取决于商品需求的凸性；（2）不存在跨市场的溢出效应；（3）在对成本影响程度相同的情况下，全国性成本冲击和区域性成本冲击的转嫁比例是一样的。

2. 统一定价策略

垄断厂商对供应链采取统一定价策略，模型设定及最终推导如下：

$$\max_{\bar{p}} \sum_m [\bar{p} - c_m] x_m(\bar{p})$$

$$\rho_{mn} = \bar{\rho}_n \equiv \frac{d\bar{p}}{dc_n} = \frac{s_n \varepsilon_n}{2 \sum_m s_m \varepsilon_m - \sum_m \left[\dfrac{\bar{p} - c_m}{\bar{p}}\right] s_m \varepsilon_m \zeta_m}$$

$$\bar{\rho}_n = \frac{s_n \varepsilon_n}{2\bar{\varepsilon} - \zeta}$$

由此，我们同样可以得到三个结论：（1）任何一个市场的成本冲击都会使得所有市场的价格发生变化，即存在溢出效应；（2）与差异定价策略情形相比，区域性成本冲击的价格转嫁要更小；（3）受到成本冲击影响程度越高的市场，价格转嫁越明显。

接下来，我们将利用不同类型的区域性成本冲击对理论进行验证。

（二）实验设计

1. 华盛顿州消费税改革的价格效应

华盛顿州在2010年6月1日将每加仑的啤酒消费税提高了0.5美元，约为啤酒价格的5%，增税的目的在一定程度上是为了弥补经济大衰退导致的预算缺口。在华盛顿州提高啤酒消费税的前9个月和后12个月，其他州均未对啤酒消费税进行变动，故可以将位于华盛顿州的连锁店定义为处理组，其他地区的连锁店定义为控制组。图1刻画了直接受影响的连锁店、间接受影响的连锁店以及未受到影响的连锁店零售价格变化，发现受到政策直接影响的连锁店零售价格显著上涨，其他三种类型的连锁店零售价格未发生明显变化，意味着不存在溢出效应。

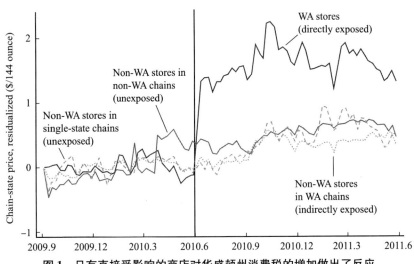

图1　只有直接受影响的商店对华盛顿州消费税的增加做出了反应

本文进一步利用如下式子估计价格转嫁程度，其中 c、s、t 分别代表供应链、州和星期，被解释变量是实际价格剔除连锁店给定商品价格均值后的残差。回归结果报告见表1，其中，受到政策直接影响的连锁店零售价格转嫁程度为 1.01，受到政策间接影响的连锁店零售价格没有发生显著变化。

$$\tilde{p}_{cst} = \rho^d \Delta\tau \cdot post_t \cdot direct_{cs} + \rho^i \Delta\tau \cdot post_t \cdot indirect_{cs} + \mu_{cs} + \theta_t + \epsilon_{cst}$$

表1   只有直接受影响的商店通过了华盛顿州的消费税增税措施

	Directly exposed (1)	Indirectly exposed (2)	Difference (3)
Pass-through	1.01 (0.19)	-0.14 (0.17)	1.14 (0.09)
Observations	28 758	28 758	28 758
Chains	76	76	76

Notes: This table reports the pass-through rate for Washington's beer tax increase, among directly and indirectly exposed stores, as well as the difference between them, based on equation (1). See notes to Table 2 for sample definitions; one chain is dropped because it consists of a singleton observation. Robust standard errors, clustered on chain, in parentheses.

为了考察受到政策影响强度差异，本文计算了每条供应链中受到政策直接影响的销售份额，并利用下式进行回归，结果如图2所示，发现无论是受到政策直接影响还是间接影响的连锁店零售价格对政策反应均不随着影响强度发生改变。

$$\tilde{p}_{jst} = \sum_{k \in C} (\rho_k^d \Delta\tau \cdot post_t \cdot direct_{cs} + \rho_k^i \Delta\tau \cdot post_t \cdot indirect_{cs}) \cdot$$
$$1\{chain_c = k\} + \mu_{cs} + \theta_t + \varepsilon_{cst}$$

2. 美国各州消费税改革的价格效应

本文进一步利用各州所有的消费税改革冲击评估区域性成本冲击对连锁店零售价格的影响，估计方程如下所示，其中，c、s、t 和 e 分别代表供应链、州、星期和特定的消费税改革事件，$\Delta\tau_e$ 是消费税税率提高幅度，采用堆叠DiD方法进行估计。图3报告了事件研究法的结果，同样发现只有受到政策直接影响的连锁店零售价格发生显著的上涨。回归估计表明，不同商品消费税率上涨的价格转嫁程度接近 1。

$$\widetilde{p}_{cste} = \rho^d \Delta \tau_e \cdot post_{te} \cdot direct_{cse} + \rho^i \Delta \tau_e \cdot post_{te} \cdot indirect_{cse}$$

$$+ \rho^{ii} \Delta \tau_e \cdot post_{te} \cdot indirect - in_{cse} + \mu_{cse} + \theta_{te} + \epsilon_{cste}$$

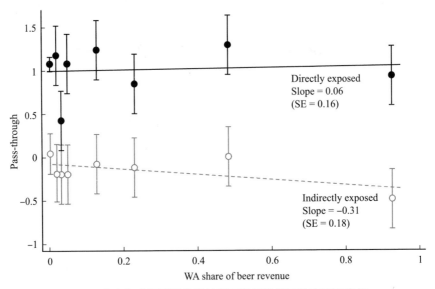

图 2　华盛顿啤酒税增收的转嫁不随风险敞口的变化而变化

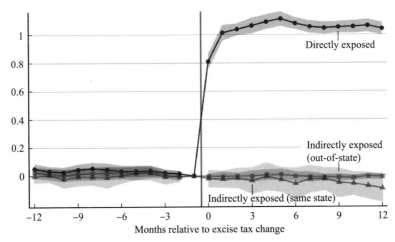

图 3　只有直接面对消费税变化的商店才会做出反应

为了考察全国性成本冲击对连锁店零售价格的影响，本文估计了联邦政府提高香烟税的改革，此项改革将单位香烟消费税从 0.39 美元提高到 1.01 美元，2009 年 2 月 4 日写入法律，2009 年 4 月 2 日开始实施，我们主要采用如下方程进行分析，$\Delta\tau$ 是税率调整负担，$interim_t$ 是政策写入法律但未实施的区间虚拟变量，$post_t$ 是政策实施后的样本区间虚拟变量，被解释变量是香烟的单位零售价格。如图 4 所示，香烟零售价格在改革实施之后显著上涨，而其他商品价格或者合成的香烟价格均没有发生明显改变，回归得到的价格转嫁比率介于 1.08 ~ 1.16，略大于区域性成本冲击的价格转嫁程度。由于消费税改革具有凸显性较高、为公众所熟知、区域性和持久性的特点，因此，本文还采用了销售税改革、批发价格冲击、区域价格管制以及运输成本等替代性的区域性成本冲击进行研究，结论和消费税改革的发现基本一致。

$$\widetilde{p}_t = \alpha + \rho^{interim}\Delta\tau \cdot interim_t + \rho\Delta\tau \cdot post_t + \epsilon_t$$

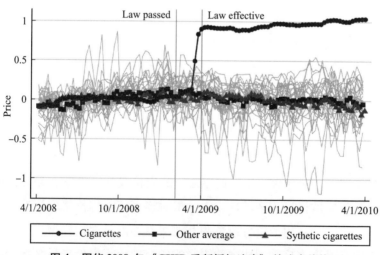

图 4　围绕 2009 年《CHIP 重新授权法案》的残余价格

（三）数据与指标

数据来源于 Nielsen 零售价格数据，包括连锁店—星期—供应链—产品类型四个维度的信息，时间为 2006 ~ 2018 年。这里需要指明的是，供应链的标识由母公司代码和连锁店标码组成，商品价格均进行标准化。

三、实 证 结 果

总体而言，实证发现直接受到成本冲击影响的连锁店零售价格显著增加且不存在溢出效应，但已有文献发现区域性需求冲击对零售价格影响很小甚至为零。针对这一结论差异，本文从管理层忽视成本、隐性合谋、品牌声誉等角度对理论和实证的分歧提供了可能的解释：（1）管理层忽视成本。相比于消费者需求的变动，管理层更容易观察和控制供给成本的变动，因此区域性成本冲击会导致零售价格发生显著变化。（2）隐性合谋。供应商之间可能存在某种形式的隐性合谋，尤其是互相竞争市场份额的连锁店，更有可能对供给成本冲击做出反应。（3）品牌声誉。出于公平的心理，消费者难以接受由于需求变化印制的价格上涨，却较容易接受由于供给成本变化引致的价格上涨。因此，企业更不可能在面临需求冲击时调整价格，避免品牌声誉的损害。当然，本文在理论模型提出的两种定价策略未能完全解释所有的实证结果，在未来有待于改进。

四、结　　　论

本文构建了一个包含多市场的垄断厂商定价模型，考察在差异定价策略和统一定价策略的情形下区域性成本冲击对连锁店零售价格的影响。在此基础上，本文进一步利用消费税改革和其他成本冲击对理论模型进行检验。总体而言，实证发现直接受到成本冲击影响的连锁店零售价格显著增加，但不存在溢出效应，区域性成本冲击的价格转嫁程度与全国性区域成本冲击的价格转嫁程度基本一致。针对区域性成本冲击和需求冲击得到的结论分歧，本文从管理层忽视成本、隐性合谋、品牌声誉等角度对理论和实证的分歧提供了可能的解释。

推 荐 理 由

目前有关税收政策的研究主要是直接分析对企业行为的经济影响，一方面忽略税收政策效应的空间溢出效应，另一方面忽略企业组织形式对税收政策效应的影响。本文从供应链的视角考察美国消费税改革、批发价格冲击、价格管制政策以及运输成本对连锁店零售价格的影响，对上述两个方面的问题作了重要补充。中国的许多经济政策同样具有明显的区域性，企业跨地区经营活动日益频繁，在要素统一大市场的背景下从地理视角考察区域性政策对企业行为的影响同样具有重要的现实意义。

Ⅳ 发展经济学

一叶障目：移民与再分配[*]

一、引　言

移民问题一直是欧美国家大选中的一个竞选焦点，也是围绕英国脱欧的一个关键辩论主题。许多国家在如何设计移民政策和福利制度方面都经历了不断加剧的社会和政治冲突。由此衍生出两个重要问题：公民对移民的感知和他们对再分配政策的支持之间有什么联系？公民对本国移民的感知是否准确？

本文通过对来自六个国家约 2.4 万名受访者进行在线调查，收集了他们对移民的态度并分析其与受访者对再分配政策支持力度的关系。调查内容涉及受访者的社会经济背景，对移民的数量、出生地和宗教、受教育水平、就业状态、贫困程度和对再分配政策的依赖程度等方面的看法，还询问了受访者对再分配政策支持情况。研究发现，受访者对移民特征有着明显的误解，高估了本国的移民比例，并认为移民在文化上与他们相距甚远，经济能力更加脆弱。进一步分析发现，这些误解是由受访者所在地区的移民实际数量、特征及其与非移民之间的差异所导致的，受访者根据非移民的特征推测移民的特征，而且倾向于夸大两者之间的差异。关于移民感知与再分配关系的研究发现，提前让受访者考虑移民问题会显著降低他们对再分配政策的支持力度，一个很重要的原

---

   * 推荐人：中南财经政法大学财政税务学院，盛倩。

推送日期：2023 年 2 月 10 日。

原文信息：Alberto A., Armando M., Stefanie S. Immigration and Redistribution [J]. *The Review of Economic Studies*，2022：1 – 39.

因是受访者认为移民的受教育程度低、失业率和贫困率更高，因此更加依赖福利制度，存在"搭便车"行为，田野实验也证实了这一结论。

　　本文存在以下三点边际贡献：（1）提供了全新、详细和标准化的移民国际调查，收集了受访者对移民群体、移民政策以及再分配政策的感知和态度；（2）对移民特征感知的调查更为全面，包括移民的数量、文化和经济特征，有助于理解偏见背后的本质；（3）利用田野实验识别对移民的感知与对再分配政策支持力度之间的因果关系。

二、调 查 数 据

　　本文于 2018 年 1~3 月在德国、法国、意大利、瑞典、英国和美国六个国家进行了大规模调查，共有 22 506 名受访者。调查收集了受访者的性别、年龄、收入、教育程度、就业状况、政治倾向等社会经济背景信息（见表 1）。"移民模板"询问了受访者对移民比例、来源国、宗教信仰、失业率、教育程度、贫困率以及移民政策的感知。"再分配模板"询问了受访者对再分配政策的看法，包括如何对不同收入群体征税、如何分配固定的预算支出以及对慈善捐赠的意愿。

表 1　　　　　　　　　　　　　　　　样本特征

	US		UK		France		Italy		Germany		Sweden	
	Sample (1)	Pop (2)	Sample (3)	Pop (4)	Sample (5)	Pop (6)	Sample (7)	Pop (8)	Sample (9)	Pop (10)	Sample (11)	Pop (12)
Male	0.48	0.49	0.48	0.48	0.49	0.49	0.50	0.50	0.50	0.49	0.50	0.50
18~29 y. o.	0.24	0.24	0.24	0.26	0.23	0.23	0.19	0.19	0.23	0.22	0.22	0.24
30~39 y. o.	0.19	0.20	0.18	0.19	0.19	0.20	0.22	0.22	0.17	0.18	0.19	0.19
40~49 y. o.	0.19	0.19	0.22	0.21	0.22	0.21	0.24	0.23	0.20	0.20	0.20	0.21
50~59 y. o.	0.21	0.20	0.19	0.18	0.20	0.20	0.19	0.19	0.23	0.23	0.19	0.18
60~69 y. o.	0.18	0.17	0.17	0.16	0.16	0.15	0.16	0.17	0.16	0.17	0.19	0.18

	US		UK		France		Italy		Germany		Sweden	
	Sample (1)	Pop (2)	Sample (3)	Pop (4)	Sample (5)	Pop (6)	Sample (7)	Pop (8)	Sample (9)	Pop (10)	Sample (11)	Pop (12)
Income bracket 1	0.16	0.16	0.30	0.31	0.30	0.32	0.28	0.27	0.25	0.26	0.33	0.33
Income bracket 2	0.19	0.19	0.35	0.35	0.31	0.30	0.29	0.28	0.29	0.29	0.28	0.29
Income bracket 3	0.22	0.22	0.12	0.11	0.14	0.14	0.20	0.19	0.23	0.23	0.22	0.22
Income bracket 4	0.43	0.43	0.24	0.23	0.25	0.24	0.23	0.26	0.22	0.22	0.17	0.17
Married	0.51	0.49	0.52	0.41	0.42	0.46	0.58	0.46	0.47	0.46	0.34	0.33
Employed	0.60	0.70	0.68	0.74	0.64	0.65	0.65	0.57	0.65	0.75	0.72	0.77
Unemployed	0.08	0.05	0.04	0.05	0.10	0.09	0.11	0.11	0.04	0.04	0.04	0.05
College	0.51	0.41	0.37	0.36	0.50	0.31	0.36	0.16	0.27	0.25	0.43	0.36

三、对移民的感知与误解

（一）对移民比例、来源地、经济特征的误解

受访者对移民存在明显的误解，而且对移民的误解高于对非移民的误解。在所有国家中，受访者都显著高估了本国移民的比例，认为移民主要来自非西方国家，高估了穆斯林移民比例，低估了基督教移民比例。同样地，受访者都明显低估了移民的经济状况，认为移民的失业率、贫困率更高、受教育程度更低，移民贫穷的根本原因在于缺乏努力。有相当大比例的受访者认为，移民从政府转移支付中受益更多，原因是他们认为移民更受福利制度的偏袒，存在"搭便车"行为。

（二）对移民政策的态度

不同国家的受访者对移民的态度各不相同。美国受访者认为，移民一旦成为美国公民就是"真正的美国人"，应该较快地获得公民身份。美国受访者也更倾向认为移民不是问题，政府应该平等地关心每一个人。相比之下，在法

国、意大利、德国和英国的受访者对移民政策的支持率更低，他们不太能够允许移民很快地申请到公民身份，成为真正的本国公民。

四、对移民误解的来源

（一）混淆不同类型的移民群体

首先，受访者可能会错误地将非法移民计算在内。估计结果显示，美国无证移民的比例约为 3.5%，欧洲国家的这一比例普遍小于 0.5%，影响较为有限。其次，受访者可能将第一代移民与第二代移民，甚至更高代的移民以及少数民族混为一谈。结果发现，除了瑞典以外，增加第二代移民的比例并不足以缩小感知和事实之间的差距，这表明混淆不同类型的移民群体不是误解产生的主要原因。

（二）地区特征对移民误解的影响

对移民误解的一个可能来源是接触某一特定现象较多的人可能夸大该现象的实际频率和普遍程度。数据表明，对全国移民比例的误解与当地移民比例呈正相关，在日常生活中更容易接触到移民的受访者，更倾向于夸大移民的比例。受访者感知的移民文化和经济特征与其所在国家和地区的移民真实特征也呈现显著正相关（表2 Panel A）。另外，表2 还显示，受访者将非移民的特征作为"锚点"，从非移民的特征推断移民的特征，过度强调两者之间的差异。比如，在非移民失业率较高的地区或国家，受访者也往往认为移民的失业人数较多。

（三）媒体报道的作用

如果移民和移民的某些特征在新闻报道中非常突出，人们可能会高估移民的比例和这些特征的实际存在程度。结果表明，媒体对移民的报道可能不会夸大受访者对移民数量的误解，但可能会突出移民的文化多样性。有关再分配政策相关的移民报道与受访者感知的移民比例、较差的经济状况呈正相关，这类报道还可能减少受访者对移民"搭便车"的看法。

表2　地区和国家层面移民和非移民的感知特征和真实特征之间的联系

Panel A: Correlation of perceived immigrants' characteristics with actual immigrants' characteristics

	Share of immigrants (1)	Imm. from Latin America (2)	Imm. from Africa (3)	Imm. from Asia (4)	Imm. from Europe (5)	Unemployment imm. (6)	No high school imm. (7)	College-educated imm. (8)	Poverty imm. (9)	Muslim imm. (10)
Local correlation	0.203 *** (0.0453)	0.0859 *** (0.0303)	0.155 *** (0.0566)	0.139 *** (0.0295)	0.155 *** (0.0280)	0.585 *** (0.147)	0.0718 (0.0545)	0.0600 (0.0457)		
National correlation	−0.517 *** (0.118)	0.478 *** (0.0146)	0.517 *** (0.0171)	0.376 *** (0.0207)	0.268 *** (0.0146)	1.054 *** (0.0743)	0.725 *** (0.0327)	0.324 *** (0.0225)	0.333 *** (0.0502)	0.786 *** (0.0236)

Panel B: Correlation of perceived immigrants' characteristics with actual non-immigrants' characteristics

	Unemployment Imm. (1)	No High School Imm. (2)	College-educated Imm. (3)	Poverty Imm. (4)
Local correlation	0.896 *** (0.132)	0.110 (0.0858)	0.0974 ** (0.0418)	0.440 *** (0.0711)
National correlation	1.503 *** (0.142)	0.486 *** (0.0403)	0.640 *** (0.0351)	0.0376 (0.132)

续表

	Share of immigrants (1)	Imm. from Latin America (2)	Imm. from Africa (3)	Imm. from Asia (4)	Imm. from Europe (5)	Unemployment imm. (6)	No high school imm. (7)	College-educated imm. (8)	Poverty imm. (9)	Muslim imm. (10)
Panel C: Correlation of perceived immigrants' characteristics with actual immigrants-non-immigrants differences										
Local correlation	−0.468 *** (0.142)	0.0354 (0.0660)	−0.0413 (0.0433)							
National correlation	1.287 *** (0.106)	0.768 *** (0.0443)	0.256 *** (0.0477)	0.438 *** (0.0582)						
Panel D: Correlation of perceived non-immigrants' characteristics with actual non-immigrants' characteristics										
Local correlation	0.782 *** (0.104)	0.232 *** (0.0821)	0.0692 * (0.0419)	0.350 *** (0.0614)						
National correlation	1.941 *** (0.112)	0.535 *** (0.0386)	0.160 *** (0.0384)	−0.462 *** (0.113)						

五、对移民的感知与再分配政策的关系

（一）让受访者事前考虑移民问题

本文将受访者看到"再分配模块"与"移民模块"的顺序随机化，由此检验让受访者事前关注移民问题是否会影响他们对再分配问题的回答。结果表明，移民问题的人更反对再分配政策，具体表现为他们偏好累进性较低的所得税制度和更少的社会保障和医疗预算支出（见表3）。他们还认为不平等不是一个严重的问题，减少了向慈善机构的捐赠。

表3　　　　　　　　　　　　　　对再分配政策支持的影响

	Tax top 1 （1）	Tax bottom 50 （2）	Social budget （3）	Education budget （4）	Inequality serious problem （5）	Donation above median （6）
Order/salience T	− 1. 948 （0. 416）	0. 914 *** （0. 276）	− 0. 543 ** （0. 238）	0. 439 ** （0. 175）	− 0. 0280 ** （0. 0132）	− 0. 0479 ** （0. 0138）
T：share of immigrants	− 0. 627 （0. 419）	0. 0449 （0. 278）	− 0. 479 （0. 233）	0. 188 （0. 172）	− 0. 00590 （0. 0133）	− 0. 0165 （0. 0140）
T：origin of immigrants	− 0. 0662 （0. 425）	0. 0322 （0. 284）	− 0. 465 * （0. 239）	0. 164 （0. 173）	0. 00626 （0. 0132）	0. 00208 （0. 0140）
T：hard work	0. 0772 （0. 422）	− 0. 212 （0. 279）	− 0. 0944 （0. 235）	0. 333 ** （0. 170）	0. 0158 （0. 0132）	0. 00910 （0. 0139）
Observations	19 765	19 765	19 765	19 765	19 763	19 765
Control mean	37. 12	10. 94	29. 53	16. 00	0. 59	0. 47

（二）减少再分配政策支持的原因

为什么突出移民问题会降低受访者对再分配的支持？本文发现受访者反对

移民和再分配政策最重要的因素是他们认为移民是福利制度的"搭便车者"。较差的经济状况也是受访者反对移民和再分配政策的原因（见图1）。此外，移民与非移民的文化距离虽然与移民支持程度呈负相关，但与再分配支持程度呈正相关。

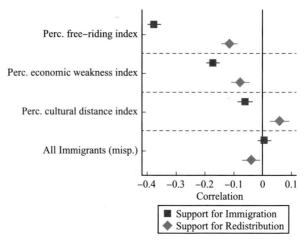

图1　是什么促使人们支持移民和再分配？

（三）对受访者进行信息干预

为了探讨如何改善受访者对移民和再分配政策的误解，研究通过提供三个不同的视频进行信息干预，分别向受访者展示本国移民的实际比例、移民实际来源地以及一个努力工作的女性移民故事。通过随机选择部分受访者观看其中任意一个视频，并分析受访者对移民的感知和对再分配政策的态度是否发生变化。研究发现，三个视频均可降低受访者对移民的误解，提供真实移民比例的视频总体上增加了受访者对移民的支持，努力工作的移民故事显著提高了受访者对移民的支持，而关于移民来源的视频作用则不明显。关于移民比例和来源的视频对再分配的支持具有负面影响且不显著，努力工作的移民故事对支持再分配的负面影响较小，甚至有一些积极影响（见表4、表5）。

表 4　　　　　　　　　　　　　　　　对认知的影响

	All immigrants (misp.) (1)	Accurate perception all immigrants (2)	M. East and N. Africa (misp.) (3)	N. America, W. and E. Europe (misp.) (4)	Muslim (misp.) (5)	Christian (misp.) (6)	Lack of effort reason poor (7)
T：share of immigrants	−4.864*** (0.411)	0.227*** (0.00691)	−0.248 (0.313)	0.173 (0.357)	0.00857 (0.419)	0.144 (0.397)	0.000297 (0.00921)
T：origin of immigrants	2.315*** (0.426)	0.00251 (0.00411)	−4.794*** (0.295)	1.827*** (0.356)	−1.829*** (0.405)	2.456*** (0.397)	−0.000234 (0.00925)
T：hard work	0.709* (0.409)	−0.00420 (0.00396)	−0.385 (0.308)	0.378 (0.352)	−0.869** (0.404)	0.796** (0.393)	−0.0535 (0.00899)
Observations	19 735	19 735	19 747	19 728	19 761	19 757	19 721
Control mean	17.02	0.04	12.60	−5.56	11.30	−23.98	0.36

表 5　　　　　　　　　　　　　　对移民支持率的影响

	Imm. not a problem (1)	Imm. benefits soon (2)	Imm. citizenship soon (3)	American upon citizenship/ before (4)	Govt. should care about everyone (5)	Imm support index (6)
T：share of immigrants	0.0242*** (0.00825)	0.00991 (0.00959)	0.0158* (0.00857)	0.00508 (0.00936)	−0.00395 (0.0359)	0.0364** (0.0181)
T：origin of immigrants	0.00527 (0.00822)	0.00360 (0.00961)	0.000649 (0.00863)	0.00448 (0.00937)	−0.00222 (0.0361)	0.00877 (0.0182)
T：hard work	0.0252*** (0.00829)	0.0202** (0.00957)	0.0133 (0.00857)	0.0171* (0.00934)	0.131*** (0.0359)	0.0708*** (0.0181)
Observations	19 727	19 749	19 745	19 742	19 754	19 765
Control mean	0.25	0.49	0.71	0.62	4.53	0.00

六、研究结论

本文通过跨国调查发现，受访者对移民存在强烈的偏见，不仅对移民数量和移民来源存在误解，而且认为移民的经济状况更差，更依赖福利制度。受访者通常会根据非移民的特征推断移民的特征，并倾向于夸大移民和非移民之间的差异。考虑移民问题会显著降低受访者对再分配政策的支持，其最主要原因在于受访者相信移民会利用福利制度"搭便车"。实验表明，对移民的感知和态度很难被完全改变，关于移民数量和来源的事实信息没有减少移民感知对再分配支持的负面效应，努力工作的移民故事在一定程度上能够缓解这一负面效应，但并不能完全抵消。

推 荐 理 由

　　移民问题是欧美国家重要的政治话题，也是福利制度和再分配政策设计要考虑的重要方面。本文通过随机实验设计，验证了非移民对移民的感知与其对再分配支持之间的因果关系，表明了非移民对移民的错误看法会降低他们对再分配政策的支持。虽然我国的流动人口问题与西方国家的移民问题存在很大差异，但是大规模的人口流动对流入地的公共服务和再分配政策同样提出了一些挑战。本文对于我们研究国内流动人口与再分配问题具有启示意义。

蝴蝶效应：供应链网络引致的"地震余波"[*]

一、引　言

在现代经济体中，商品和服务生产都是通过复杂的、环环相扣的供应链连接起来的。由于中间产品在生产过程中发挥着关键作用，政策制定者日益认识到破坏商品和服务的有序流动可能会产生巨大风险。越来越多的文献探讨了企业间的供应链联系是否会将微观经济冲击转化为宏观经济波动。尽管学术界和政府对此问题很感兴趣，但这方面的研究面临着巨大的识别挑战。具体来讲，识别企业面临的外部冲击并追踪其在经济体中的影响传播路径是比较困难的。

本文利用 2011 年的东日本大地震作为外生冲击，系统性地量化研究了企业供应链网络联系如何放大外部冲击的风险。基于一家大型私人信用报告机构编制的独特数据集，本文构建了样本企业的生产关系网络，并结合灾后损失的地理分布信息确定了直接遭受地震影响的企业。接着，本文利用这些数据信息，从生产关系网络的角度比较了受灾影响程度不同的企业销售增长率。研究结果发现，地震导致受灾供应商的企业销售增长率下降了 3.6 个百分点，受灾

　　* 推荐人：中南财经政法大学财政税务学院，王晗玥。
　　推送日期：2023 年 4 月 28 日。
　　原文信息：Vasco M. Carvalho, Makoto Nirei, Yukiko U. Saito, Alireza Tahbaz - Salehi, Supply Chain Disruptions: Evidence from the Great East Japan Earthquake ［J］. *The Quarterly Journal of Economics*, 2021, 136（5）: 1255 - 1321.

客户的企业销售增长率下降了 2.9 个百分点。进一步的研究表明，地震造成的破坏产生了显著的溢出效应，不仅影响灾区企业的直接交易企业，还对其客户的客户和供应商的供应商等企业造成负面影响。通过构建生产网络的一般均衡模型，本文进一步从理论上验证了生产网络联系在聚集和传播风险上的作用。

本文的边际贡献主要体现在三个方面：（1）证明了供应链网络确实会传播并放大经济冲击带来的风险；（2）进一步证明经济冲击的风险会沿着供应链传播，影响到那些有上下游间接联系的企业；（3）利用企业层面供应链网络联系的详细数据，研究供应链网络对经济风险的传播机制，并构建一般均衡模型对这种传播机制进行检验。

二、东日本大地震和数据

（一）东日本大地震

2011 年 3 月 11 日，日本东北海岸发生了 9.0 级地震。这是日本历史上最大的地震，也是 1900 年以来世界上第五大地震。这场地震给日本东北部的居民带来了三重影响：一是地震及其余震导致了大量的人员伤亡和建筑物的损毁；二是地震引发的海啸进一步席卷了日本东北部的沿岸城市；三是地震造成当时世界最大的福岛核电站泄漏，迫使当地近十万民众撤离。虽然地震主要对内陆地区造成损失，但受灾最严重的地区集中在遭受海啸的沿海地区。

不足为奇，这次地震对受灾地区的经济造成了显著负面影响。在 2011 年财政年度，四个主要受灾县的 GDP 增长率为 - 1.5%，而上一年这一数值为 0.7%。从受灾地区的经济规模来看，受灾的四个县约占日本总产出的 4.6%，地震最多可导致日本 GDP 增长下降 0.1 个百分点，然而日本实际 GDP 增长率从 2010 年的 2.6% 下降到 2011 年的 2.2%，其下降幅度是本该下降的四倍。简言之，尽管地震对日本东北部的经济产生了巨大影响，但地震本身并不能解释日本 GDP 增长率的大幅下滑。

（二）数据

本文的研究分析依赖于以下两方面数据：（1）企业每个财年向日本私人信用报告机构"Tokyo Shoko Research Ltd."（以下简称 TSR）提交的企业层面数据，包括销售情况、雇员人数以及该企业上下游企业名单。本文利用 2010 年TSR 数据集和 2009 年经济普查数据信息构建企业的供应商—客户生产网络关系。（2）结合地震后日本政府发布的三条法令、东京大学空间信息科学中心关于样本企业的经纬度信息和 TSR 数据集，本文匹配和识别出受灾企业的样本集合。

表 1 比较了灾区内外企业的震前特征，并报告了地震及其余波对灾区企业销售影响的估计结果。数据表明，在地震前一年，受灾地区企业的平均水平与全国其他地区企业的平均水平相当，且地震对灾区的企业经济产生了显著的负面影响。

表 1　　　　　　　　　　**灾区内外企业的震前特征**

	Disaster Area				Rest of Japan
	all firms	sorted by post-earthquake sales growth			
		bottom tercile	middle tercile	top tercile	
Log sales	11.39 (1.67)	11.37 (1.64)	11.48 (1.69)	11.31 (1.68)	11.54 (1.77)
Log No. employees	1.83 (1.27)	1.74 (1.24)	1.88 (1.35)	1.88 (1.22)	1.84 (1.31)
Age	27.41 (15.48)	27.94 (15.50)	27.87 (15.80)	26.41 (15.13)	29.00 (16.54)
No. of suppliers	4.56 (14.68)	4.17 (12.54)	4.59 (12.18)	4.92 (18.17)	5.21 (34.98)
No. of customers	4.56 (30.38)	3.02 (6.36)	4.77 (37.70)	5.82 (36.12)	5.17 (36.13)
Customers' log sales	14.84 (2.43)	14.88 (2.43)	15.32 (2.44)	14.35 (2.32)	14.61 (2.53)
Suppliers' log sales	14.63 (2.39)	14.76 (2.45)	14.63 (2.45)	14.52 (2.30)	14.87 (2.56)

三、地震冲击在供应链网络中的传播

（一）实证设计

表 1 的结果表明地震对灾区企业绩效产生了显著负面影响，但这一影响如何通过供应链传播至日本全国，造成远大于受灾地区本应有的 GDP 增长率下降程度呢？接下来，本文利用 2010 年的生产网络数据，首先将灾区企业的直接客户和供应商分别指定为"下游距离 1"和"上游距离 1"企业。如果一家企业在 2010 年被指定为至少一个下游距离为 1 的企业的客户，而这家企业本身不是上述的直接客户，那么将该企业指定为"下游距离 2"企业。使用类似的递归程序，本文识别出了地震前一年中与灾区企业上下游距离不同的企业集合。

其次，本文利用上述构建的生产网络距离测度信息，将控制组选取为在地震前与灾区企业上游距离或下游距离至少 5 的企业，估计了以下双重差分模型：

$$
\begin{aligned}
y_{ipst} = \gamma_i + \gamma_{pst} &+ \sum_{k=1}^{4} \sum_{\tau \neq 2011} \beta_{k,\tau}^{down} \times Downstream_i^{(k)} \times year_{\tau} \\
&+ \sum_{k=1}^{4} \sum_{\tau \neq 2011} \beta_{k,\tau}^{up} \times Upstream_i^{(k)} \times year_{\tau} \\
&+ \sum_{\tau \neq 2011} \delta_{\tau} \times X_{isp,2010} \times year_{\tau} + \varepsilon_{ispt},
\end{aligned} \tag{1}
$$

其中，y_{ipst} 是企业 i 在行业 s 和地区 p 在 t 年销售额的对数。$Downstream_i^{(k)}$ 和 $Upstream_i^{(k)}$ 是企业虚拟变量，分别表示企业 i 在 2010 年样本中是下游距离 k 和上游距离 k 的企业。$X_{isp,2010}$ 是地震前可观测的企业特征控制向量，包括年龄、员工数量、贸易伙伴数量以及距离灾区的距离。

（二）实证结果

回归方程中的关键回归系数 $\beta_{k,\tau}^{down}$ 和 $\beta_{k,\tau}^{up}$，分别衡量了处理组中位于不同上下游距离的企业在地震前后相对于控制组企业的销售增长率差异。回归结果如

图 1 所示，地震及其余波对灾区企业产生的负向影响会通过供应链网络进行传播，且传播强度随着到灾区企业网络距离的扩大而减小。其结果表明，与控制组企业相比，不同处理组企业在地震前一年的增长率没有显著差异。

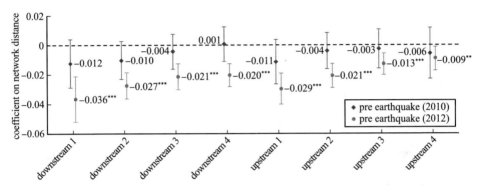

图 1　冲击在生产网络中的传播：基线规格

（三）稳健性检验

本文进行了一系列稳健性检验来验证基准回归结果的稳健性：首先，考虑到大多数伤亡是由海啸造成的，本文根据日本地理空间信息局提供的航空照片和卫星图像信息，将灾区重新定义为被海啸淹没的那些地区，然后重新利用模型（1）进行估计。其次，考虑到那些与灾区企业发生联系的样本企业更可能在灾区经营工厂，这会使得回归结果产生偏误，本文以单厂企业的子样本重新利用模型（1）进行估计。最后，考虑到电力供应中断对灾害冲击传播的影响，本文利用日本电网存在频率差（东京和日本东部其他地区以50Hz的频率运行，而日本西部的电力以60Hz的频率运行）的特点，对位于50～60Hz"频率前沿"以西的企业子样本重新利用模型（1）进行估计。三种稳健性检验的结果和基准回归结果中的符号和显著性相似，证明了基准结果是稳健的。

除此之外，本文还通过构建虚假的生产网络进行安慰剂检验，在保留所有企业身份和客户数量的前提下，均匀随机抽取一个生产网络，并利用由此产生的信息重新计算所有企业到灾区企业的上下游网络距离，回归结果显示虚假的生产网络系数不显著。

四、模型预测

本文根据 Long 和 Plosser（1983）以及 Acemoglu（2012）等的研究构建了生产网络的一般均衡模型，从理论上捕捉了供应链生产网络作为冲击效应传播媒介的作用。在该均衡模型中，企业的生产技术适用多层嵌套的不变替代弹性生产函数（CES），模型将企业所受冲击的传播程度描述为生产网络和替代弹性的函数。这一模型的构建不仅可以揭示供应链生产网络传播作用机制，还有助于利用所估计的替代弹性值量化预测对冲击造成的影响。结果显示，地震导致日本在灾后一年的实际 GDP 增长下降了 0.47 个百分点，而基于反事实经济的估计结果显示，地震将导致 GDP 增长下降 0.21 个百分点。这意味着供应链生产网络联系对灾区以外企业造成的溢出效应在放大地震冲击的经济影响中发挥了重要作用。

五、研究结论

本文利用日本大地震这一局部的外生冲击和企业间生产网络数据集，研究了供应链网络对冲击的传导和放大作用，证明企业间的供应链联系是一种重要的效应传导机制。研究发现，由于经济活动中存在广泛复杂的供应链网络，外生冲击带来的直接影响会扩散到更广泛的范围。更具体地，外部冲击不仅会影响与受灾企业直接关联的客户和供应商，还会沿着供应链间接影响更远的上下游企业。进一步的研究显示，当面临供应链中断时，单个企业无法找到合适的替代方案使自身完全免受冲击。从宏观层面来看，供应链网络联系是总体宏观经济波动的关键驱动因素。

推 荐 理 由

随着全球化进程推进，中间品贸易已经占据了当今全球贸易的 2/3。企业的生产依赖复杂且紧密联系的供应链网络关系，这种全球供应链网络的交织为估计贸易联系的影响提供了新的研究视角。对政策制定者而言，在了解到供应链网络会传导和放大冲击的经济影响后，如何在效率和安全之间设计最优生产供应链网络，保证其稳定性的同时不降低市场效率，是需要进一步努力的方向。对于学者而言，新冠疫情的封锁和开放带来的风险与收益，是否会随着供应链网络进行传播，进一步影响国家乃至全球经济增长率？这是一个值得思考和研究的重要问题。

大相径庭：基于异质性回报假设
对美国富人财富的新估计[*]

一、引　　言

　　收入与财富分配是经济学一个古老而重要的话题，在财富差距普遍存在的状况下，美国富人的财富水平究竟如何？回答这一问题需要一套精准度量财富的方法。传统上，财富的估计有两种假设：一是等回报假设，富人和穷人投入单位美元的收益相同；二是异质性回报假设，相较于穷人而言，富人投入单位美元的回报更高。等回报假设主张富人和穷人的投资回报速度相同，这与现实情况相悖，因此如果继续使用等回报假设，就会造成对富人财富水平的高估，因而要基于异质性回报假设来估计财富水平。那么，等回报假设与异质性回报假设估算得到的财富差异到底有多大？顶层收入群体的财富究竟占有美国社会财富总量的多少？为回答以上问题，本文基于美国富人的行政税收数据，用新方法来估计不同类型财富回报的异质性程度，以更好地解释当前财富差距过大的现象。

　　本文将居民个人不同来源的收入相匹配，并将个人财富划分为固定收入、来自"直通企业"（pass-through）的收入、来自"C型公司"的股权收益、养

　　* 推荐人：中南财经政法大学财政税务学院，贺天祥。

　　推送日期：2023 年 5 月 13 日。

　　原文信息：Smith M．，Zidar O．，Zwick E. Top Wealth in America：New Estimates under Heterogeneous Returns［J］. *The Quarterly Journal of Economics*，2023，138（1）：515 – 573.

老金财富和住房财富，结合现有研究的测算方法，准确估计了不同群体的财富水平。首先，在异质性回报假设下，来自"直通企业"的收入占财富总量的比重更大，固定收入占比更小；其次，在异质性回报假设下，固定收入的财富占比相对稳定，而在等回报假设下，估算出的固定收入占比大幅增加；最后，来自"直通企业"的收入（22%）和来自"C 型公司"的股权收益（53%）是富人财富的主要部分，而对于收入分布底端的 90% 人群来说，养老金财富和住房财富几乎是他们财富的全部。

相较于已有研究，本文的边际贡献在于：数据上，使用与个体收入相关的 32 亿条数据和"雇员—雇主"相匹配的数据来测算固定收入和来自"直通企业"的收入；测算方法上，使用风险暴露方法（risk-exposure approach）、行业特定估值倍数（industry-specific valuation multiples）、股息和已实现的资本收益（dividends and realized capital gains）、工资和养老金的年龄组合（age-group specific combination of wages and pension distributions）、各州的房产税率（property tax rates）变化来分别估计五种财富在不同群体之间的回报异质性程度。

二、财富类型及其度量

（一）固定收入

固定收入包括存款类投资（如银行存款、贷款、债券）和"精品投资（boutique investment）"（合伙企业、"S 型公司"、信托）。从各类投资的投入比例来看，2000～2015 年银行存款占比下降，合伙企业投资占比相应地增加，其他类型的投资则保持稳定，投资结构存在由银行存款向合伙企业投资转变的趋势，其主要驱动力量是富人群体（前 0.1% 的富人）。究其原因，一方面，不同类型的投资回报率差异较大，如图 1 所示，精品投资类的回报率是存款类投资回报率的 5～15 倍；另一方面，不同财富群体在同一类型投资上的回报率也存在较大差异，富人在存款类和精品投资类的回报率是穷人的 3.6 倍与 1.8 倍。从固定收入的整体水平来看，富人群体的投资回报率至少是平均回报率的

3.5 倍（见图 2）。更进一步，本文使用风险暴露法测算富人财富水平，发现相比于异质性回报假设估计后的结果，等回报假设会高估固定收入 4.2 个百分点。

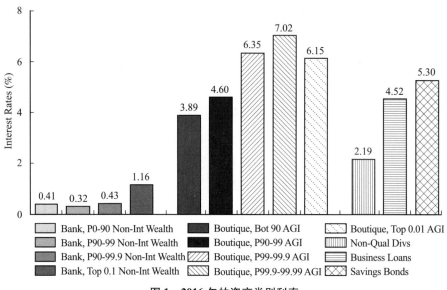

图 1 2016 年的资产类别利率

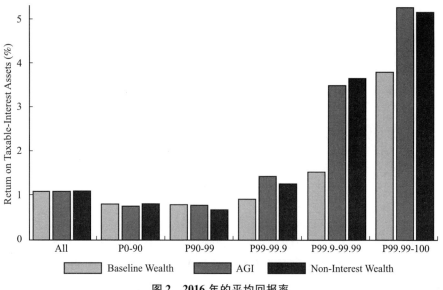

图 2 2016 年的平均回报率

（二）来自"直通企业"的收入

"直通企业"是只缴纳个人所得税而不缴纳企业所得税的企业，包括合伙企业、"S型公司"与个人独资企业。本文使用企业销售收入、资产份额与息税前利润的加权均值来计算该部分的财富水平。来自"直通企业"的收入回报率存在行业和群体之间的异质性：从行业来看，法律咨询、医生、牙医等行业的回报率较高，餐饮、不动产行业回报率较低；从群体来看，前1%的富人回报率最高。进一步，较异质性回报假设的估计结果相比，等回报假设会明显低估来自"直通企业"的收入占比。

（三）来自"C型公司"的股权收益、养老金财富和住房财富

"C型公司"是缴纳企业所得税的企业，对于来自该部分企业的股权收益而言，以等回报假设进行估计存在一定程度的高估。对于养老金财富，本文考虑到了生命周期模式下财富的异质性特征，发现养老金财富占富人财富总量的比重较低，但占底层收入群体（90%）财富的比重较高（63%）。住房财富的异质性回报主要来源于各州房产税率的差异，如在加利福尼亚州缴纳的1美元财产税所带来的住房财富是伊利诺伊州的4倍。

三、财富水平与财富分布

（一）财富水平

从财富水平来看，前1%的富人的平均财富水平为10 774 000美元，占整个社会财富的33.7%，与等回报假设下的估计结果相比，在考虑财富的异质性回报后，本文的估计结果更为准确。美国前0.1%的富人拥有社会财富总量的15.7%；反观底层收入群体（90%），仅占有社会财富总量的31.4%，意味着美国存在极大的财富差距（见表1）。

（二）财富分布

从各个群体的不同类型财富占比来看，美国富人的财富中，固定收入、来

表1

基准回归结果

Wealth group	Count	Baseline Threshold	Average wealth			Wealth share		
			Baseline	Equal Returns	Revised SZ	Baseline	Equal Returns	Revised SZ
Panel A. Top wealth groups								
Full population	238 657 000		$320 000	$320 000	$320 000	100.0%	100.0%	100.0%
Top 10%	23 866 300	$617 000	$2 193 000	$2 345 000	$2 346 000	68.6%	73.4%	73.4%
Top 1%	2 386 600	$3 520 000	$10 774 000	$12 434 000	$11 594 000	33.7%	38.9%	36.3%
Top 0.1%	238 700	$17 200 000	$50 263 000	$65 094 000	$58 873 000	15.7%	20.4%	18.4%
Top 0.01%	23 800	$77 800 000	$227 687 000	$337 295 000	$296 765 000	7.1%	10.5%	9.3%
Top 0.001%	2 400	$362 825 000	$1 024 956 000	$1 631 821 000	$1 309 734 000	3.2%	5.1%	4.1%
Panel B. Intermediate wealth groups								
Bottom 90%	214 790 700		$112 000	$95 000	$95 000	31.4%	26.6%	26.6%
Top 10% ~ Top 1%	21 479 700	$617 000	$1 240 000	$1 224 000	$1 318 000	34.9%	34.4%	37.1%
Top 1% ~ Top 0.1%	2 147 900	$3 520 000	$6 385 000	$6 586 000	$6 339 000	18.0%	18.5%	17.8%
Top 0.1% ~ Top 0.01%	214 900	$17 200 000	$30 573 000	$34 876 000	$32 473 000	8.6%	9.8%	9.1%
Top 0.01% ~ Top 0.001%	21 500	$77 800 000	$139 622 000	$194 299 000	$184 874 000	3.9%	5.5%	5.2%

自"直通企业"的收入以及来自"C 型公司"的股权收益的占比较高，而对于底层收入群体（90%）来说，养老金财富和住房财富构成了其财富的主要来源。就富人群体的财富分布而言，根据两种财富估计方法得到的不同类型财富占比来看，相比于异质性回报假设下的估计结果，等回报假设会高估富人的财富水平，如高估固定收入、来自"C 型公司"的股权收益、养老金财富，同时等回报假设会低估富人来自"直通企业"的收入。因此，在等回报假设下估计财富水平会产生偏误。

四、财 富 差 距

1980 年美国实行紧缩性的政策后，经济开始走向复苏，自此之后，富人群体（前 10% 的富人）的财富占比逐渐增加。更进一步来看，财富排名处于收入分布前 1% ~ 10% 的富人（对应图中 P90 - 99）的财富占比较为稳定，约为 35%；而处于收入分布底端 90% 的人群财富占比逐渐从 40% 下降到 30%，与之相对应，前 1% 的富人的财富占比逐渐从 25% 增加至 35%（见图 3）。随着经济的发展，富人"拿走"了更多的财富，拉大了整个社会的财富差距。

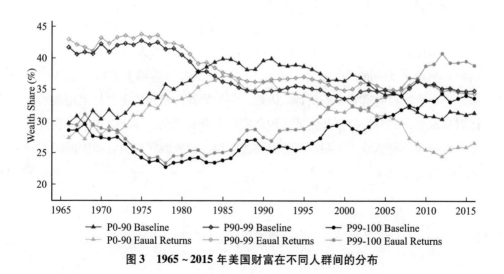

图 3　1965 ~ 2015 年美国财富在不同人群间的分布

五、研究结论

本文在财富回报异质性的假设下，使用美国行政税收数据，结合新方法来估计不同财富群体（尤其是富人群体）的财富水平。在等回报假设下，固定收入会被高估，来自"直通企业"的收入会被低估，从而产生财富估计偏差；在异质性回报假设下，来自"直通企业"的收入占财富总量的比重更大，固定收入占比更小。另外，富人财富主要来源于固定收入、来自"直通企业"的收入以及来自"C 型公司"的股权收益；而底层收入群体（90%）的财富主要由养老金财富和住房财富构成。

推 荐 理 由

财富差距是许多国家都存在的现象，这一矛盾主要在于富人群体的财富占比过高，因而，现有研究就聚焦到了对富人财富水平的准确估计上。这一问题关乎如何利用税收等再分配政策来解决日益扩大的财富差距问题。具体到估计方法，富人群体的财富估计需要一套完备、合理的财富测算方法，即本文所倡导的异质性回报假设。经济形势、财富（投资）结构的差异、不同类型投资的回报率差异及不同群体在同一投资上的回报率差异等都会影响财富估计结果，进而影响对财富差距的估计。因此，在异质性回报视角下估计顶层收入群体财富水平，并分析财富差距的成因就变得十分有意义。本文对于测算我国城乡收入差距、行业收入差距、群体财富差距以及研究我国的财富差距成因等问题均具有启示意义。

"圈"地为牢：社交网络多样性与居民再分配偏好[*]

一、引　言

　　什么会影响居民的再分配偏好？既有研究表明：个体的信息获取方式和社交互动网络形成了人们对于社会贫富差距的认知和再分配政策偏好。如果让个体接触不同社会经济背景的同伴，使其社交网络变得多样化，这能否修正人们对社会贫富差距的认知偏差以及对再分配政策的支持态度？研究这一问题颇具挑战：一是社交网络存在很强的内生性，难以识别其中的因果效应；二是以往文献很少在实验室之外研究社会互动，导致我们对现实生活中社交网络的多样性如何影响居民再分配偏好知之甚少。

　　本文以哥伦比亚政府实施的一项大规模奖学金改革为政策背景，刻画了政策前后高收入学生社交网络多样性的外生变化。通过对合作院校学生的在线问卷调查，我们收集了高收入学生对贫富差距、社会流动性和再分配政策等方面的认知数据。研究发现：首先，这项政策促进了不同社会经济背景的学生之间的互动，实质性地改变了高收入学生的社交网络；其次，高收入学生对社会财富分布有明显的"向上偏见"，他们低估了社会贫困率，高估了富人数量占总人口的比重；最后，改变社交网络的多样性可以消除高收入学生的这种"向上

---

　　* 推荐人：中南财经政法大学财政税务学院，李文雅。

　　推送日期：2023 年 6 月 2 日。

　　原文信息：Londoño – Vélez J. The Impact of Diversity on Perceptions of Income Distribution and Preferences for Redistribution [J]. *Journal of Public Economics*，2022，214：104732.

偏见", 使其对社会贫富差距有更准确的认知, 同时也增加了其对于累进再分配政策 (包括向富人征税和穷人补贴) 的支持力度。

本文存在以下两点边际贡献: 一是补充了个人再分配偏好形成的影响因素研究, 考察了社交网络多样性对居民财富分布感知和再分配偏好的影响; 二是不同于以往基于实验的研究, 本文使用现实政策研究居民感知和偏好的形成更具实际意义。

二、理 论 基 础

(一) 社交网络如何影响富人收入分配认知?

个体如何形成理性的、接近现实的社会贫富差距认知? 从统计学来讲, 人们会基于贝叶斯法则, 从社会总体中随机挑选不同阶层的人群并与之交往, 此时个体的社交网络中有低收入、中等收入和高收入阶层。因此, 人们可以从身边推知社会 "总体" 的真实贫富差距 (见图1 Whole population line)。但事实上, "富人的朋友是富人, 穷人的朋友还是穷人", "圈子" 广泛地存在于人们的社交网络中, 这使得富人在社会贫富差距认知方面存在 "幸存者偏差"——低估贫困率而高估富人占比。

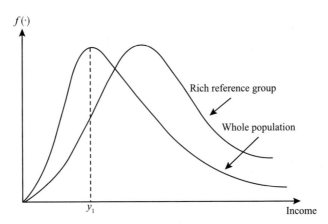

图1　个人对于社会总体贫富差距的认知

本文所利用的政策实际上就是对这种偏差的修正：通过让富人接触到更多低收入阶层的同伴，使富人的"朋友圈"更接近社会总体，这在理论上可以改变富人的社会贫富差距认知，使其趋近于真实值。

（二）改变收入分配认知是否会影响再分配偏好？

富人在意识到真实的社会贫富差距后，其再分配偏好是否会发生改变？理论上有三种假说：

一是自利选民假说：与低收入群体接触可能会让高收入个人意识到他们比想象中更富有。由于累进再分配政策多数是由高收入群体缴纳的税收收入提供资金支持，自私自利的高收入个人会认为他们将蒙受损失，因而反对再分配政策。

二是POUM假说：人们对再分配政策的态度取决于其对自身过去和未来收入的感知。与低收入群体的接触可能会让高收入群体感知到更积极的社会流动性：一方面，如果高收入群体认为穷人可以凭借自己的努力实现阶层跃迁，他们将会削弱对再分配政策的支持；另一方面，若高收入群体对自身未来收入产生了负面预期，认为自己有可能进入低收入阶层，他们也可能会更加支持再分配政策。

三是分配正义和市场公平假说：与低收入群体的接触可能会让高收入个人感知到穷人与富人的机会难以均等，财富更多地取决于"运气"而非"努力"，出于对社会公平的担忧，他们可能会更加支持再分配政策。

三、财政援助计划与调查数据

长期以来，哥伦比亚国内存在着严重的贫富差距与教育隔离，匮乏的财政援助与高昂的大学学费使得"寒门难出贵子"。基于此，哥伦比亚政府在2014年10月出台了一项大规模财政援助计划（Ser Pilo Paga，以下简称SPP项目），该政策择优资助低收入家庭的学生进入大学。若申请人同时满足以下三个条件即可获得政府提供的无息助学贷款，金额包括4~5年的本科学费和适度的生活津贴：（1）哥伦比亚高中毕业生中最贫穷的50%；（2）在全国标准化高中毕业考试（SABER 11）中名列前9%；（3）被政府认证的33所高质量大学之一录取。该政策极大地增加了贫困学生接受高等教育的机会，促使当年高质量私立大学的贫困学生入学率增加了近50%。

更为重要的是，该项政策使得大学产生了前所未有的社会网络多样性，尤其是在一所精英大学（以下简称"合作大学"）中表现得尤为明显，合作大学历来只招收高收入家庭学生，很少录取低收入家庭学生。然而，在政策发生后的2015年春季学期，大约1/3的新入学学生是SPP项目的受益者。本文在政策发生后的第6个月和第12个月于合作大学开展了两次大规模的线上问卷调查，以探究高收入学生在政策前后社交网络、社会贫富差距认知和再分配偏好的变化。问卷调查一共包括四部分内容：一是受访者与SPP项目资助学生的接触；二是个人对社会贫富差距的感知；三是询问个人对政府再分配政策的偏好；四是记录个人对社会流动、机会均等的意见等。

四、社交网络多样性与贫富差距认知、再分配偏好

SPP项目为研究社交网络多样性提供了一个的准自然实验环境：首先，SPP项目提高了2015年春季学期学生群体的社交网络多样性，而年龄较大的学生群体（大二及以上年级学生）受该政策的影响较小；其次，政策实施前后高收入学生的构成不变，其申请率和录取率都没有太大波动；再次，不同专业间的低收入学生占存在很大差异，可以较好地衡量高收入学生社交网络多样性的程度变化。由于SPP项目是临时实施，高收入学生无法决定进入低收入同学占比多或少的专业，按照专业分组具有很强的随机性；最后，由于政策及合作大学的规定，学生们几乎无法决定和更多或更少的低收入同龄人一起学习。

据此，本文利用不同年级的学生刻画政策前后差异，以不同专业受SPP项目资助的学生占比识别处理强度的变化，构造连续型DID模型进行分析：

$$y_{imkw} = \alpha + \beta Share\ of\ SPP\ Classmates_i + \delta_m + \psi_k + \theta_w + X_i'\varGamma + e_{imkw}$$

其中，被解释变量y是人们对于社会贫富差距的感知和对再分配政策的偏

好，β 表示的受 SPP 项目资助的学生占比每增加一个百分点对结果 y 的平均影响。

结果显示，受 SPP 资助学生的份额每增加 10 个百分点，高收入学生感知到的社会贫困率提高 3.09 个百分点，对富人征税政策的支持度会增加 8 个百分点，对穷人补贴政策的支持度会增加 6 个百分点，对再分配政策的支持会增加 0.15 个标准差。

为了检验究竟是什么原因导致人们对再分配政策的偏好发生转变，本文对问卷调查中社会流动性和分配正义的感知数据进行分析。结果显示，政策前后人们对于社会流动性的感知变化并不显著，而对分配正义与市场公平的感知变化较为明显。受 SPP 资助学生的份额每增加 10 个百分点，高收入学生感知到的机会不平等会增加 12 个百分点。由此可知，当高收入群体的社交网络多样性改变，他们将会修正自己对社会贫富差距的误识，从而引发其对于市场机会公平的担忧，选择提升对政府再分配政策的支持度。

五、结　论

本文研究了社交网络的多样性是否会影响高收入群体对收入分配的看法以及对再分配政策的偏好。在哥伦比亚社会贫富差距悬殊和高等教育隔离严峻的背景下，SPP 项目通过经济援助促进精英大学的阶层多样性，高收入家庭的学生更有可能与低收入家庭的学生互动和交往，极大地影响了高收入学生社交网络的多样性。这种社交网络的多样化减少了高收入学生在收入分配感知中的向上偏见，加强了他们对累进再分配政策的支持，这可能是由于与低收入家庭的学生接触引起了高收入学生对市场平等机会的担忧。

推 荐 理 由

随着互联网时代的纵深发展，人们越来越习惯置身于圈层之中，沉浸于

"信息茧房"之内。然而不知不觉间，这种安全感也给我们带来了偏见与威胁。在收入分配感知方面，人们易于陷入一种"幸存者偏差"和"唯心主义"，以自身的圈层为错误参照，低估或高估社会整体的贫富差距和阶层分布。由此来看，本文抓取的主题颇为新颖，政策的选取和模型的构造值得我们借鉴与学习。除此之外，现代社会逐渐固化的阶层壁垒也值得我们深思，它给我们带来了什么？又让我们失去了什么？我们到底应该是任其发展还是主动打破圈层？这些均有待于未来的探索。

患寡亦患不均：度量不公平的不平等[*]

一、引　言

收入不平等的持续恶化引发社会各界对收入分配和社会公平问题的激烈探讨。诸多学者将收入不平等等同于社会不公平，认为不平等指数的下降意味着社会公平程度的提升，这种观点显然与分配正义理论及收入分配偏好相悖。然而，鲜有文献对收入不平等与社会不公平相区分，将收入不平等的成因进行分解，讨论不公平的不平等（unfair Inequality）。

本文基于分配正义理论中的机会均等（equality of opportunity，EOp）和免于贫困（freedom from poverty，FfP）原则，构造了度量不公平的不平等的指标，并结合美国 1969～2014 年和欧洲 31 国 2010 年的家庭住户调查数据，考察各国的社会不公平状况。研究发现：（1）1980 年后，美国的机会不均等现象越发严重，代际流动性的下降导致了不公平的不平等程度加剧。（2）跨国分析表明，美国不公平的不平等程度严重，仅次于希腊居第二位。此外，2008 年的金融危机使得欧洲国家贫困人口激增，是导致欧洲国家不公平的不平等程度扩大的主要原因。

本文的研究贡献主要体现在以下两个方面：（1）本文首次结合机会均等

　　* 推荐人：中南财经政法大学财政税务学院，阮慧。

　　推送日期：2023 年 6 月 16 日。

　　原文信息：Hufe P., Kanbur R., Peichl A. Measuring unfair inequality：Reconciling equality of opportunity and freedom from poverty［J］. *The Review of Economic Studies*，2022，89（6）：3345－3380.

和免于贫困原则构建了度量不公平的不平等的全新指标，该指标能够更好反映社会的不公平程度；（2）本文从全球视角评估了多个国家的社会公平状况，并分别指出造成不同国家不公平的原因，对推动全球社会公平具有重要的政策启示意义。

二、分配正义原则

分配正义理论认为，根据收入不平等的来源与结构，可以将不平等划分为公平的（fair inequality）的不平等和不公平的不平等。为实现公平和效率的统一，应当鼓励公平的不平等并消除不公平的不平等。本文将公平的不平等定义为满足机会均等原则和免于贫困原则的不平等。在满足机会均等和免于贫困原则社会中，所有个体的收入均为公平的收入。不公平的不平等通过比较实际收入和公平收入计算得到。

（一）机会均等原则

机会均等原则认为，环境因素导致的个体收入不平等是不公平的。典型的环境因素包括：性别、种族和父母的社会经济地位。在机会不均等的社会中，处于劣势环境的个体应当得到补偿，最终使得不同环境中的人均收入完全相等，进而实现机会均等。

（二）免于贫困原则

免于贫困原则要求每个个体的收入都能够满足其基本的生活需求，即所有个体的收入均不低于设定的贫困线。免于贫困原则要求为贫困人口提供补偿，使其收入等于贫困线。

三、度量不公平的不平等

度量不公平的不平等主要包括以下两个步骤：（1）定义公平的收入：本

文将满足机会均等原则和免于贫困原则的收入定义为公平的收入；（2）计算不公平的不平等：通过特定的函数形式，将所有个体的实际收入与公平收入之间的差距进行加总，即可计算出不公平的不平等。

（一）定义公平的收入

1. 刻画机会均等原则

当满足机会均等原则时，不同环境中的人均收入完全相等。可表示为式（1）：

$$D^1 = \left\{ y^* \in D \,\middle|\, \mu^*_{T(\omega)} = \frac{1}{N_{T(\omega)}} \sum_{i \in T(\omega)} y_i^* = \frac{1}{N} \sum_{j \in N} y_j = \mu, \forall \omega \in \Omega \right\} \quad (1)$$

假设全社会有 N 个个体、Ω 个环境因素，D 表示所有可能的收入。其中，i，j 均表示社会中个体，个体的实际收入和公平收入分别表示为 y 和 y^*。ω 为所有环境因素构成的向量，$T(\omega) = \{i \in N: \omega_i = \omega\}$ 表示环境因素为 ω 的所有个体的集合。μ 表示全社会的实际人均收入，$\mu^*_{T(\omega)}$ 表示 $T(\omega)$ 中个体的公平人均收入。

式（1）表明，在机会均等的社会中，不同环境中公平的人均收入 $\mu^*_{T(\omega)} = \frac{1}{N_{T(\omega)}} \sum_{i \in T(\omega)} y_i^*$ 相等，且等于全社会的实际人均收入 $\frac{1}{N} \sum_{j \in N} y_j = \mu$。

2. 刻画免于贫困原则

在实现机会均等原则的基础上，本文进一步考虑免于贫困原则。首先，通过将个体的反事实收入（为满足机会均等原则调整后的个体收入）与贫困线（$y_{\min}$）比较，本文将环境 ω 中的所有个体 $T(\omega)$ 划分为贫困人口 $P(\omega)$ 和非贫困人口 $R(\omega)$，可表示为式（2）：

$$P(\omega) = \left\{ i \in T(\omega) \,\middle|\, y_i \frac{\mu}{\mu_{T(\omega)}} \leq y_{\min} \right\}; \ R(\omega) = T(\omega) \setminus P(\omega), \ \forall \omega \in \Omega \quad (2)$$

其中，$\mu_{T(\omega)}$ 表示环境 ω 中的人均收入，$y_i \dfrac{\mu}{\mu_{T(\omega)}}$ 表示个体 i 的反事实收入。

依据免于贫困原则，贫困人口应当得到补偿，使其收入恰好等于贫困线，可表示为式（3）：

$$D^2 = \left\{ y^* \in D \mid y_i^* = y_{\min}, \ \forall_i \in P(\omega), \ \forall \omega \in \Omega \right\} \tag{3}$$

式（3）表示贫困人口的公平收入 y^* 等于贫困线 $y_{\min}$。

此外，非贫困人口的公平收入 y^* 应当等于反事实收入 $y_i \dfrac{\mu}{\mu_{T(\omega)}}$，为方便推导，本文通过比例形式刻画这一条件，如式（4）所示：

$$D^3 = \left\{ y^* \in D \ \middle| \ \frac{y_i^* - y_{\min}}{y_j^* - y_{\min}} = \frac{y_i \dfrac{\mu}{\mu_{T(\omega)}} - y_{\min}}{y_j \dfrac{\mu}{\mu_{T(\omega)}} - y_{\min}}, \ \forall i, j \in R(\omega), \ \forall \omega \in \Omega \right\} \tag{4}$$

3. 公平的收入

依据机会均等和免于贫困原则，满足上述式（2）~式（4）的收入即为公平的收入。

命题 1：当 $\mu > y_{\min}$ 时，根据式（2）~式（4），公平的收入 y^* 具有唯一解，可表示为式（5）：

$$y_i^* = \begin{cases} y_{\min}, & \forall i \in P(\omega), \ \forall \omega \in \Omega, \\ y_{\min} + \tilde{y}_i \times \delta_{T(\omega)}, & \forall i \in P(\omega), \ \forall \omega \in \Omega \end{cases} \tag{5}$$

$$\tilde{y}_i = y_i \frac{\mu}{\mu_{T(\omega)}} - y_{\min}; \quad \delta_{T(\omega)} = \frac{\mu - y_{\min}}{\dfrac{N_{R(\omega)}}{N_{T(\omega)}} \left(\dfrac{\mu_{R(\omega)}}{\mu_{T(\omega)}} \mu - y_{\min} \right)}$$

其中，$\tilde{y}_i$ 表示非贫困人口的反事实收入 $y_i \dfrac{\mu}{\mu_{T(\omega)}}$ 超过贫困线 $y_{\min}$ 的部分。$\delta_{T(\omega)}$ 为一个比例因子，根据其数值大小决定对非贫困群体进行征税或补贴。当 $\delta_{T(\omega)} > 1$ 时，应当对非贫困人口 $R(\omega)$ 提供给补贴；当 $\delta_{T(\omega)} < 1$ 时，应当对 $R(\omega)$ 征税；当 $\delta_{T(\omega)} = 1$，$R(\omega)$ 既不缴税也无法获得补贴，其收入等于反事实收入 $y_i \dfrac{\mu}{\mu_{T(\omega)}}$。

（二）度量不公平的不平等

将全社会个体的实际收入 y 与公平收入 y^* 的差距按照既定的函数形式进行加总，即可度量不公平的不平等。本文借鉴 Magdalou & Nock（2011）提出的熵指数法，将不公平的不平等表示为 $D(y \| y^*)$：

$$D(y \| y^*) = \sum_{l \in N} \left[\phi(y_i) - \phi(y_i^*) - (y_i - y_i^*) \phi'(y_i^*) \right],$$

$$where \ \phi(z) = \begin{cases} -\ln z, & if \ \alpha = 0 \\ z \ln z, & if \ \alpha = 1 \\ \dfrac{1}{\alpha(\alpha - 1)} z^{\alpha}, & otherwise \end{cases} \tag{6}$$

其中，α 的不同数值表示不同的价值判断。当 α 较大时，$D(y \| y^*)$ 为实际收入高于公平收入的个体赋予了更高的权重，即此时更加关注富人的收入对社会公平的影响。当 α 较小时，$D(y \| y^*)$ 为收入低于公平收入的群体赋予了更高的权重，此时更加关注穷人的收入对社会公平的影响。事实上，在衡量社会公平时穷人的收入通常获得了更多的关注。同时，为与经典的机会均等文献保持一致，本文在基准分析中将 α 设定为 0，$D(y \| y^*)$ 可写作式（7）：

$$D(y \| y^*) = \frac{1}{N} \sum_{l \in N} \left[\ln \frac{y_i^*}{y_i} - \frac{y_i^* - y_i}{y_i^*} \right] \tag{7}$$

将公平的收入 y^* 的表达式（5）代入式（7）中即可得到本文对不公平的不平等的度量 $D(y \| y^*)$，见式（8）：

$$D(y \| y^*) = \frac{1}{N} \sum_{i \in P(\omega)} \left[\ln \frac{y_{\min}}{y_i} - \frac{y_{\min} - y_i}{y_{\min}} \right]$$

$$+ \frac{1}{N} \sum_{i \in R(\omega)} \left[\ln \left(\frac{y_{\min} + \tilde{y}_i \delta_{T(\omega)}}{y_i} \right) - \left(\frac{y_{\min} + \tilde{y}_i \delta_{T(\omega)} - y_i}{y_{\min} + \tilde{y}_i \delta_{T(\omega)}} \right) \right] \tag{8}$$

四、美国 1969～2014 年的不平等状况

本文运用美国密歇根大学构建的收入动态追踪调查数据库（the panel study of income dynamics，PSID），选取性别、种族、父母的受教育程度、父母职业作为环境因素变量，参考 Jolliffe & Prydz（2016）的研究方法计算出国际可比的绝对贫困线，评估美国 1969～2014 年不平等的变化状况。其演变历程如图 1 所示。美国不公平的不平等变化趋势与总体不平等变化趋势高度相似，1980 年后持续攀升。图 1 中的带端点的黑线为不公平的不平等在总体不平等中所占的份额，1990 年后，不公平份额呈现缓慢上升趋势，在 2014 年达 18.9%。

图1　1969～2014 年美国的不平等现象

为进一步了解不公平的不平等的成因，本文运用夏普利值分解（shapley value decomposition）分别考察了贫困、性别、种族、父母受教育程度和父母职业对不公平的不平等的贡献。结果如图 2 所示。研究发现，父母的教育和职业

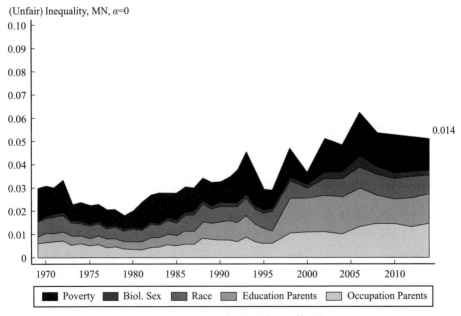

图2　1969～2014 年美国的不平等现象

背景引发的不公平的不平等持续攀升，2014 年在总体不平等中占比达 10.2%。据此，本文认为美国社会不公平的恶化主要源于代际流动性的下降，子女的收入越发受到父母的教育和职业背景的影响。

五、不平等状况的跨国比较

本文运用 2010 年 PSID 的住户调查数据及欧盟收入和生活条件调查统计数据（EU statistics on income and living conditions，EU－SILC），将环境因素变量中的种族替换为移民，其他设定与前文考察美国不平等时完全保持一致，测算了美国和 31 个欧洲国家的不平等状况。结果如图 3 所示。2010 年，美国的总体不平等程度居 32 国首位，不公平的不平等仅次于希腊居第二位。

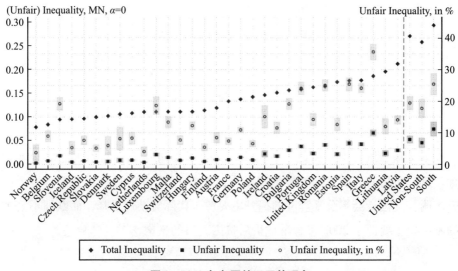

图 3　2010 年各国的不平等现象

进一步对不公平的不平等的来源和结构分析发现，以葡萄牙、西班牙、意大利为代表的不公平程度最高的欧洲国家，其不公平主要源于 2008 年金融危机后贫困人口的激增（见图 4）。

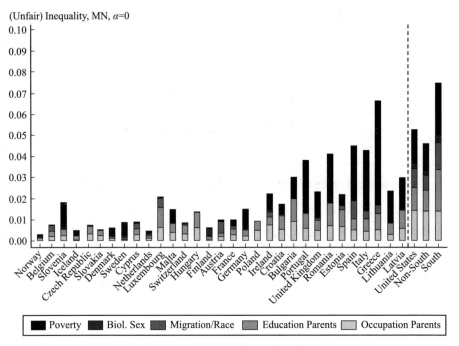

图 4　2010 年各国的不平等现象

六、研究结论

本文基于机会均等和免于贫困原则构建了度量不公平的不平等的全新指标，进一步将其与住户调查数据相结合，评估了 32 国的社会不公平程度。研究表明，美国社会不公平程度的提升主要源于代际流动性下降，而欧洲不公平的不平等主要源于 2008 年金融危机后贫困人口的激增。

推荐理由

本文区分了不公平和不平等概念，首次结合机会均等原则和免于贫困原则构建了度量不公平的不平等的指标，并据此评估了美国和欧洲 31 个国家的社会不公平状况，这对于我们研究社会公平问题具有重要的理论意义和政策含义。然而，本文仍然无法克服家庭住户调查数据在研究不平等问题存在的固有缺陷，实证结论的稳健性还需运用行政数据作进一步检验。此外，随着收入分配偏好研究的深入，本文的研究方法可以嵌入更广泛的收入分配偏好和分配正义原则，这是未来社会公平与收入分配问题的重要研究方向。

本同末异：美国的消费和收入不平等[*]

一、引　　言

社会不平等一直是经济学领域研究的焦点，现有文献主要运用收入数据研究这一问题，并基于收入不平等的测算结果讨论居民福利水平及其分配。事实上，收入数据在住户调查中通常被低报，且无法反映金融财富和耐用消费品对居民福利的影响。相较而言，消费与居民福利的联系更为紧密。因此，部分研究基于消费数据测算消费不平等，为居民福利相关研究提供新的研究视角和实证证据。然而，由于数据来源、消费的定义以及计量方法之间的差异，有关美国消费不平等现状及其与收入不平等之间的关系，学界尚未达成共识。

本文通过改进消费的度量方式，结合消费数据和收入数据，考察美国自20世纪60年代以来的消费和收入不平等状况。具体而言，本文通过比较微观调查数据与宏观经济数据，将两类数据中可比的消费类别定义为"衡量精确的消费"（well-measured consumption），并以此作为总消费的代理变量。研究发现：（1）在样本期内，消费和收入不平等的变化趋势差异较大。基于90∶10分位数比率（90∶10表示收入或消费分布的第90分位数值与第10分位数值的

* 推荐人：中南财经政法大学财政税务学院，阮慧。

推送日期：2023年9月8日。

原文信息：Meyer B. D., Sullivan J. X. Consumption and Income Inequality in the United States since the 1960s [J]. *Journal of Political Economy*, 2023, 131（2）: 247-284.

比值）测算，本文发现，美国的消费和收入不平等分别上升了 9.5% 和 25%。（2）对收入和消费群体进行划分，并分时期研究发现，截至 2005 年前，消费和收入不平等的差异几乎完全来自较贫困的人群。2005 年后，消费和收入不平等在所有群体中均呈现相反的变化方向，收入不平等持续上升，消费不平等下降。（3）人口统计特征的变化、资产价格和贷款利息的变化、收入数据质量的下降可以解释消费和收入不平等的演变状况及两者之间的差异。

本文的研究贡献主要体现在以下三个方面：（1）本文改进了消费的度量方法，缓解了消费的测量误差对研究结果的影响。此外，本文实证检验了研究方法的假设条件，相较于既往研究，本文的假设条件更符合现实。（2）本文结合消费和收入数据，运用新的方法测度消费，考察了美国过去近 60 年的消费和收入不平等演变状况，为两类不平等的状况以及两者之间的关系提供了新的实证证据。（3）本文从人口统计特征、跨期资源配置和测量误差三个方面，为消费和收入不平等演变状况及两者之间的差异提供了可能的解释。

二、实证策略与数据来源

（一）实证策略

为缓解消费的测量误差问题，本文将"衡量精确的消费"作为总消费的代理变量，考察消费不平等的变化。首先，我们考察消费度量过程中存在的测量误差。模型设定如方程（1）所示：

$$\ln x_{hjt} = \ln x_{hjt}^* + \psi_t^j + v_{hjt} \tag{1}$$

其中，x_{hjt} 和 x_{hjt}^* 分别表示 h 家庭 t 年在 j 商品上的可观测消费和真实消费。ψ_t^j 表示商品 j 在 t 年的系统性测量误差，v_{hjt} 是随机误差项，表示 h 家庭 t 年在 j 商品的消费中与 x_{hjt}^* 无关的特殊误差。ψ_t^j 和 v_{hjt} 共同构成了消费的测量误差。

为简便分析，假设仅存在两类商品，分别为消费衡量精确的商品 ω 和衡量较差的商品 n。若"衡量精确的消费"，$x_{h\omega t}^*$ 是总消费 x_{ht}^* 的良好代理变量，需要满足以下两个假设条件：（1）ω 商品的消费 $x_{h\omega t}^*$ 在总消费 x_{ht}^* 中所占份额恒定不变，即两类消费的弹性为 1，具体如方程（2）所示。

$$\ln x_{h\omega t}^{*} = \alpha + \ln x_{ht}^{*} + \varepsilon_{h\omega t} \tag{2}$$

其中，α 和 $\varepsilon_{h\omega t}$ 分别表示常数项和误差项；（2）ω 商品的价格相较于其他商品的价格保持不变。本文后续通过实证检验，表明上述假设条件基本满足。因此，本文将"衡量精确的消费" $x_{h\omega t}^{*}$ 作为总消费 x_{ht}^{*} 的代理变量，并运用百分位数比率研究消费不平等的演变状况。

在现实生活中，我们仅能获得商品的可观测消费数据。因此，将方程（2）代入方程（1）中，即可得到可观测的"衡量精确的消费" $x_{h\omega t}$ 与真实消费 x_{ht}^{*} 之间的关系，如方程（3）所示：

$$x_{h\omega t} = x_{ht}^{*} e^{\alpha + \psi_t^{\omega}} \times e^{\varepsilon_{h\omega t} + v_{h\omega t}} \tag{3}$$

此时，运用 $x_{h\omega t}$ 计算得到的消费不平等程度，即可反映总真实消费 x_{ht}^{*} 的不平等程度。

（二）数据来源

本文主要使用了以下两套数据：（1）收入数据：使用 1964～2018 年的现行人口调查（current population survey，CPS）；（2）消费数据：使用 1960～1961 年、1972～1973 年、1980～1981 年以及 1985～2017 年的消费者支出访谈调查（consumer expenditure interview survey）。

三、美国消费不平等和收入不平等的演变状况

美国消费不平等和收入不平等的测算结果如表 1 和图 1 所示。整体而言，在 1961～2017 年，美国的税后收入不平等急剧上升，90∶10 比率上升了 25%，而消费不平等仅上升了 9.5%，消费不平等与收入不平等的变化趋势存在较大差异。两者差异在 2005 年后更为明显，收入不平等在 2005 年后持续上升，消费不平等反而有所下降，消费和收入不平等的变化趋势呈现相反方向。

表 1   消费和收入不平等的变化

	INITIAL LEVEL IN 1961	PERCENTAGE CHANGES						
		1961 ~ 1972	1972 ~ 1980	1980 ~ 1990	1990 ~ 2000	2000 ~ 2017	1984 ~ 2017	1961 ~ 2017
90：10 ratio：								
After-tax income	5.54	− 9.86	− 4.08	25.63	− 2.11	17.59	20.49	25.05
Total consumption	3.70	− 2.52	8.24	8.43	− 2.21	− 2.51	− 5.10	9.07
Well-measured consumption	3.33	− 5.67	5.12	5.47	1.87	2.81	7.84	9.54
Well-measured consumption less food at home	4.84	− 10.92	2.07	3.28	− 3.21	0.02	− 0.15	− 9.09
50：10 ratio：								
After-tax income	2.79	− 7.44	1.40	12.38	− 6.76	7.10	1.12	5.33
Total consumption	2.09	− 3.63	4.69	− 0.75	− 3.11	− 2.21	− 7.60	5.11
Well-measured consumption	2.02	− 6.05	3.94	− 0.41	− 0.21	0.02	− 1.84	− 2.94
Well-measured consumption less food at home	2.54	− 8.35	3.74	− 2.68	− 5.19	− 1.26	− 7.31	− 13.38
90：50 ratio：								
After-tax income	1.99	− 2.61	− 5.40	11.80	4.99	9.80	19.15	18.72
Total consumption	1.76	1.15	3.39	9.24	0.92	− 0.31	2.71	14.94
Well-measured consumption	1.65	0.41	1.13	5.91	2.09	2.79	9.86	12.85
Well-measured consumption less food at home	1.91	− 2.80	− 1.60	6.12	2.09	1.29	7.72	4.96

进一步，为考察不同收入和消费群体的不平等变化状况，本文考察了较富裕群体（90：50）和较贫困群体（50：10）的不平等程度。研究发现，在所有群体中，样本期间内收入不平等均呈现上升趋势，在较富裕与较贫困群体中分别上升了19%和5%。而消费不平等的上升仅出现在较富裕群体（上升了13%），较贫困群体的消费不平等下降了3%。较贫困群体的消费和收入不平等存在明显差异，这可能是整体消费和收入不平等差异的重要来源。此外，分时期考察发现，较富裕群体的消费和收入不平等在2005年以后也呈现出相反

的变化趋势，这在一定程度上导致了 2005 年后两类不平等结果差异的扩大。

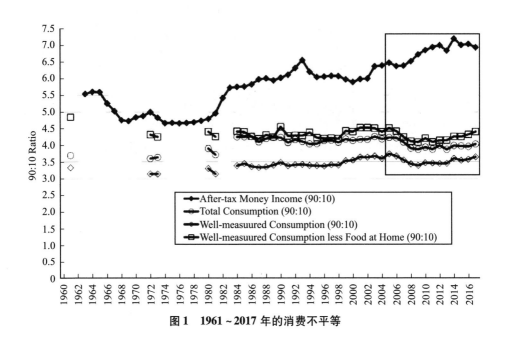

图 1   1961～2017 年的消费不平等

　　为论证基准结果的稳健性，本文参照 Aguiar 和 Bils（2015）运用需求系统法（the demand system approach）解决消费的测量误差问题，考察美国 1980～1982 年至 2008～2010 年期间的消费和收入不平等状况。结果表明，本文运用需求系统法得出的结论与基准分析基本一致，但与 Aguiar 和 Bils 的研究结果存在显著差异。Aguiar 和 Bils 运用总消费数据研究发现，样本期内消费不平等上升了 42.5%。这与本文的需求系统法测算结果以及基准结果相差甚远，主要原因在于 Aguiar 和 Bils 使用的消费数据中包含衡量较差的消费。这些消费数据中包含的 0 观测值较多，不适用于 Aguiar 和 Bils 所采用的对数模型。

四、不平等的潜在原因

　　本文从人口统计特征的变化、家庭的跨期资源配置行为和收入的测量误差三个方面，尝试解释影响不平等演变状况以及造成两类不平等结果存在差异的原因。

（一）人口统计特征的变化

本文运用条件分位数回归模型，考察人口统计特征变化对消费和收入不平等的影响。结果如表2所示。针对消费不平等，人口统计特征仅能解释1990年前的消费不平等。针对收入不平等，表2的结果表明，如果使用人口统计特征的变化解释收入不平等的变化，意味着收入不平等在1963~2017年一直呈现上升趋势，这显然不符合实际情况。因此，人口统计特征的变化不适用于解释收入不平等的变化。

表2　　　　　　　　　　　　　消费和收入不平等的组成

| | Total. Change | | Unexplained | | | Explained | | |
| | | | Residuals | | Coefficients | | Characteristics | |
	Consumption	Income	Consumption	Income	Consumption	Income	Consumption	Income
1961~1972：								
90：10	-0.062	-0.073	-0.015	-0.100	-0.065	-0.070	0.018	0.096
			24.5%	136.2%	104.9%	95.5%	-29.4%	-131.7%
50：10	-0.060	-0.047	-0.018	-0.064	-0.054	-0.048	0.011	0.065
			29.2%	136.3%	89.8%	102.8%	-19.0%	-139.1%
90：50	-0.001	-0.026	0.002	-0.036	-0.011	-0.022	0.007	0.031
			-177.4%	136.0%	755.4%	82.4%	-477.9%	-118.4%
1972~1980：								
90：10	0.037	-0.048	0.039	-0.072	-0.042	-0.039	0.040	0.063
			104.4%	149.4%	-112.4%	81.1%	108.1%	-130.5%
50：10	0.025	0.010	0.024	-0.005	-0.024	-0.025	0.025	0.040
			96.2%	-43.2%	-95.9%	-237.9%	99.7%	381.1%
90：50	0.013	-0.059	0.015	-0.067	-0.018	-0.014	0.016	0.023
			120.2%	115.0%	-144.7%	24.1%	124.5%	-39.1%

续表

| | Unexplained | | | Explained | | | | |
| | Total. Change | | Residuals | | Cocfficients | | Characteristics | |
	Consumption	Income	Consumption	Income	Consumption	Income	Consumption	Income
1980～1990:								
90:10	0.062	0.249	-0.004	0.114	0.041	0.112	0.025	0.023
			-6.1%	45.9%	66.3%	44.8%	39.8%	9.3%
50:10	0.007	0.128	-0.020	0.056	0.010	0.054	0.017	0.018
			-286.8%	43.9%	148.4%	42.3%	238.5%	13.8%
90:50	0.055	0.121	0.016	0.058	0.031	0.057	0.008	0.005
			29.8%	47.9%	55.8%	47.6%	14.4%	4.5%
1990～2000:								
90:10	0.015	-0.030	0.015	0.024	-0.002	-0.072	0.002	0.019
			100.7%	-79.0%	-11.3%	241.4%	10.5%	-62.4%
50:10	-0.010	-0.062	-0.009	-0.033	-0.002	-0.050	0.002	0.020
			97.5%	52.9%	22.0%	79.4%	-19.5%	-32.2%
90:50	0.024	0.033	0.024	0.057	0.000	-0.022	0.000	-0.002
			99.4%	173.1%	2.0%	-68.3%	-1.5%	-4.8%
2000～2017:								
90:10	0.024	0.125	0.002	0.073	0.009	0.037	0.013	0.015
			8.8%	57.9%	35.7%	29.8%	55.5%	12.3%
50:10	0.011	0.050	0.004	0.035	-0.001	0.008	0.008	0.007
			36.9%	70.2%	-5.5%	15.3%	68.6%	14.5%
90:50	0.013	0.075	-0.002	0.037	0.009	0.030	0.006	0.008
			-15.2%	49.8%	70.9%	39.4%	44.2%	10.8%

（二）家庭的跨期资源配置行为

在理论上，家庭可以通过跨期资源配置行为平滑消费，因此，消费不平等程度应当低于收入不平等。然而，本文研究发现，两类不平等的差异很大程度源于较贫困群体的不平等。但是，这些群体资产和负债水平都较低，跨期资源配置能力较差，因此这一理论难以解释两类不平等的差异。

此外，本文还观察到在20世纪90年代以后，较贫困群体的房屋抵押贷款上升，且贷款利率下降。这使得该群体的房产支出下降，可用于消费的资金增加。这可以解释两类不平等结果差异的一部分。同时，2006年以后，资产价格持续下降，使得较富裕群体消费降低，这也在一定程度上可以解释两类不平等结果的差异。

（三）收入的测量误差

尽管无法解决收入数据的测量误差，但本文认为收入的测量误差能够解释两类不平等结果的部分差异。大量的证据表明，调查数据中较贫困群体低报了工资收入、政府转移支付收入等数据，由此产生的收入数据的测量误差可能导致收入不平等被高估。这也为两类不平等结果的差异提供了一个可能的解释。

五、结　　论

本文通过改进消费的度量方法，基于"衡量精确的消费"数据，考察了美国1961~2017年的消费和收入不平等状况。研究表明，在过去近60年间，美国的消费不平等程度上升了9.5%，远低于同时期收入不平等的上涨幅度（25%）。在2005年前，二者的差异几乎完全源于较贫困群体。2005年后，在所有群体中，消费和收入不平等的变化方向相反。消费和收入不平等的差异可以由以下三方面解释：人口统计特征的变化、资产价格和房贷利率的变动、收入的测量误差。

推荐理由

本文提出了一种新的消费度量方法以解决消费数据的测量误差问题，并据此研究了美国过去近60年的消费不平等变化状况，为美国消费不平等水平以及消费与收入不平等的关系提供了新的实证证据。这为我们考察其他国家的消费不平等状况提供了新的研究方法和思路。此外，尽管本文从人口统计特征、资产价格和房贷利率变动、收入测量误差三个方面，为不平等的演变状况以及消费和收入不平等结果的差异提供了相关性的解释。但两类不平等的关系仍缺乏因果证据，这仍需未来研究进一步探索。

为什么相对贫穷的人更不支持再分配？*

一、引　言

　　再分配偏好是居民对再分配政策支持程度的体现。尽管许多国家收入不平等的现象日益加剧，但相对贫困人群对那些旨在提升他们利益的政策（例如增加转移支付和提高最低工资）的支持往往有限。Gimpelson 和 Treisman（2018）的研究指出，贫困人群不支持再分配的一个潜在原因是，他们没有意识到自己在本国处于相对贫穷的位置，事实上，无论是富有还是贫穷，大多数人倾向于认为自己处于居民收入分配的中间位置。那么，如果相对贫穷的人认识到他们在居民收入分配的真实位置，他们会更加关心不平等问题并支持再分配政策吗？

　　本文在全球十个国家中进行随机实验，通过告知处于收入分位中最低的 2/5 受访者其在本国收入分配的真实位置，考察个人知晓自身收入水平后是否影响其再分配偏好。研究发现，与普遍的观念相反，告知穷人他们比自己想象的更贫穷，反而降低了他们对国家贫富差距的担忧，且不会提升人们对政府再分配政策的支持力度。此外，作者对结果产生的机制提供了进一步的解释：人

　　* 推荐人：中南财经政法大学财政税务学院，许文睿。

　　推送日期：2023 年 12 月 29 日。

　　原文信息：Hoy, Christopher, and Franziska Mager. Why Are Relatively Poor People Not More Supportive of Redistribution? Evidence from a Randomized Survey Experiment across Ten Countries [J]. *American Economic Journal: Economic Policy*, 2021, 13 (4)：299 –328.

们会将自己的生活水平作为他们认为他人可以接受的"基准"。当贫穷的人知道自己比想象的还穷时，他们会觉得自己的生活其实还可以，对其他更穷的人就不那么关心了。这就是为什么他们对减少贫富差距的想法和支持再分配的态度并没有增强。

相较于以往文献，本文的边际贡献有以下几点：首先，本文首次检验了告知本人真实的贫穷境况是如何影响其对国家贫富差距的担忧以及对再分配政策的态度，为更好理解再分配偏好理论提供了实证证据。其次，本文是迄今为止关于再分配偏好弹性规模最大的调查实验，参与调查的十个国家的人口合计约占全球人口的 30%，约占世界 GDP 的 40%，由于调查范围广，实验结果比其他研究更具普遍性。

二、理 论 分 析

（一）再分配偏好的理论

为了正式说明关于居民对收入再分配偏好的假设，本文基于 Fehr 和 Schmidt（1999）建立的再分配偏好的理论模型。对于样本为 n 的模型，个体 i 的效用函数可以表示为：

$$
U_i(x) = x_i - \beta_i \frac{1}{n-1} \left(\sum_{j \neq i} \max[x_i - x_j, 0] \right) - \gamma_i \frac{1}{n-1} \left(\sum_{k \neq i} \max[x_k - x_i, 0] \right)
$$

$$(1)$$

x_i 为个体 i 的消费，x_j 为比个体 i 更贫穷的人的消费，x_k 为比个体 i 更富有的人的消费。γ 和 β 表示居民收入差异对其效用影响的权重。该模型说明，个人的效用取决于自己的消费水平、与他人的消费差距给个人效用带来的效应。如果 $\gamma > 0$，$\beta > 0$，那么比自己富有的人的消费差距和比自己贫穷的人的消费差距都会给个人效用带来负效应。

根据再分配偏好理论的假设：（1）大多数人都不支持本国存在过大的收入差距，相对贫困的人尤其如此。假设人们厌恶其他人的消费与他们明显不同

（$\gamma > 0$，$\beta > 0$），不平等的存在降低了人们的效用。此外，人们对来自较富人群的收入差距产生的负效用大于较贫穷人群的（$|\gamma| > |\beta|$）。总之，这些假设意味着 $\gamma > \beta > 0$。对于给定的收入差异权重，个人越贫穷，就越有可能对国家收入差距感到不满。（2）人们对不平等的担忧与他们对再分配的支持有关。对不平等更担忧的人往往更支持再分配。（3）穷人应该比富人更支持再分配，因为他们直接受益。

（二）纠正收入分配认知是否会影响再分配偏好？

最近的研究表明，人们容易误解自己在收入分配中的位置，为了说明认知如何改变再分配偏好，本文假设个人效用取决于人们对他人的消费水平的认知，而不是他人的实际消费水平。模型修改为：

$$U_i(x) = x_i - \beta_i \frac{1}{n-1}(\sum_{j \neq i} \max[x_i - x_j^P, 0]) - \gamma_i \frac{1}{n-1}(\sum_{k \neq i} \max[x_k^P - x_i, 0])$$

$$(2)$$

x_j^P 为个体 i 对比他贫穷的人消费水平的认知，x_k^P 为个体 i 对比他富裕的人消费水平的认知。如果上述再分配偏好理论的假设是有效的，这意味着以下假设成立：

假设 1：告诉人们他们比自己想象的更贫穷会提升他们对国家贫富差距的担忧。

再分配偏好理论假设人们厌恶不平等，且更在意他们的收入和更富有的人之间的差距（即 $\gamma > \beta > 0$），如果人们意识到自己和更富有的人之间的收入差距比想象中的更大，会提升他们对国家不平等程度的担忧，个人效用 $U_i(x)$ 降低。可以表示成：

$$\text{if } \frac{\sum_{k \neq i}(x_k - x_i)}{\sum_{j \neq i}(x_i - x_j)} > \frac{\sum_{k \neq i}(x_k^P - x_i)}{\sum_{j \neq i}(x_i - x_j^P)} \text{ then } [U_i(x)|I^1] < [U_i(x)|I^0] \quad (3)$$

假设 2：告诉人们他们比自己想象得更贫穷，将提升他们对政府缩小贫富差距政策的支持。

三、实 验 设 计

（一） 样本选择和样本量

本文对来自 10 个国家（澳大利亚、印度、墨西哥、摩洛哥、荷兰、尼日利亚、南非、西班牙、英国和美国）的 30 000 多名受访者进行了随机调查实验，并使用 YouGov、Ipsos 和 RIWI 收集了每个国家使用互联网的数据。每个国家的实验组和对照组至少有 800 名受访者，平均每组约有 1 500 名受访者。

（二） 问卷设计

调查问卷包括两个部分：第一部分收集了人们对不平等的看法和个人背景特征（背景特征部分的问题包括受访者的投票偏好、家庭总收入和家庭人口数），第二部分调查了人们对国家不平等程度的看法和对政府是否有责任缩小贫富差距的看法。

问卷的第一部分为了衡量受访者对国家不平等程度的看法，受访者被要求从完全平等到极不平等的六个选项中选择他们认为国家目前的收入不平等程度以及他们认为国家应该的收入不平等程度。

将居民收入水平从高到低顺序排列，平均分为五个等分，受访者被问及他们认为自己的家庭在国民收入分配中属于哪一档，反映了受访者对其在本国收入分配中位置的认知。作者比较了受访者对自己在收入分配中位置的回答与他们在收入分配中实际的等级（基于他们报告的家庭收入），并根据受访者的认知是准确的、低估和高估来进行分类。

第二部分是关于人们对贫富差距的担忧以及他们认为政府是否有责任缩小贫富差距的问题，如表 1 所示。

表 1 人们对贫富差距的担忧以及他们认为政府是否有责任缩小贫富差距

GAP – To what extent do you agree with the following statement："The gap between the rich and the poor in（COUNTRY X）is too large"?（Strongly Agree，Agree，Neither Agree or Disagree，Disagree，Strongly Disagree）	RESPONSIBILITY – To what extent do you agree with the following statement："It is the responsibility of the government to reduce the gap between the rich and the poor"?（Strongly Agree，Agree，Neither Agree or Disagree，Disagree，Strongly Disagree）

在回答第二部分之前，受访者被随机分配，一部分受访者被告知他们在收入分配中实际的位置（实验组），另一部分不接受任何信息（对照组）。其中，实验组和对照组的受访者均高估了自己的收入水平。

（三）实证模型

本文使用具有二元因变量的 OLS 回归，回归模型可以写成如下形式：

$$Y_j = \beta_0 + \beta_1 T + X\gamma + \varepsilon \tag{4}$$

其中，如果被调查者"强烈同意"或"同意"Table2 的问题（国家的贫富差距过大、政府有责任缩小贫富差距），则变量 Y_j 取值为 1，否则取值为 0。此外，如果受访者属于实验组，则变量 T 取值为 1；如果属于对照组，则取值为 0。β_1 表示实验组和对照组中"强烈同意"或"同意"的受访者比例的平均差异（即干预效果）。X 是控制实验组和对照组之间背景特征潜在不平衡的变量向量，β_0 是截距项，ε 是模型误差项。

四、结 果 分 析

（一）对再分配偏好理论假设的实证支持

调查数据的结果为再分配偏好理论提供了实证支持，如各国的数据都表明，人们反对不平等，只有 10% ~ 29% 的受访者偏好不平等；对不平等担忧的人大多支持再分配，每个国家只有较少的人口（3% ~ 8%）支持再分配但不太担心不平等。穷人和富人对降低不平等的期待、对不平等的担忧和对再分配的支持之间的差异很小。

（二）居民对自己在收入分配中位置的误解

本文证实了受访者对自己在收入分配中的位置存在很大的误解。将国民收入从高到低划分为五个档次，每个国家的收入排名最后两档的受访者大多无法准确估计他的收入属于哪一档。37%（英国）~63%（印度）的处于收入分配最后两档的受访者认为他们的家庭处于国民收入分配的最中间一档（见图1）。这种常见的误解称为"中值偏差"，贫穷的人往往高估了自己的收入水平。此外，高收入国家的受访者准确估计的可能性比中等收入国家高出了50%以上。

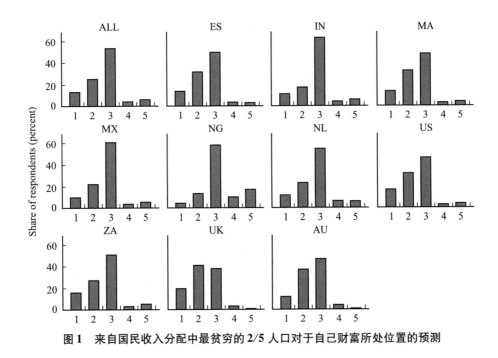

图1　来自国民收入分配中最贫穷的2/5人口对于自己财富所处位置的预测

（三）认知收入等级对再分配偏好的影响

对受访者进行干预（告知处于收入分配最后两档的受访者，他们比想象中的更贫穷），会影响他们的收入分配认知。结果表明，接受试验后，更少的人认为他们国家的贫富差距过大，这一结果在 10 个国家中有 7 个国家显著（见图 2 和表 2）。例如，对于西班牙，对照组中 78.5% 的受访者认为国家贫富差距过大，而实验组中认为国家贫富差距过大的比例为 70.6%。

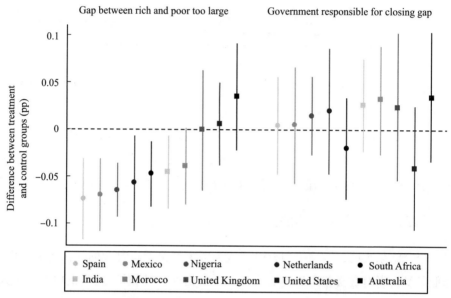

图 2　对受访者进行干预后他们对自己财富所处位置的重新评估

表 2　　　　认知收入等级对再分配偏好影响的回归结果

	(ES) b/se	(IN) b/se	(MA) b/se	(MX) b/se	(NG) b/se	(NL) b/se	(US) b/se	(ZA) b/se	(UK) b/se	(AU) b/se
Gap too large	−0.079 (0.02)	−0.045 (0.02)	−0.037 (0.02)	−0.074 (0.02)	−0.063 (0.01)	−0.053 (0.03)	0.002 (0.02)	−0.047 (0.02)	−0.001 (0.03)	0.034 (0.03)
p-value	0.000	0.024	0.077	0.000	0.000	0.038	0.924	0.008	0.975	0.243
Mean dep. variable	0.785	0.856	0.785	0.865	0.927	0.692	0.769	0.887	0.824	0.775
Controls	Yes	Yes	Yes	Yes	Yes	Yes	Yes	Yes	Yes	Yes
Government responsible	0.002 (0.03)	0.029 (0.03)	0.034 (0.03)	0.004 (0.03)	0.014 (0.02)	0.020 (0.03)	−0.055 (0.03)	−0.020 (0.03)	0.016 (0.04)	0.030 (0.03)
p-value	0.927	0.268	0.260	0.910	0.499	0.556	0.093	0.477	0.673	0.385

	(ES) b/se	(IN) b/se	(MA) b/se	(MX) b/se	(NG) b/se	(NL) b/se	(US) b/se	(ZA) b/se	(UK) b/se	(AU) b/se
Mean dep. variable	0.776	0.807	0.661	0.717	0.823	0.647	0.654	0.768	0.682	0.609
Controls	Yes	Yes	Yes	Yes	Yes	Yes	Yes	Yes	Yes	Yes
Observations	877	908	979	793	1 160	732	825	950	457	749

对于政府是否需要为缩小贫富差距负责的问题上，实验组和对照组之间差距并不明显，在10个国家中都没有产生统计上的显著影响。说明告知受访者他们比想象中的更贫穷不会显著提升他们对政府再分配政策的支持。

为了检验干预在所有国家的影响，本文还进行了混合OLS回归。研究发现这种干预降低了所有国家的居民对不平等的担忧，且中等收入国家较为显著。

（四）干预产生影响的渠道

研究结果表明，这项干预减少了认为国家贫富差距过大的受访者的比例，降低了受访者对贫富差距的担忧（与假设1相反）。同时，这项干预不会对人们对政府再分配政策的支持产生显著影响（未证实假设2）。将本文的实证结果和模型联系起来，产生这种结果可能是因为，穷人更在意自己与更贫穷的人之间的收入差距，而不是与更富有的人之间的收入差距（即$\beta > \gamma > 0$）。

作者将这种现象产生的原因称为"基准"，即人们将自己的生活水平作为他们认为他人可以接受的标准。在接受干预之前，人们认为自己的生活水平处于本国的中间位置，尽管他们实际上相对贫穷。接受干预后，人们意识到了两点，第一，他们国家的穷人比他们想象的要少。第二，他们认为的平均生活水平（即他们自己的生活水平）实际上相对较差。也就是说，相对贫困的人比他们想象中的少，且相对贫困者的绝对生活水平也比他们想象中的更高。所以，向受访者提供干预将使他们不那么担忧本国穷人的生活水平。这一现象表明，相对贫穷的人在考虑是否支持再分配政策的问题上有两条相反的渠道，一方面，如果穷人认为他们将直接受益，则会更支持再分配；另一方面，如果他们认为这种相对贫困的绝对生活水平在某种程度上是能令人满意的，则不太认为需要向穷人再分配。

五、研究结论

本文对来自十个国家的 30 000 多人进行随机实验，测试了告知人们他们比自己想象的更贫穷会如何影响他们对国家贫富差距的看法和对再分配政策的支持。研究表明，再分配偏好理论的基本假设之一缺乏实证支持，与假设相反，告知人们他们比自己想象的更贫穷，降低了他们对国家贫富差距程度的担忧，且不会提升人们对政府再分配政策的支持力度。

推 荐 理 由

研究再分配偏好，有助于了解人们对社会不平等的看法以及对缩小贫富差距政策的支持程度，为政府制定更公平、更有效的再分配政策提供参考。本文完善了再分配偏好理论，并对相对贫困人群不太支持再分配的问题提供了新的解释思路。相关领域还有诸多问题值得我们进一步研究：人们的再分配偏好是基于收入的绝对差异还是相对差异？哪些类型的信息会导致穷人更加支持再分配？影响发展中国家再分配偏好的因素有哪些？

兴"河"安邦：大运河
衰败与社会冲突[*]

一、引　言

　　贸易往来究竟是维系还是破坏了社会稳定，长期以来存在争论。一些研究表明，贸易活动提高了居民收入并保障劳动力就业，使得叛乱的机会成本大大增加，从而有益于社会稳定。也有学者认为，贸易活动为劫掠行为提供了更多战利品，反而会引发社会动荡。在持续的理论争论中，两者之间的因果关系尚未得准确验证。为解决上述问题，本文利用 19 世纪中国的大运河废弃事件，对贸易活动与社会冲突之间的关系进行了实证检验，并尝试分析背后可能的机制。

　　由于大运河的废弃既不是贸易为导向，也不是以平息叛乱或根据叛乱活动的预期决定的，因此为衡量贸易活动的外生变化提供了理想的冲击。本文基于标准的双重差分模型设定，以 1826 年作为大运河废弃时间，比较运河流经的县（以下简称运河县）与邻近运河县的县（以下简称非运河县）在大运河废弃前后叛乱水平的变化。研究发现，运河县和非运河县的叛乱水平在大运河废弃之前没有明显差异，而在废弃后运河县的叛乱数量更高。具体而言，运河县在冲击之后每百万人口的叛乱数量平均增加了 0.0387 次。

　　* 推荐人：中南财经政法大学财政税务学院，曾子汉。

　　推送日期：2022 年 9 月 30 日。

　　原文信息：Cao Y., Chen S. Rebel on the Canal：Disrupted Trade Access and Social Conflict in China，1650 – 1911 [J]. *American Economic Review*，2022，112（5）：1555 – 90.

考虑到政策冲击强度的差异，研究发现县内所含运河长度越长，周围集市的份额越大，大运河废弃后叛乱发生的数量越多。除此之外，本文还发现距离运河越远，叛乱效应越小，效应存在的地理半径约为 150 公里。机制分析表明，大运河废弃导致的贸易活动中断是导致社会冲突的主要渠道，以下证据佐证了这一观点：大运河的废弃阻碍了周边集市的发展；有其他替代性贸易路线的县受到运河废弃的影响更小；大运河废弃导致附近县化解天气风险的能力降低；对黑帮的人员构成分析显示，城市失业工人可能是大运河废弃后组织叛乱的主要群体。本文的边际贡献有以下几点：一是对贸易活动与社会冲突这一充满争议性的话题进行实证检验；二是以往的文献往往聚焦于极端天气和价格波动对于农村冲突的影响，少有研究关注城市受到永久性负面贸易冲击的社会后果，本文重点关注了城市失业工人在大运河废弃后对叛乱的推动作用；三是从大运河衰败的视角对中国历史上北方长期的叛乱现象进行解释。

二、研究设计

（一）基本背景

大运河在隋朝时候建立，是世界上最大和最古老的人工水道，流经六个省份，由政府出资维护进行漕粮运输。漕粮运输过程中被允许携带一定量的免税商品，同时该运河也被允许供商人用于贸易和娱乐，这极大地促进了运河沿途县城的繁荣。然而在 1825 年，一场暴雨引发的洪水冲垮了黄河和大运河交汇处的坝口，大量泥沙堆积使得运河难以航行，漕粮运输被迫中止。此时，清政府开始尝试通过海运运输贡米，海运优势明显但相关提议遭到了大运河利益相关者的强烈反对。虽然大运河在 1826 年恢复航运，但是这次改革使人们认识到海运的高效率和低成本。最终，清政府从 1855 年起放弃了大运河的维护，1911 年彻底宣布废弃大运河。

（二）实验设计

我们利用标准的 DID 方法来检验大运河的废弃对叛乱的影响，模型设定如下：

$$Y_{ct} = \beta AlongCanal_c \times Post_t + \delta_c + \sigma_t + \chi_{ct} + \varepsilon_{ct}$$

$$Y_{ct} = \sum_{\tau=-50}^{70} \beta_\tau AlongCanal_c \times Decade_t^\tau + \delta_c + \sigma_t + \chi_{ct} + \varepsilon_{ct}$$

其中，c 表示县，t 表示年份，$AlongCanal_c$ 为虚拟变量，当一个县有运河经过为 1，否则为 0。$Post_t$ 为虚拟变量，1826 年之后为 1，否则为 0。σ_t 时间固定效应，δ_c 示个体固定效应，χ_{ct} 示一系列控制变量。考虑到大运河废弃前各县的叛乱容易程度会对估计结果产生干扰，本文在回归方程中加入了冲击前各县叛乱次数和年份固定效应的交乘项。

（三）数据与指标

本文从多个历史资料中构建了一个横跨 1650～1911 年的县级面板数据集，涵盖了 6 个省的 575 个县（包括 73 个运河县）。数据集包括以下信息：一是各县的叛乱数据和叛乱开始时间，根据史料整理得到；二是各县受大运河影响的程度，包括是否为运河县、地理强度、经济强度以及空间梯度强度。其中，地理强度用一个县内运河部门的长度/县的面积代表，经济冲击强度用县内距离运河 10 公里内的集市份额来表示，空间梯度强度用非运河县的行政中心距离大运河的地理距离表示；三是各县的地理、人口、气候、农业等信息。

三、实 证 结 果

（一）大运河衰败与社会冲突

图 1 表明运河县和非运河县之间发生叛乱的差异在冲击发生之前很小，而在 1826 年之后，运河县相比于非运河县的叛乱数量在十年之内显著增加，40 年后叛乱数量达到峰值，此后开始下降。表 1 显示交乘项的估计系数为 0.038，意味着大运河废除后，运河县的叛乱数量平均增加了 117%（0.038/0.033）。

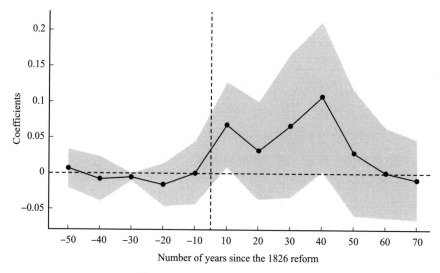

Number of years since the 1826 reform

图1　运河衰败与叛乱：事件研究

表1　　　　　　　　　　运河衰败与叛乱：基准评估

	Rebellions				
	（1）	（2）	（3）	（4）	（5）
AlongCanal × Post	0.0380 (0.0166) [0.0165]	0.0369 (0.0172) [0.0167]	0.0453 (0.0173) [0.0167]	0.0427 (0.0172) [0.0168]	0.0340 (0.0166) [0.0168]
Constant	0.0313 (0.0007)	0.0314 (0.0007)	0.0310 (0.0008)	0.0311 (0.0007)	−0.0268 (0.0195)
County FE	Yes	Yes	Yes	Yes	Yes
Year FE	Yes	Yes	Yes	Yes	Yes
Pre-reform rebellion × year FE	No	Yes	Yes	Yes	Yes
Province × year FE	No	No	Yes	Yes	Yes
Prefecture year trend	No	No	No	Yes	Yes
Controls × *Post*	No	No	No	No	Yes
Mean of the dependent variable	0.0330	0.0330	0.0330	0.0330	0.0330
Number of observations	140 432	140 432	140 432	140 432	140 432
Number of counties	536	536	536	536	536
Adjusted R^2	0.0253	0.0322	0.0471	0.0497	0.0509

一些运河县对运河的依赖程度更高，受到冲击的影响也会更大，因此，我们定义了更为灵活的政策影响强度变量：一是地理强度，每个县所含运河的长度与县域面积的比值；二是经济强度，用运河周围 10 公里范围内的集市数目与县城集市总数的比值。表 2 的结果显示，受大运河废弃影响越大的县城，叛乱数量越多。除此之外，大运河废弃的影响可能会波及附近的非运河县。为了验证这一点，我们根据非运河县行政中心和大运河之间的距离重新定义交乘项。回归结果如图 2 所示，随着距离的增加，大运河废弃产生的政策效应不断减少，150 公里以外政策效应消失。

$$Y_{ct} = \beta CanalIntensity_c \times Post_t + \delta_c + \sigma_t + \chi_{ct} + \varepsilon_{ct}$$

表 2　　　　　　　　　运河衰败与叛乱：治疗强度

	Rebellions		
	(1)	(2)	(3)
CanalLength（per 100km^2）× Post	0.0200 (0.0104) [0.0094]		
CanalTownShare × Post		0.0770 (0.0292) [0.0269]	
DistanceToCanal × Post			−0.0142 (0.0038) [0.0046]
Constant	0.0315 (0.0007)	0.0315 (0.0007)	0.0561 (0.0063)
County FE	Yes	Yes	Yes
Year FE	Yes	Yes	Yes
Pre-reform rebellion × year FE	Yes	Yes	Yes
Province × year FE	Yes	Yes	Yes
Prefecture year trend	Yes	Yes	Yes
Mean of the dependent variable	0.0330	0.0334	0.0322
Number of observations	140 432	129 166	130 476
Number of counties	536	493	498
Adjusted R^2	0.0497	0.0515	0.0485

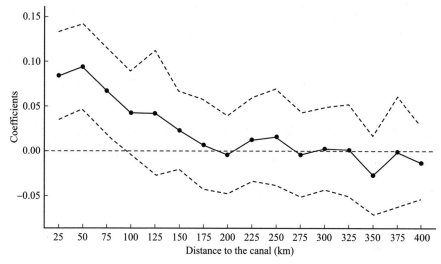

图2　运河衰败与叛乱：灵活的运河距离

（二）贸易通道中断与社会冲突

前面的分析发现大运河废弃之后运河县的叛乱数量显著增加，接下来我们进一步探讨背后的潜在机制：

一是政府镇压能力。由于大运河失去了贸易运输的功能，政府的镇压能力会减弱，盗贼劫掠成功的可能性增加，因而会产生更多的叛乱。本文采取了两种间接方式来测量政府的镇压能力：第一种是每个县城预先分配的兵力，第二种是县城是否为当地首府。结果发现国家镇压能力对叛乱的发生并没有影响。

二是贸易中断。大运河废弃中断了地区间的贸易往来，经济发展受损，进而引发了叛乱。本文从以下三方面对这一机制渠道进行验证：（1）考察大运河废弃与集市发展之间的关系；（2）考察替代性贸易路线是否有助于减轻大运河废弃的影响；（3）考察大运河在减轻气候冲击带来风险方面的作用。表3展示了相关的回归结果，第（1）列的被解释变量为县内集市数量占比，结果发现大运河废弃后县内集市数量占比显著降低。第（2）列考察了县城是否拥有驿站对于缓解政策冲击的作用，回归表明当一个县拥有驿站时，大运河废弃对叛乱的推动作用显著下降。第（3）列将大运河的地理冲击强度与一个温度异常的年份虚拟变量交乘，我们发现大运河的存在对天气引起的社会叛乱有缓解作用，但是运河废弃后，这种缓解作用消失，暗示着大运河的废弃可能破坏了运河曾经作为贸易通道的作用，从而导致了随后叛乱的发生。本文进一步分析了城市工人在叛乱中的作用，大运河的废弃可能会打击从事贸易相关工作的城市工人（水手、码头工人、贸易商等），从而导致失业工人参与叛乱。我们将上海青帮组织者的原籍与运河县进行匹配，得到不同县城的组织者人数，用是否为运河县与该县拥有的组织者人数进行回归，结果如表4所示，发现了两者存在显著的正向关系。这些结论均表明贸易通道丧失是大运河废弃引发地区叛乱的作用渠道。

表 3　　　　　　　　　　**运河衰败与叛乱：贸易通道**

	Dependent Variable:		
	Town Number	Rebellions	
	(1)	(2)	(3)
Canal × Post	−0.2683 (0.0638) [0.0604]	0.0466 (0.0189) [0.0165]	0.0130 (0.0095) [0.0094]
Courier × Post		0.0006 (0.0013) [0.0011]	
Canal × Courier × Post		−0.0070 (0.0029) [0.0025]	
Temperature Anomaly			−0.0022 (0.0033) [0.0046]
Canal × Temperature Anomaly			−0.0135 (0.0055) [0.0057]
Temperature Anomaly × Post			−0.0082 (0.0075) [0.0085]
Canal × Temperature Anomaly × Post			0.0251 (0.0151) [0.0154]

表 4　　　　　　　　　　　运河衰败和上海青帮

	Dependent Variables：
	Green Gang senior members（early 20th century）
	（1）
Along Canal	1. 1736 （0. 2792）
Prefecture FE	Yes
Mean of the Dependent Variable	0. 2435
No. of Observations	575
Adjusted R – squared	0. 2076

四、结　　论

本文基于一个横跨 1650～1911 年的县级面板数据集，考察了中国大运河废弃与地区叛乱之间的联系，发现大运河废弃后，运河县比非运河县经历了更为频繁的叛乱。考虑到冲击影响的强弱，我们发现大运河废弃的效应主要是由那些在地理上和经济上更依赖大运河贸易运输的县城驱动的。进一步的机制检验表明，大运河废弃导致的贸易通道中断是引发叛乱的重要渠道，而城市失业的工人在其中起到了重要的推动作用。

推 荐 理 由

本文从 1650～1911 年宏大的历史视角着眼，通过严谨的实证分析、巧妙的机制设计让读者对贸易活动与社会冲突的关系有了更加清晰的认识。文章使用丰富的研究方法，包括事件研究法、标准 DID、强度 DID、CIC 和 SCM 等，从各种维度构造涵盖政治、经济、气候等机制变量，使得文章的深度和高度得到提升。总体而言，文章既具有历史的趣味性，又不乏经济学的严谨性。

农为邦本：谷物成就了国家[*]

一、引　　言

　　《史记》中说："农，天下之本，务莫大焉。"从古及今，国家的发展、进步和兴盛离不开农业，这一点毋庸置疑。追溯历史，原始农业最早产生于新石器时代，人类祖先的生产方式自此发生了重要变化，从狩猎采集经济开始转向定居耕种。与此同时，社会日趋复杂化，分工开始出现，慢慢产生了国家。观察这一过程，我们不禁思考，农业如何作用于国家的产生？传统生产理论认为，生产力是社会发展的最终决定力量。具体而言，农作耕种的进步提高了粮食产量，剩余开始出现，这推动了社会阶层的分化，精英阶层出现并攫取剩余，进行课税，由此更为复杂的社会结构形成，国家开始产生。然而，生产力的提高与更为复杂的社会层级的客观事实仅存在于种植谷物的地区，而非种植根（茎）作物的地区。基于此，本文认为生产力不能解释国家起源的全部，更为本质的原因是农作物的特点，是谷物成就了国家。由于谷物是季节性收割、易储存且量化简便，这使得其具有可侵占性（appropriability）的特征，相比与多年生、易腐烂的根（茎）作物更容易被攫取和课税，由此有了社会的分化和国家的出现。

　　* 推荐人：中南财经政法大学财政税务学院，马婷钰。
　　推送日期：2022 年 9 月 23 日。
　　原文信息：Mayshar J.，Moav O.，Pascali L. The Origin of the State：Land Productivity or Appropriability？［J］. *Journal of Political Economy*，2022，130（4）：1091 – 1144.

接下来，本文糅合了考古学、人类学和农学等多套数据，采取不同的研究策略对谷物与国家形成之间的关系进行了验证。首先，本文考察了前工业化时期种植谷物是否能够促进社会层级的多元化，使用谷物与根（块）茎作物的潜在热值差作为工具变量。结果显示，谷物种植与地区社会层级复杂程度之间表现出了显著的正相关关系。其次，本文将视角着眼于更早的古典时期，利用各类作物的野生近缘种（wild relatives，WRs）的地理分布情况作为农作物驯化潜力的代理变量，并使用新的社会等级复杂指数进行回归。除此之外，本文还使用"哥伦布大交换"这一外生冲击，研究了作物种类的改变如何影响当地社会结构，发现上述结论依旧成立。最后，以城市和部落遗址代表文明的兴起，本文也发现谷物的种植推动了早期的城市化进程。

关于国家起源的观点，许多研究强调了贸易（Bates，1983；Fenske，2014）、灌溉（Wittfogel，1957；Bentzen et al.，2017）及制度（Acemoglu and Robinson，2012）等在其中的作用。以 Adam Smith、Engels 和 Childe 等为代表提出的传统生产理论强调了生产力的重要作用，本文从农作物的可侵占性这一新视角为国家起源提供了新的解释。在传统生产理论的基础进一步延伸，生产力提高也伴随着人口规模扩张和冲突的产生，需要国家机构的出现来遏制暴力（Johnson and Earle，2000；North et al.，2009）。

二、研 究 设 计

（一）前工业社会族群证据

可侵占性理论表明，谷物的种植能够促使当地社会等级的复杂化，为验证其准确性，本文着眼于前工业化时代，尝试寻找相关证据支撑。Murdock 于 1967 年出版的人种志地图集（*Ethnographic Data*）提供了全球 1 267 个族群在工业化前的文化、制度和经济相关特征，本文据此构造了衡量社会等级复杂程度的有序变量（Y_i："Jurisdictional Hierarchy beyond the Local Community"），其中将不同族群的社会等级按"无序—酋邦—国家"划分为五个层次。

在度量谷物种植情况时，考虑到谷物实际产量（$CerMain_i$）的内生性问题，本文使用谷物和根（块）茎类作物的最大潜在热能产量之差（$CerAdv_i$）作为工具变量，截面模型设定如下：

$$Y_i = \alpha_1 CerMain_i + \alpha_2 LandProd_i + X_i'\beta + u_i,$$

$$CerMain_i = \beta_i CerAdv_i + \beta_2 LandProd_i + X_i'\beta + \varepsilon_i.$$

从表1可以看到，OLS和2SLS结果均表明种植谷物越多的地区，当地社会等级复杂化程度也就越高。并且，土地生产力（$LandProd_i$）与社会等级之间并无明显关系（$column\ 4$），这与传统生产理论相悖。进一步，本文猜想农业剩余的出现可能并不是源于土地生产力的提高，谷物所具有的可侵占性特征可能是背后的真正原因，农业剩余的出现也伴随着税基的产生，使得精英阶层能够对谷物课征收实物税。基于人种志地图集数据的分析发现，谷物种植多的地区出现剩余的概率也就越大，当地税收负担也会更重。

表1   **谷物和等级制度回归结果**

Panel A：2nd stage	Dep variable：Jurisdictional Hierarchy Beyond Local Community					
	（1）OLS	（2）2SLS	（3）2SLS	（4）2SLS	（5）2SLS	（6）2SLS PDS
CerMain	0. 707 {0. 114} *** [0. 097] *** (0. 131) ***	1. 170 {0. 352} *** [0. 292] *** (0. 359) ***	0. 892 {0. 447} ** [0. 352] ** (0. 420) **	1. 064 {0. 556} * [0. 459] ** (0. 538) **	0. 830 {0. 474} ** [0. 426] * (0. 511)	0. 797 {0. 378} ** —
LandProd				− 0. 037 {0. 086} [0. 067] (0. 071)		—
Dependence on Agriculture					0. 259 {0. 402} [0. 398] (0. 478)	—
Continent FE	NO	NO	YES	YES	YES	—
N	952	952	952	952	952	877

续表

Panel A: 2nd stage	Dep variable: Jurisdictional Hierarchy Beyond Local Community					
	(1) OLS	(2) 2SLS	(3) 2SLS	(4) 2SLS	(5) 2SLS	(6) 2SLS PDS
F excl instrum.		52.15 [74.90] (49.34)	33.13 [52.50] (34.76)	13.06 [29.20] (19.70)	11.43 [37.83] (23.18)	16.11
R – squared	0.793					
Panel B: 1st stage						
CerAdv		0.209 {0.029}*** (0.024)*** (0.029)***	0.155 {0.027}*** (0.021)*** (0.026)***	0.258 {0.071}*** (0.047)*** (0.059)***	0.291 {0.068}*** (0.021)*** (0.027)***	0.299 {0.067}***

（二）古典时期证据

考虑到人种志地图集数据本身的非随机性，且时间区间距离最初的农业革命较远，本文将研究时期继续向前推进到古典时期。利用 Borcan，Olsson and Putterman（2018）构建的一套社会等级指数数据，本文重新度量了不同族群的社会等级复杂程度。同时，为更准确地衡量一地谷物的繁育情况，本文使用全球生物多样性信托基金（Global Crop Diversity Trust）提供的不同农作物的 WRs 的地理分布情况，以农作物的主要 WRs 数量作为其驯化潜力的代理变量。在实证模型中，本文同时纳入了只有谷物 $WRs(I(WR\_Cer)_i)$、只有根（块）茎作物 $WRs(I(WR\_Cer)_i)$ 及两者同时存在（$I(WR\_Cer + WR\_RT)_i$）三种情形，截面模型设定如下：

$$Hierarchy_i^{450} = \alpha_1 I(WR\_Cer)_i + \alpha_2 I(WR\_RT)_i$$
$$+ \alpha_3 I(WR\_Cer + WR\_RT)_i + X_i'\beta + u_i$$

表 2 的结果显示，只有仅存在谷物 WRs 的地区，谷物的驯化潜力越大，当地的社会等级复杂指数也就越高，而其他两类地区并未发现显著影响。

表 2　　　　　　　　　古典古代的谷物和等级制度——横断面回归

	Dep. Variable：Hierarchy Index in AD 450								
	（1）OLS	（2）OLS	（3）OLS	（4）OLS	（5）OLS	（6）OLS	（7）OLS	（8）OLS	（9）PDS
WR Cer	0.535***(0.0655)	0.526***(0.0989)	0.465***(0.124)	0.505***(0.118)	0.433***(0.129)	0.462***(0.121)	0.423***(0.136)	0.487***(0.117)	0.305*(0.173)
WR RT		0.125(0.174)	0.182(0.173)	0.196(0.170)	0.168(0.172)	0.204(0.174)	0.123(0.170)	0.222(0.172)	—
WR Cer & RT		−0.0319(0.0918)	0.0623(0.114)	0.0568(0.114)	0.0709(0.112)	0.0304(0.112)	0.0447(0.126)	0.123(0.114)	
Controls：									
Abs Latitude	NO	NO	NO	YES	NO	NO	NO	NO	—
Precipitation	NO	NO	NO	NO	YES	NO	NO	NO	—
Temperature	NO	NO	NO	NO	NO	YES	NO	NO	—
Elevation	NO	NO	NO	NO	NO	NO	YES	NO	—
Ruggedness	NO	NO	NO	YES	NO	NO	NO	YES	—
CONT FE	NO	NO	YES	YES	YES	YES	YES	YES	
r2	0.305	0.310	0.408	0.435	0.418	0.408	0.428	0.402	
N	151	151	151	151	151	150	148	145	73

（三）"哥伦布大交换"自然实验

1492 年，哥伦布发现新大陆，此后新、旧大陆之间开始发生联系。在这一过程中，农作物开始在不同地区传播交换，不同地区的作物种类及组成结构也随之发生变化，这在历史上被称为"哥伦布大交换"（columbian exchange）。本文因此可以计算出各地区在哥伦布大交换前后的谷物生产优势（$CerAdv_{it}$），继而分析哥伦布大交换这一外生冲击带来的作物变化如何影响当地的社会等级。图 1 展示了逐年回归的结果，可以看到在哥伦布大交换之前（1 500 年以前），不同地区之间并未表现出事前趋势。而在哥伦布大交换之后，谷物生产优势越明显的地区，表现出了更复杂的社会等级。

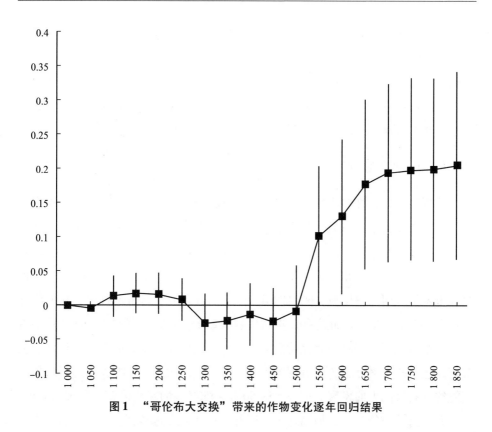

图1 "哥伦布大交换"带来的作物变化逐年回归结果

（四）早期遗址证据

除通过直接测算的方法度量不同地区的社会等级外，能否在一地勘测到早期城市或大型部落的遗址，也能从侧面表明当地文明的发展程度。本文从以下两套数据中获取遗址信息，一是 Daniel DeGroff 提供的公元前 400 年城市遗址的区位数据，二是 Reba，Reitsma and Seto（2016）提供的公元前 450 年和公元 500 年的大型部落的区位数据，本文在三个时期分别构造出了不同地区是否存在遗址这一变量（$Settlement_i$）：首先，本文使用第三部分中农作物 WRs 的地理分布，考察其与早期遗址的出现有何联系。结果发现，只有在谷物 WRs 存在的地区，谷物驯化潜力越大，当地的城市化程度也就越高，而其他两类地区并未发现显著效应，在三个不同时期均表现出了相同的结论；其次，本文又利用不同农作物与其最近驯化中心的地理距离构造了作物驯化潜力的新的代理变量。居住地点越靠近谷物驯化中心的族群，更有可能种植谷物，从而发展出更为复杂的社会等级。实证结果发现，地理距离与地区的城市化程度呈现出了负相关的关系；最后，本文使用放射性碳定年法测算出遗址区位信息，使用双重差分的估计方法对上述结果进行了重新检验，发现只有在谷物驯化潜力大的地区，在新石器革命之后才表现出明显的城市化现象。

（五）现实案例

从现实来看，许多现象和历史事件也能为本文的论点提供佐证。研究表明，土著居民的生活习惯从狩猎采集为主转向贮存腌渍鲑鱼的过程中，也伴随着人口居住方式的转变和社会复杂性的提高（Tushingham and Bettinger，2013），这与本文提出的观点相契合。Acemoglu 和 Robinson（2012）也曾提到在 17 世纪，玉米传入西非海岸后，刚果的 Bushong 部落大力推行玉米种植，从而将部落社会转变为王国。除此之外，考古资料也显示，在新石器时代以前，伴随谷物的种植出现了许多具备储存功能的陶器，与此同时，社会的不平等程度和复杂程度也不断上升。然而，在种植根（块）茎作物的一些地区，文明却始终不能往更高级的方向发展。如公元前 5000 ~ 4500 年的新几内亚，以种植香蕉、芋头和山药等作物为生，但当地的文明并未依托此而进步，反而呈现出了人口分散，战争四起的混乱局面。在东南亚地区，依水而居的民族通过种植水稻最终形成国家，而山谷里的民族抵制外来文化，沿袭传统的采集模式，种植根（块）茎作物，其文明形态也始终停滞不前。

三、结　　论

历史和现实告诉我们，农业的蓬勃发展与文明的传承进步息息相关。传统生产理论强调生产力的重要作用，认为其促进了剩余的产生，分工的出现，继而导致社会阶级的分化，并最终产生国家。本文从农作物特点为国家起源提供了新的解释。谷物相比于根（块）茎作物具有更明显的生产优势，可侵占性更强，这使得精英阶层更容易攫取并对其进行课税，从而推动社会层级的多元化。

推 荐 理 由

国家的起源究竟是什么，"国家是阶级矛盾不可调和的产物"，霍布斯根植于契约论的思想，主张国家是个体相互之间订立契约，将个体的权力和意志托付给某一个人或集体而形成的，奥尔森通过"流寇—坐寇"的行为策略解释了国家的产生。本文为国家起源说提供了一个新的视角——可侵占性理论，强调了谷物在国家形成中发挥的重要作用。应当说，国家的产生是不同力量作用的结果，武装、战争和冲突是不同部落之间掠夺和征服的手段，从而形成更大的集合体，而谷物种植、灌溉工业及贸易往来等则为国家的出现和发展提供了丰富的物质基础。正是在多种因素的影响下，国家得以产生并在漫长的历史进程中形成差异化的国家能力。

V 劳动经济学

虎父无犬子：基因遗传还是生长环境[*]

一、引　　言

　　财富代际关联是学者和政策制定者关注的焦点。关于财富代际关联现象，有两种主流的理论解释：一是基因决定论（先天），父母通过基因将能力和偏好传递给后代，使得收入、储蓄和风险承担方面存在代际关联；二是环境养成论（后天），父母通过财富代际转移、能力培养和投资理念传递等影响孩子的财富持有水平。那么，这种财富持续现象会一直持续下去吗？是基因重要还是环境更重要？为了回答上述问题，本文使用了一套独特的儿童领养数据，领养过程有较强的随机性，被领养的儿童出生于韩国但在挪威长大，这能够帮助本文剥离基因的影响，较好地识别后天生长环境对孩子未来财富持有的影响。

　　本文通过比较父母与养子、亲子在财富水平和投资行为的相关性，探讨基因和生长环境对财富代际持续的影响。研究发现，家庭背景对孩子很重要，父母和养子在财富水平和风险投资存在显著的代际关联性，而和亲生子女在财富上的代际关联度是其的两倍。财富代际转移、教育和金融素养解释了财富代际积累的 40%，财富代际转移是最重要的因素。基于行为遗传学的因素分解发现，基因和家庭环境都能够影响孩子的财富积累，且基因的影响更大。相较于

　　* 推荐人：中南财经政法大学财政税务学院，贺天祥。
　　推送日期：2023 年 4 月 14 日。
　　原文信息：Fagereng A, Mogstad M, Rønning M. Why do wealthy parents have wealthy children？［J］. *Journal of Political Economy*, 2021, 129（3）：703 – 756.

已有研究，本文可能存在以下几点边际贡献：（1）使用准随机分配实验研究家庭环境对财富持续的影响，且很好地剥离出了基因这一因素；（2）探讨了财富发生代际传递的渠道；（3）将基因和环境同时纳入行为遗传学扩展模型的统一分析框架中。

二、韩国—挪威儿童领养制度

1965～1986年，大多被挪威收养的韩国儿童都是通过世界儿童组织（CNW）实现的。该组织负责儿童的领养和收养工作，拥有办理挪威公民收养韩国儿童的独家许可。从领养过程来看，有收养意愿的挪威夫妇向CNW发送领养申请，这些收养家庭必须满足结婚三年及以上、配偶年龄差小于十岁、年龄位于25～40岁、家庭不超过四个孩子且达到最低家庭收入标准等标准。如果申请人符合这些标准，CNW会在一年内派出资格审查员进行更细致的考察。对于符合条件的家庭，CNW将会根据递交申请的时间，按照先申请先分配的原则来分配孩子。特别注意的是，该机构不允许申请人选择孩子的性别、家庭背景等基本特征，因此，养父母和养子之间的特征没有相似性。本文使用的数据来源于国家收养登记信息库、挪威人口统计信息库、税收记录以及土地登记数据。经过数据的匹配、清洗和整理，最终得到2 254对养父母与养子的数据，以及1 206 605对亲生父母与亲生孩子的数据。通过比较发现，韩国领养儿童和挪威出生的孩子特征相近，孩子的财富分布状况、父母的财富分布状况也大致相似。同时，养子、亲子和父母的财富排名存在显著的正相关性。

三、研 究 设 计

（一）指标度量

本文使用1994～1996年家庭财富持有量来度量父代的财富水平，使用孩子成年后（2012～2014 年）的财富来衡量子代的财富水平，为平滑短期的收入波动，使用三年财富的均值表示。本文不仅关注两代人的净财富、金融资产等财富的关联性，也关注两代人的风险投资行为关联性，包括风险投资、股票市场参与等。净财富等于个人资产减去负债，金融资产由银行存款、债券、股票、共同基金、货币市场基金构成，风险投资是指三年内风险资产占全部金融资产的比例，股票市场参与行为是虚拟变量，如果三年内有一部分资金投入了风险资产，则为 1，否则为 0。

（二）实证模型

本文实证模型设定如下：

$$Y_i = \sum_k \alpha_k Z_{k,i} + \beta W_{j(i)} + X'_{j(i)} \eta + \gamma k_{j(i)} + X'_i \lambda + \delta \chi_i + u_i$$

其中，i 表示孩子，j 表示家庭，k 表示年份。Y 是孩子的财富、风险投资行为——孩子的净财富、金融资产、风险投资比例、是否参与股票市场。$Z_{k,i}$ 表示孩子是否被收养，$Z_{k,i} = 1$，表示孩子 i 在 k 年被收养。$W_{j(i)}$ 表示父母的净财富，β 表示子代对父代财富的持续能力。家庭层面的特征分为两个方面：$X_{j(i)}$ 表示其他可观测到的家庭特征，包括父母教育情况、收入、出生年份、家庭规模；$K_{j(i)}$ 表示家庭层面无法观测到的特征。孩子层面的特征 X_i 表示孩子的出生年份、性别等。χ_i 是无法观测到的孩子特征。

四、财富代际持续的经验证据

（一）基本结果

表 1 报告了父母净财富水平与孩子净财富水平的关系，验证了财富存在代际持续。养子的财富和其父母的财富均存在显著的相关关系，并且亲子的财富持续效应更强，是养子财富持续效应的两倍以上。为做进一步的比较，列（7）、列（8）将样本限制在同时拥有养子和亲子的家庭，结果发现养子与亲子之间仍存在很明显的财富代际持续效应差异。除净财富以外，父母与孩子在

金融资产、风险投资比例、股票市场参与方面也表现出较高的代际持续效应。

表1　　　　　　　　　　　　　　　　基准回归结果

	Korean – Norwegian adoptees			Non-adoptees			Families with both Adopted and Non-adopted Child	
	(1)	(2)	(3)	(4)	(5)	(6)	(7) Adoptees	(8) Non-adoptees
Child-parent net wealth relation	0. 225 *** (0. 041)	0. 225 *** (0. 041)	0. 204 *** (0. 042)	0. 575 *** (0. 011)	0. 547 *** (0. 011)	0. 548 *** (0. 018)	0. 276 ** (0. 139)	0. 468 *** (0. 122)
Adoption year indicators	Yes	Yes	Yes				Yes	
Birth year ind. of child & parents	Yes	Yes	Yes	Yes	Yes	Yes	Yes	Yes
Gender		Yes	Yes	Yes	Yes	Yes	Yes	Yes
Adoption age（in days）		Yes	Yes				Yes	
Family characteristics			Yes		Yes	Yes		
Matched sample（prop. score）						Yes		
Observations	2 254			1 206 650			515	1 105

（二）机制探讨

接下来，子女的受教育水平、收入、金融素养和财富代际转移四个方面考察财富代际持续的作用机制，模型设定如下：

$$\theta_d^j = \mu_{0,j} + X'\mu_{1,j} + \mu_{2,j}d + \eta_j, \ j \in \mathcal{J}_p$$

其中，d 表示财富，θ 表示上述四个机制变量，J 表示机制变量集合，X 是父母和孩子层面的控制变量。孩子的财富水平共同受到可观测到的机制变量、不可观测的机制变量以及家庭特征的影响，具体关系式可表达如下：

$$Y_d = K_d + \underbrace{\sum_{j \in \mathcal{J}_p} \alpha_d^j \theta_d^j}_{measured\ mediators} + \underbrace{\sum_{j \in \mathcal{J} \setminus \mathcal{J}_p} \alpha_d^j \theta_d^j}_{unmeasured\ mediators} + X'\beta_d + \tilde{\epsilon}_d$$

$$= \tau_d + \sum_{j \in \mathcal{J}_p} \alpha_d^j \theta_d^j + X'\beta_d + \epsilon_d$$

为简化分析，假设没有观测到的机制与控制变量、可观测到的机制变量无关，机制变量对于孩子净财富的影响不随父母净财富的变化而改变（即原文中 $\alpha p = \beta = 0$）。因此，父母财富水平为 d' 的孩子与父母财富水平为 d 的孩子财富差距可以写为：

$$E\left[Y_{d'} - Y_d\right] = (d' - d)\tau + \sum_{j \in \mathcal{J}_p} \alpha_0^j E\left[\theta_{d'}^j - \theta_d^j\right] = \underbrace{(d' - d)\tau}_{direct\ effect} + \underbrace{\sum_{j \in \mathcal{J}_p} \alpha_0^j (d' - d)\mu_{2,j}}_{indirect\ effect}$$

其中，间接效应表示为机制变量对孩子财富水平的影响，$direct\ effect$ 表示父母财富的直接影响和其他未观测因素的影响。结果发现，孩子的受教育水平、收入和金融素养能够解释财富代际持续问题的 36.5%（见图 1），财富代际转移和其他未观测因素的影响达到了 60% 以上；放松原假设 $\alpha p = \beta = 0$，结果仍然稳健。其中，影响最大的是父母对孩子的直接财富转移，该因素占据了间接效应的 90%。

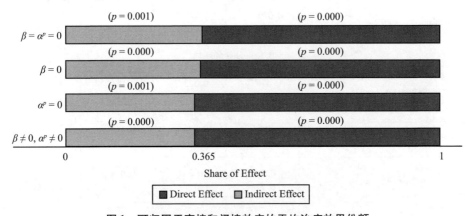

图 1　可归因于直接和间接效应的平均治疗效果份额

五、基因遗传还是生长环境

本文将基因遗传、生长环境和其他无法解释的因素纳入统一的分析框架，并使用 ACE 模型进行因素分解，分析三者在解释财富代际持续效应中的作用和贡献。在模型中，a 表示基因因素，c 表示家庭因素，e 表示除基因和家庭外的其他因素。标准 ACE 模型假设基因和环境之间不存在关联 r，扩展的 ACE 模型假设基因和环境之间存在相互作用。分解结果发现，基因和环境均能显著影响孩子的财富水平和受教育水平，且前者的影响程度更大；在基因和环境之间存在关联的情况下，家庭环境的影响效果得到提高（见表 2）。

表 2　　　　　　　　　　　　　　ACE 分解

	Net Wealth (1)	Financial Wealth (2)	Risky Share (3)	Education (4)
A. Standard Model			
Genetic factors (a^2)	0.291 *** (0.090)	0.333 *** (0.100)	0.005 (0.114)	0.544 *** (0.0850)
Shared environment (c^2)	0.164 *** (0.044)	0.096 * (0.050)	0.171 ** (0.057)	0.127 ** (0.04325)
Unexplained factors (e^2)	0.546 *** (0.047)	0.571 *** (0.050)	0.824 *** (0.057)	0.329 *** (0.04326)
B. Extended Model			
Genetic factors (a^2)	0.576 ** (0.188)	0.523 ** (0.188)	− 0.055 (0.273)	0.492 *** (0.130)
Shared environment (c^2)	0.365 *** (0.094)	0.246 ** (0.094)	0.141 ** (0.071)	0.05875 (0.0491)
Unexplained factors (e^2)	0.058 (0.270)	0.231 (0.261)	0.914 ** (0.315)	0.451 ** (0.151)
Gene-environment correlation (γ)	− 0.249 * (0.129)	− 0.166 (0.117)	0.036 (0.111)	0.0791 (0.0761)

六、研究结论

本文使用 1965～1986 年挪威公民领养韩国儿童这一准随机分配实验，通过剥离基因影响，探究了家庭背景对子女财富积累和投资行为的影响。研究发现，父母和孩子在财富水平、股票市场参与和风险投资等方面存在明显的代际关联性，影响这一问题的最重要因素是来自父母的财富转移，因素分解发现基因和环境都能够影响孩子的财富积累，且基因的影响更大。

推 荐 理 由

财富的代际传承是许多国家存在的社会现象。本文在剔除基因的影响后，分析促成代际财富持续的影响因素及其机制。值得思考的是，财富代际转移造成子代财富差距的问题能否通过征收遗产税、改善教育机会公平或者改善薪酬决定机制的过程公平等方式解决。此外，家庭背景对孩子的财富积累和投资行为具有同等重要影响，这对于如何解决我国面临的财富差距问题提供政策启示。当然，本文还对于研究我国的财富不平等与代际流动的相关问题具有借鉴意义。

未雨绸缪：Chat GPT 会替代你的工作吗？*

一、引　　言

大型语言模型（large language models，LLMs）是人工智能技术中的一项重要突破，其中，Generative Pre-trained Transformer（GPT）模型在自然语言处理领域取得了显著成果。最近，GPT - 3.5、GPT - 4 等 LLMs 的相继问世引起了广泛的关注和热议，这些模型在语言理解、生成和翻译等方面表现出色，成为了自然语言处理领域的热门研究方向。然而，迄今为止，现有关于大语言模型的研究更多集中于技术层面，有关大语言模型对劳动力市场的研究屈指可数。

本文使用 O * NET 数据库和美国劳工统计局提供的职业就业数据，结合新的评估方法，使用 GPT - 4 为例考察大型语言模型对美国劳动力市场的影响。结果表明，在职业层面，大约 80% 的工作会受到 GPT - 4 的影响，约 19% 的工作中的 50% 任务可以交由 GPT - 4 完成。具体到美国劳动力市场中，如果只考虑大型语言模型的影响，仅 3% 的美国工人有超过一半的任务受到 GPT - 4 的影响，但如果进一步考虑大型语言模型衍生出来的其他生成模型和补充技术，高达 49% 的工人任务的一半以上可以交由 AI 完成。

　　* 推荐人：华中科技大学管理学院，何炳林。
　　推送日期：2023 年 4 月 21 日。
　　原文信息：Eloundou T.，Manning S.，Mishkin P.，et al. Gpts are gpts：An early look at the labor market impact potential of large language models [J]. *arXiv preprint arXiv*：2303. 10130，2023.

进一步分析发现，工资较高、准入门槛较高的职业受 GPT - 4 影响更大。从技能水平来看，GPT - 4 对依赖科学思维和批判性思维的工作影响更小，而依赖编程和写作技能的工作受到 GPT - 4 的影响更大。同样，考虑到大型语言模型衍生出来的技术发展，大型语言模型对劳动力市场的影响会显著扩大。

二、GPT 影响的测度

（一）数据来源

本文使用的来源于 O * NET 27.2 数据库，该数据库是美国劳工统计局（BLS）所统计的一项职业信息资源库，包含美国所有职业相关的培训、技能、教育和经验等方面的信息。具体而言涵盖了 1 016 种职业（occupations）信息，其又可进一步细分为 19 265 种任务（tasks）或 2 087 种具体工作活动（detailed work activities，DWAs）。例如，经济学大学老师是一个职业，他的任务包括上课、学术研究、行政职务等。上课的具体工作活动包括制定教学目标、准备考试、指导课堂讨论、监督学生学习等。本文还使用 2020 年和 2021 年美国劳工统计局的就业数据，包括每个职业的工人数量、2031 年职业层面的就业预测、进入某个职业所需的教育水平和达到某个职业能力所需的在职培训时间。

（二）暴露（exposure）程度的衡量

根据是否会受到 GPT 影响，本文将工作活动的暴露程度分成 3 种情况：（1）没有暴露（E0）：在保证完成工作活动质量相同的情况下，大型语言模型以及相关补充技术均不能将完成工作活动的时间减少至一半；（2）直接暴露（E1）：仅使用大语言模型就可以将完成工作活动的时间减少至一半以上；（3）LLM + 暴露（E2）：虽然大语言模型不能将完成工作活动的时间减少至一半，但使用大语言模型加上大型语言模型补充技术可以将完成工作活动的时间减少至一半以上。

一项工作活动的暴露程度由我们和经验丰富的注释者分别进行判断，并汇总到任务和职业层面。本文还使用 GPT – 4 和人为引导后的 GPT – 4，用于估计 GPT – 4 对所有任务和职业的影响。同时，本文基于不同的暴露程度构建了三个指标，分别为：（1）α，等于 E1，表明某一任务或职业受 GPT – 4 的影响程度；（2）β，等于 E1 + 0.5 × E2，影响程度介于 α 与 ζ 之间，表明受 GPT – 4 直接影响的任务数量是受 GPT – 4 和相关补充技术影响任务数量的两倍；（3）ζ，等于 E1 + E2，表明某一任务或职业受 GPT – 4 直接影响和 GPT – 4 加上相关补充技术的影响程度。通过对比发现，人工判断与两种 GPT – 4 的结果相似，不存在显著差异。

三、GPT 对劳动力市场的影响

本文基于构建的三个指标 α、β、ζ，分别考察使用不同标准下 GPT 对不同职业和工人的影响程度。从表 1 可以看出，在职业层面，三种衡量标准的均值分别为 0.14、0.32 和 0.505，在任务层面，三种衡量标准的均值与职业层面类似，分别为 0.145、0.32 和 0.515。这说明在职业层面仅 GPT – 4 就可以替代 14% 职业工作的一半，GPT – 4 加上大型语言模型补充技术可以替代 50.5% 职业工作的一半。在任务层面，GPT – 4 可以替代 14.5% 任务的一半，加上大型语言模型补充技术可以替代 51.5% 任务的一半。

表 1   人类和模型披露数据汇总统计

	Occupation Level Exposure			
	Human		GPT – 4	
	mean	std	mean	std
α	0.14	0.14	0.14	0.16
β	0.30	0.21	0.34	0.22
ζ	0.46	0.30	0.55	0.34

续表

	Task Level Exposure			
	Human		GPT–4	
	mean	std	mean	std
α	0. 15	0. 36	0. 14	0. 35
β	0. 31	0. 37	0. 35	0. 35
ζ	0. 47	0. 50	0. 56	0. 50

图 1 更加细致地展示了 GPT–4 在职业和劳动力层面的影响，图 1 的横轴表示 GPT 可以完成任务的比例，纵轴表示受影响的职业和劳动力比例，图形中的圆点表示指标 α 的结果、十字表示 β 的结果、三角形表示 ζ 的结果。图中的每个点表示在不同的度量方式下，有多少职业或工人的任务可以被 GPT–4 替代。从图 1（a）可以看出，GPT–4 可以帮助 70% 的职业完成他们任务的一部分，使用 GPT–4 和大型语言模型补充技术可以帮助 90% 的职业完成至少一项任务。图 1（b）展示了 GPT–4 对美国劳动力的影响，仅考虑 GPT–4，他可以帮助约 80% 的工人完成一项任务，有 2.4% 工人工作的一半可以交由 GPT–4 完成，而如果加上大语言模型补充技术可以帮助 95% 的工人完成至少一项任务，有 49.6% 工人工作的一半可以交由 GPT–4 和大语言模型补充技术完成。

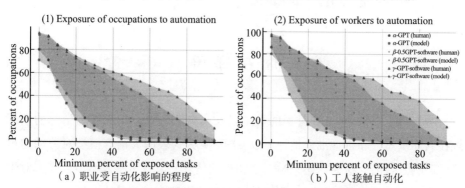

图 1 职业受自动化影响的程度与工人接触自动化

Note：Exposure intensity across the economy, displayed on the left in terms of percent of affected occupations and on the right as percent of affected workers. The distribution of exposure is similar across occupations and across workers, suggesting that worker concentration in occupations is not highly correlated with occupational exposure to GPTs or GPT–powered software. We do however expect that it could be more highly correlated with investment in developing GPT–powered software for particular dlomnains.

除此以外，本文考察了行业规模和行业工资的异质性，发现 GPT – 4 对不同规模的行业影响差异不大，但 GPT – 4 对高工资行业的影响显著高于低工资行业。从技能异质性来看，涉及科学和批判性思维能力的工作受 GPT – 4 影响更小，涉及编程和听说读写技能的工作受 GPT – 4 影响更大。就行业进入难度而言，进入行业所需要的培训时间越长及越难进入的行业，GPT – 4 对其影响更大。本文还参考先前研究使用的方法进行测度，发现总体上与之前的测度结论存在正相关，仅制造手工业的分析结果存在负相关，本文认为这是因为 GPT – 4 对手工相关的工作影响不大。

四、研 究 结 论

本文使用 O ∗ NET 数据库和美国劳动统计局的就业数据，分别使用主观判断、GPT – 4 和人为引导后的 GPT – 4 估计以 GPT – 4 为代表的大语言模型对不同职业任务和工作活动的影响。研究发现，如果只考虑大语言模型，GPT – 4 可以完成3% 美国工人任务的一半，但考虑到其他补充技术，高达49% 的工人有一半的任务可以交由 AI 完成。同时本文还考察了 GPT – 4 对不同行业、不同技能以及不同进入门槛的市场的影响。

推 荐 理 由

本文是由三位 OpenAI 公司的员工以及宾夕法尼亚大学沃顿商学院的助理教授共同撰写，非常详细地估计了以 GPT – 4 为代表的大语言模型对劳动力市场的影响。目前，该研究还只是一个初步的估算，没有考察大型语言模型对生产力水平的提升和劳动替代，同时估计的方式也存在较多的主观因素，结论不一定准确。未来我们可以使用更加准确的方法估计大语言模型对不同行业或对整个劳动力市场的影响。

曲意逢迎：主观绩效评价
与基层官员行为[*]

一、引　　言

　　现代经济体中，由于大部分工作具有多样性特点，统一且客观的绩效评估结果很难获得。这导致了雇主在很大程度上会依赖管理者的主观绩效评价来给雇员提供一定的工作激励。这一现象在公共部门当中也是非常普遍的。主观绩效评估虽然在一定程度上能够对雇员进行约束和激励，但这也为雇员对管理者采取"逢迎行为"（influence activities）打开了门路——雇员可能会倾向于讨好直接影响他们绩效评估结果的管理者，采取一些对组织不利的行为和决策。这一问题虽然早已得到了社会各界的高度关注，但由于观测、识别和量化方面的多重挑战，已有文献尚停留在对其形成原因及后果的理论探讨上，鲜有文献从实证的角度给这一话题提供严谨的经验证据。

　　本文聚焦于中国"三支一扶"政策，对中国两个省份的大学生基层公务员（College Graduate Civil Servants，CGCS）进行了大规模的田野实验，试图克服上述三大主要挑战，为公共部门雇员的逢迎行为提供严谨的实证证据。得益于中国的党政双领导体制，本文得以在主管考核领导的不确定性时观察到基层

　　* 推荐人：中南财经政法大学财政税务学院，汪慕晗。
　　推送日期：2023 年 3 月 4 日。
　　原文信息：De Janvry，Alain，Guojun He，Elisabeth Sadoulet，Shaoda Wang，and Qiong Zhang. 2023. Subjective Performance Evaluation，Influence Activities，and Bureaucratic Work Behavior：Evidence from China [J]. *American Economic Review*，113（3）：766 – 799.

公务员逢迎行为的外生变化。实验随机为两个省份选聘的 3 785 名基层公务员在党委领导与行政领导当中挑选一位成为他们的考核领导，并依据"事前是否告知实验参与者考核人的身份"将实验参与者分配在显示组（revealed scheme）和隐藏组（masked scheme）当中。本文根据主管考核领导的主观绩效评分、非考核领导评分、同事评分、自我评价、实际工资等指标衡量基层公务员在服务期内的逢迎行为与工作表现。结果发现：（1）在显示组中，主管考核领导的主观绩效评分高于非考核领导评分，这证明了基层公务员可能存在逢迎行为；（2）相较于显示组的基层公务员，隐藏组的基层公务员拥有更好的工作表现，即在主观绩效评价过程中引入不确定性能够在一定程度上提升公务员的工作绩效，也有利于提升组织整体的运行效率。

相比已有文献，本文第一次从实证的角度论证了工作当中逢迎行为的存在及其可能产生的后果，并用实验的方法考查了非金钱激励对公共部门雇员行为产生的影响，对发展中国家人事经济学的相关文献进行了补充。同时，本文从基层公务员视角出发，更加丰富了有关发展中国家官僚绩效以及公共服务发展的相关研究。

二、政策背景与实验设计

（一）政策背景

"三支一扶"政策是 2006 年由人力资源和社会保障部推出的人力资本建设项目。通过该项目，大学生毕业后可以通过考试被选聘为临时基层公务员，服务于乡镇政府、乡镇小学和乡镇诊所等基层组织。在"三支一扶"政策下，大学生基层公务员的日常工作和正式公务员几乎一样，唯一的区别在于大学生基层公务员是和省政府签订了为期两年的合同，在服务期结束后省政府会依据主管考核领导的主管绩效评分决定是否留任转为正式编制，而正式公务员则是已经拥有正式编制的。在主观绩效评估体系实践的过程中，大学生基层公务员在到乡镇基层组织入职时就会被告知其主管考核领导是谁。由于拥有"编制"

对大学毕业生有很强的吸引力，大学生基层公务员可能会有比较强烈的意愿去逢迎主管考核领导以获得更高的主管绩效评分，提升转为正式编制的可能性。

（二）实验设计

2017 年，实验在中国的 A 省（沿海发达省份）和 B 省（内陆低收入省份）展开，对 3 785 名大学生基层公务员依据"是否提前告知主管考核领导身份"进行随机分组。在"显示组"中，基层公务员会被告知主管考核领导身份，基层公务员存在明确的逢迎目标，而在"隐藏组"中，基层公务员并不知道主管考核领导身份，基层公务员较难进行逢迎行为。所有实验参与者的主管考核领导均通过随机的方式选出，考核领导不会被告知自己是否被选中。两组之间唯一的区别就在于主管考核领导身份的确定性上。主管考核领导于2018 年 1 月对大学生基层公务员的工作进行绩效考核并给出评分。为了更为客观地衡量基层公务员的工作表现，在实验开始前和结束后还进行了非考核领导与同事的评价调查和实验参与人的自评调查，并通过行政数据搜集了实验参与人最终的工作去向和他们在服务期的工资水平。

（三）平衡性检验与磨损试验

为了保证分组的随机性，本文在进行实证检验之前进行了平衡性检验和损失样本的磨损试验。表 1 报告了平衡性检验的结果，两组在主要的特征上均没有显著差异。表 2 的结果则证明了实验期间损失的样本在组别之间并不存在系统性差异，因此实验期间的样本损失并未影响本文实验分组的随机性。

表 1　　　　　　　　　　平衡检查——CGCS 特性

	Revealed scheme (1)	Masked scheme (2)	Difference (3)
Age	24. 868 (1. 630)	24. 928 (1. 604)	0. 039 (0. 061)
Female	0. 592 (0. 492)	0. 600 (0. 490)	0. 009 (0. 019)

续表

	Revealed scheme (1)	Masked scheme (2)	Difference (3)
Social science major	0.555 (0.497)	0.545 (0.498)	−0.015 (0.020)
Four-year college or above	0.723 (0.448)	0.724 (0.447)	−0.004 (0.017)
STEM students in high school	0.347 (0.476)	0.342 (0.475)	−0.006 (0.020)
Party member	0.217 (0.412)	0.218 (0.413)	−0.002 (0.017)
Parent completing college	0.288 (0.453)	0.285 (0.452)	−0.005 (0.019)
Work in village	0.160 (0.366)	0.150 (0.357)	−0.012 (0.015)
CEE score (100 points)	4.803 (0.715)	4.832 (0.702)	0.045 (0.035)
Risk averse	0.471 (0.499)	0.477 (0.500)	−0.000 (0.021)
Locally born	0.684 (0.465)	0.678 (0.468)	0.002 (0.016)
Joint test p-value	—	—	0.54
Observations	1 935	919	2 854

表 2　　　　　不同类型的 CGCS 自然减员测试

	Total Attrition (1)	Re-assignment (2)	Quitting (3)
Masking	−0.010 (0.014)	−0.014 (0.010)	0.008 (0.010)
Obs.	3 779	3 779	3 779
R − Squared	0.116	0.066	0.066

三、理论框架与研究命题

本文假设基层公务员的工作表现能够被领导和同事观察，但无法准确量化。由于代理人的激励完全取决于主管考核领导对其的考核分数，因此大学生基层公务员会从效用最大化的角度将自己的有限的精力分配在对组织整体有利的生产性行为（X）、对主管考核领导个人有利的生产性行为（x_j）和对主管考核领导个人有利的非生产性行为（u_j）三者之间。

从组织的角度来看，基层公务员的工作绩效为 $P = X + x_1 + x_2$。从管理者 j 的角度来看，其工作绩效为 $Y_j = \alpha X + x_j + u_j$，$\alpha$ 表示领导对组织生产性行为的重视程度。更具体地，对于显示组的主管考核领导来说，基层公务员 i 的工作绩效为 $Y_1 = \alpha X^r + x^r + u^r$，显示组的非主管考核领导则认为其工作绩效为 $Y_2 = \alpha X^r$。由此，我们可以得出命题 1：在显示组，由于基层公务员的逢迎行为，主管考核领导对其的评分要高于非主管考核领导对其评分。

对于大学生基层公务员而言，他们会在时间 T 的约束下对其精力进行分配以最大化效用，即：

$$max_{X,x,u} V = \alpha X + \sum_{j=1,2} s_j(x_j + u_j) - G(X) - g(\sum x_j) - h(\sum u_j)$$

$$\text{subject to } X + \sum x_j + \sum u_j = T, \ X, \ x_j, \ u_j \in [0, T]$$

其中，s_j 表示管理者 j 成为主管考核领导的可能性。因此，在显示组中，$s_1 = 1$，$s_2 = 0$；在隐藏组中，$s_1 = s_2 = 1/2$。因此可以得到：

Under the revealed scheme：$Max_{X,x,u} V^r = \alpha X + x + u - G(X) - g(x) - h(u)$

Under the masked scheme：$Max_{X,x,u} V^m = \alpha X + \frac{1}{2}x + \frac{1}{2}u - G(X) - g(x) - h(u)$

$$\text{s. t} \quad X + x + u = T; \ X, \ x, \ u \in [0, T]$$

$$\text{with performance：} P = X + x$$

$$\downarrow$$

$$\text{Revealed scheme：} G'(X^r) + (1 + \alpha) = g'(x^r) = h'(u^r)$$

$$\text{Masked scheme：} G'(X^m) + \left(\frac{1}{2} - \alpha\right) = g'(x^m) = h'(u^m)$$

此时，利用反证法能够证明：

$$x^m < x^r, \quad u^m < u^r, \quad \text{and } P^m = X^m + x^m = T - u^m > T - u^r = P^r$$

进一步，我们可以得到 $Y_j^m = \alpha X^m + \dfrac{1}{2}(x^m + u^m) > Y_2^r = \alpha X^r$。

由此，我们可以得到命题 2：相比显示组，隐藏组可能会将更多的精力投入对组织有利的生产性活动，提升自己的工作绩效。同时，非考核领导对隐藏组的基层公务员的评价要优于显示组的基层公务员。

四、基 准 回 归

（一）逢迎行为与主观绩效评估

接下来，本文从实证的角度检验了理论框架下的两个命题。首先，对于命题 1 本文随机将两位领导定义为 $Sup1$ 和 $Sup2$，并设定了如下基准回归模型：

$$Sup1\_Edge_{icst} = \alpha \times Sup1\_Eval_i + \gamma_c + \lambda_s + \phi_t + \epsilon_{icst}$$

其中，$Sup1\_Edge_{icst}$ 表示 $Sup1$ 和 $Sup2$ 对大学生公务员的评分之差，$Sup1\_Eval_i$ 表示 $Sup1$ 为主管考核领导的虚拟变量。由于实验分组和主管考核领导的选择均是随机的，因此，α 表示了显示组中成为主管考核领导所给出的额外的绩效考核评分。

表 3 报告了上述基准回归的结果。可以看到对于显示组来说，主管考核领导确实给出了比非主管考核领导更高的绩效评分，同时显示组的主管考核领导打出更高评分的概率也更高。这证明了在主观绩效评估过程中，具有确定性的评估主体会招致不对称的逢迎行为，继而导致评估者与非评估者对雇员工作绩效评价产生不对称性。

表3　　　　　　　　　　　　　披露监督者身份导致评价不对称

	Supervisor 1's score minus supervisor 2's score		Supervisor 1 is more positive than supervisor 2	
	（1）	（2）	（3）	（4）
Supervisor 1 evaluating	0.311 （0.082）	－0.097 （0.121）	0.075 （0.028）	0.024 （0.042）
Sample	Revealed	Masked	Revealed	Masked
DV mean	－0.03	－0.00	0.29	0.29
DV SD	1.31	1.22	0.45	0.45
Observations	1 300	580	1 300	580
R^2	0.161	0.243	0.163	0.275

（二）不确定性与雇员工作绩效

为了检验命题2，本文构建了如下基准回归模型：

$$Y_{icst} = \alpha \times Mask_i + \gamma_c + \lambda_s + \phi_t + \epsilon_{icst}$$

其中，Y_{icst}表示大学生基层公务员i的工作绩效，主要包括了同事评价、管理者评价和实际工资三个方面的变量。$Mask_i$则是i的分组变量，若i被分配在隐藏组，则取值为1。

表4报告了上述回归的结果。通过Panel A和Panel C可以看到，无论是同事评价还是实际工资反映出来的客观绩效状况，隐藏组的基层公务员的工作绩效相对显示组来说都更好。同时，从Panel B当中的领导评价当中，本文发现，从整体上来看领导对隐藏组的公务员工作绩效评分也是更高的，但是高出的评分主要来源于非考核领导的评分，而考核领导对两组公务员的绩效评分并没有显著差异。这一结论进一步证明了对评估主体的身份引入一定的不确定性能够在一定程度上减轻逢迎行为，使雇员将更多精力放在对组织有利的工作上，提升工作绩效。

表 4 掩盖评估者身份对绩效的影响

	(1)	(2)	(3)	(4)
Panel A. Performances evaluated by colleagues				
	Performance (1-7)	Top 10 percent	Hardworking	Qualify for tenure
Masking	0.217 (0.035)	0.077 (0.013)	0.028 (0.012)	0.035 (0.011)
DV mean	5.23	0.71	0.43	0.87
DV SD	0.92	0.33	0.43	0.26
Observations	2 837	2 837	2 837	2 837
Panel B. Performances evaluated by supervisors				
	Mean assessment (1-7)	Evaluator assessment	Nonevaluator assessment	Assessment Deviation
Masking	0.139 (0.046)	0.049 (0.055)	0.215 (0.059)	-0.100 (0.050)
DV mean	5.14	5.19	5.11	0.90
DV SD	0.91	1.12	1.10	0.93
Observations	1 940	1 940	1 940	1 940
Panel C. Performance pay				
	Wage	ln (Wage)	Wage: Medical Support	ln (Wage: Medical Support)
Masking	48.81 (22.41)	0.02 (0.01)	115.54 (61.94)	0.05 (0.03)
DV mean	2 103.73	7.61	1 851.58	7.51
DV SD	644.66	0.26	349.31	0.16
Observations	2 750	2 750	193	193

五、机 制 分 析

（一）生产性逢迎行为 *vs.* 非生产性逢迎行为

在证实了逢迎行为的存在之后，本文进一步探讨了两种不同类型逢迎行为的存在。首先，对于生产性逢迎行为，作者在实验期末的调查中询问实验参与人两位领导布置的任务占比、是否认为主管考核领导所布置的任务更为重要以及其进步最大的工作领域。本文发现，显示组更倾向于更多、更好、更努力地完成主管考核领导布置的任务，同时也更为关注主管考核领导认为重要的工作领域。这证实了生产性逢迎行为的存在，也部分解释了为什么显示组中主管考核领导的评分比非主管考核领导的评分更高。

其次，对于非生产性逢迎行为，作者同样在实验期末的调查中询问实验参与者认为工作中的挑战是什么，以及是否相信努力就会有回报。结果表明，显示组在实验过程中更容易对和领导的关系感到焦虑，并且相比隐藏组更不愿意相信精英领导和努力工作能够得到回报。这一结果在一定程度上间接证明了非生产性逢迎行为的存在。

（二）同乡偏好

已有研究发现，中国的官僚体系当中存在非常明显的"同乡偏好"（hometown favoritism）。其中包含两个方向的偏好：一是自上而下的偏好，即领导更加关照同乡的下属；二是自下而上的逢迎，即下属认为讨好同乡的领导更容易。在本文的实验当中，显示组存在着两种类型的偏好，而隐藏组由于不知道考核领导的身份，其影响机制当中只包含自上而下的偏好，没有自下而上的逢迎。因此本文通过分组回归发现，"同乡偏好"确实使主管考核领导给出了更高的评分，且这一效应主要来源于显示组，通过自下而上的逢迎驱动的，但这一机制需要在对主管考核领导逢迎行为的作用下才能生效。

六、结　　论

在实际工作中，难以通过统一且客观的绩效评估用于评估雇员的工作，主观绩效评估不可避免也扮演了十分重要的角色。但主观绩效评估也可能扭曲雇员的工作行为，产生刻意逢迎，导致他们做出不利于组织的决策。以往的文献由于观测、识别和量化等多重挑战尚停留在理论探讨层面。本文则通过对中国两个省的大规模实验，克服了上述挑战，为中国公共部门当中的逢迎行为提供了较为严谨的经验证据。本文发现，在绩效考核主体确定的情况下，生产性和非生产性逢迎行为均存在。在主观绩效考核中引入对绩效考核主体的不确定性能够有效改善雇员的工作表现，降低博弈中的道德风险。此外，隐藏绩效考核主体也使得基层公务员对于"努力工作能够得到回报"的信念感得到一定提升，对中国的官员文化也具有更为深远的影响。

推 荐 理 由

《鬼谷子·摩篇第八》中有言："佞言者，谄而于忠；谀言者，博而干智"，意指那些使用花言巧语、阿谀奉承之人并不一定出自本心，而更多的是想取悦对方仪表忠诚，为了权衡形势以博取对方的信任。从历史上来看，精通阿谀之术的"谀臣"导致朝廷乌烟瘴气，给百姓和真正为国为民的良臣带来了无穷后患。在现代社会中，无论是公共部门还是私人部门，都存在着依靠曲意逢迎升官晋爵之人，这也导致了组织运行效率的低下，职务腐败等问题频出。本文的研究结果则为上述难题提供了一定的政策参考。相比起单一领导，双重或多重领导方式能够很好地在减轻逢迎行为中发挥作用。此外，在主观绩效评估体系中引入对评估者的不确定性也能够让逢迎行为无处遁形，让逢迎者再无用武之地。

始料未及：非线性收入 与性别收入差距[*]

一、引　言

男性和女性角色趋同是社会进步的表现之一，也是 20 世纪最伟大的成果之一，男女在劳动力市场参与、有偿工作时间、家庭工作时间、终身劳动力市场经验、职业、大学专业和教育方面的差距明显缩小，男女之间的人力资本差异明显降低。但即使在今天，男女之间的收入差距仍然存在，究竟是什么在几乎不存在人力资本性别差异的今天依然阻碍经济中的性别平等？解释这一问题是现代经济学者对女性劳动力市场考察的重点。

本文认为，当今社会提升男性和女性角色趋同并不需要加强政府干预、提高女性议价能力和竞争欲望，反而需要对劳动力市场进行改变。本文使用 1970～2010 年的美国人口普查（US Census）、美国社区调查（American community survey）和 O∗Net 数据库进行实证研究，发现由于收入与工作时长的关系为非线性（凸性），即工作时间越长收入增加越多，而女性在拥有子女后工作时间减少，导致男女收入差距扩大，进而阻碍了经济中的性别平等。

相较于先前的文献，本文发现了当今社会性别收入差距的关键因素，由于

　　* 推荐人：华中科技大学管理学院，何炳林。
　　推送日期：2023 年 10 月 13 日。
　　原文信息：Goldin C. A grand gender convergence：Its last chapter ［J］. *American Economic Review*，2014，104（4）：1091 – 1119.

收入与工作时长的非线性阻碍经济中的性别平等。最早关于性别不平等的文献更多集中讨论如何提升女性人力资本，但这一问题已基本解决。近期的部分文献虽也探讨了其他影响性别不平等可能的因素，包括性别歧视、女性讨价还价能力较低、竞争欲望较低和雇主晋升标准的差异，但均不能解释为什么性别工资差距随着年龄的增长而扩大，也无法解释没有后代的女性收入往往高于有后代的女性。

二、生命周期和职业收入的性别差距

收入是一个人教育、培训、劳动经验和未来成就的综合表现，收入差距和单位时间收入差距是衡量经济社会中性别平等程度中最常用的指标。大多考察性别差异的研究都将男女之间的工资差距分为"解释（explained）"部分和"剩余（residual）"部分，其中"剩余"部分的工资差距是指观察上相同的男性和女性之间的收入差距，也被认为是"工资歧视"。随着性别差距缩小，男性与女性之间的人力资本差异已明显降低，工资差距中"解释"部分基本得到消除，而"剩余"部分对性别收入差距的解释却逐渐加大。

本文首先使用 1970～2010 年的美国人口普查（US Census）和美国社区调查（American community survey）数据发现，性别差异在职业生涯的前几十年内迅速增加，且在控制了工作时长和教育的情况下该结论也成立。随后本文将收入的对数对性别乘职业的交互项回归，并尽可能地加入可观测的数据作为控制变量，包括年龄的四次项、教育虚拟变量、种族、年份、工作时间的对数以及每周工作时间的对数。结果发现，几乎每个职业中性别乘职业的交互项的系数均为负，说明几乎所有职业中女性收入均低于男性，且这一结论在全样本、大学毕业生样本和年轻人（不满 45 岁）的样本中均成立。本文还发现，被归为"商业"类别的职业系数更小，而被归为"科技与科学"类别的职业系数更大。说明在考虑了年龄和工作时间等因素后，商业职业中性别差异较大，而科技与科学职业的性别差异较小，这为本文随后分析不同职业的收入差距提供了现实基础。

三、员工工作时长与职业收入差距

（一）理论分析

假设每个员工 i 仅在入职前进行培训，λ_i 表示员工 i 的工作时长与该工作时长最高员工之比。员工的产出 Q 由下式给出：

$$Q = \begin{cases} \lambda_i k_j & \text{if} \quad \lambda_i > \lambda_j^* \\ \lambda_i k_j \cdot (1 - \delta_j) & \text{if} \quad \lambda_i \leqslant \lambda_j^* \end{cases}$$

其中，k_j 是当时间超过一定量时每单位时间的产出，δ_j 是由于雇员在职业 j 中工作少于一定量而导致的产出减少。本文假设存在三个职位，$k_1 > k_2 > k_r$，并且在工作时间不超过某个水平时产出会减少，即 $\delta_1 > \delta_2 > \delta_r = 0$。此外，假设 $k_1(1 - \delta_1) < k_2(1 - \delta_2)$，使得一个职业收入不会总高于另一个。如图 1 所示，当员工工作时长 $\lambda_i > \lambda_1^*$ 时，会选择职业 1，在较低的工时选择职业 2，最后在 $\lambda_i < \lambda_2^*$ 时选择职业 r。图 1 可以说明，对于期望更少工作时长的员工，他们更倾向于选择斜率更低，减少工时后工资变动更少的职业，也可以说工作时间与收入之间的关系更加线性的职业。

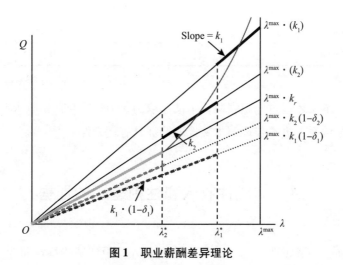

图 1　职业薪酬差异理论

（二）实证分析

为了刻画不同职业收入与工作时长特征，本文基于 O∗Net 数据库中的职业特征，选择了 5 项最能表现员工减少工作时间的灵活性成本的特征，分别是时间压力、与他人接触、建立和维持人际关系、是否是结构化工作和决策自由，并将职业特征得分标准化。

表 1 列出了男性平均收入排名中前四的职业的结果。可以看出技术和科学的 5 项职业特征得分均远低于其他 3 个职业，说明科技和科学领域的人在时间灵活性上更强，与客户和员工的联系更少，与他人的工作关系更少，在确定任务方面更加独立，并且有更多具体的项目，但对这些项目的自主权较低，也可以说明科技和科学领域的员工工作时间与收入之间的关系更加线性，该职业内部的收入差距更小。

表 1   O∗Net 数据库的特征：按职业类别分列

O∗Net characteristics	Technology and science	Business	Health	Law
1. Time pressure	− 0. 488	0. 255	0. 107	1. 51
2. Contact with others	− 0. 844	0. 171	0. 671	0. 483
3. Establishing and maintaining interpersonal relationships	− 0. 611	0. 548	0. 276	0. 781
4. Structured vs. unstructured work	− 0. 517	0. 313	0. 394	1. 22
5. Freedom to make decisions	− 0. 463	− 0. 00533	0. 974	0. 764
Number of occupations	31	28	16	1

此外，本文还通过回归表明，本文选取的 5 项特征与性别收入差距呈现显著的负相关关系，进一步说明本文选取特征具有代表性。

四、非线性收入和性别差距的证据

本文前述内容说明了两点：（1）性别收入差距在某些特定职业（如商业、

律师）上显著高于其他职业（如科技与科学）；（2）从理论和实证两个角度说明部分职业（如商业、律师）的收入与工作时长的关系可能是非线性（凸）。从上述两点可以发现，收入与工作时长的关系为凸（收入与工作时长弹性更高）和性别收入差距较大的职业均为商业和律师，这一特征可能隐含了一定的关系，即性别收入差距在收入与工作时长弹性更高的职业中更为明显。

图 2 是使用收入与工作时长弹性对性别收入差距的残差回归。其中在估计收入与工作时长弹性中，本文加入了工作时间与职业交互项，进而得到每个职业的收入与工作时长弹性。性别收入差距的残差是本文第二部分回归的残差，表示性别收入差异中"剩余"部分。从图 2 可以看出，收入与工作时长的弹性与性别收入差异的"剩余"部分呈现显著的负相关，说明性别收入差异的"剩余"部分是由部分职业中工作时长较长的个人收入不成比例增长所导致的。

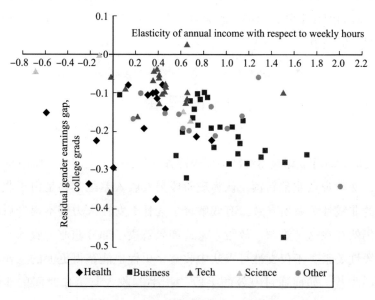

图 2　收入与工时的弹性和男女收入差距之间的关系

本文还以 MBA 和法学博士作为非线性收入职业的代表，药剂师作为线性收入职业的代表进行分析，发现 MBA 和法学博士中性别收入差距较大，且由于在时间灵活性上更强，更有利于女性照护子女，对女性吸引力较强。然而儿童是女性劳动力供给变化的主要贡献者，女性在拥有子女后，每周工作时间明显降低，进而导致收入下降，行业内性别差距扩大。而在药剂师中，由于工作特性女性在拥有子女后，往往不需要休假而是选择兼职，对收入影响较小，行业整体性别差距较小。

五、结　　论

相较于 20 世纪，由于女性教育、培训和劳动经验的增加，女性人力资本所有上升，由生产能力导致的性别收入差距已基本消除，但男女之间工资差距的"剩余（residual）"部分仍然没有得到很好的解释。本文研究结论表明，这种差距是由部分职业中收入与工作时间的非线性关系所导致，女性在拥有子女后，工作时间明显下降，而部分职业对工作时长的减少惩罚过重，进而扩大了男女之间工资差距。

推 荐 理 由

本文是 2023 年获诺贝尔经济学奖获得者克劳迪娅·戈尔丁（Claudia Goldin）的文章，文章观点非常新颖，认为现阶段男女收入差距主要是由于收入与工作时间的非线性关系所导致，有效解释了为什么女性人力资本提升后性别收入差距仍然存在这一难题。放眼未来，如果解决了部分职业中收入与工作时间的非线性关系，不仅女性可以从中收益，男性也能获得更大的工作灵活性进而从中收益。如何通过有效的手段"抚平"收入与工作时间的非线性关系，让更多的人不必为了减少工作时长的惩罚而忙于工作，这是值得我们未来思考的方向。

教妇初来，教儿婴孩：儿童时期投资的代际脱贫效应[*]

一、引　　言

代际贫困问题是研究人员和政策制定者十分关心的问题。贫困问题如果在代内得不到有效的解决，则将演变成为一个代际问题，穷人的后代仍将处于贫困阶层。因而，如何打破贫困在代际上的循环，进而为出身贫困的人创造公平的竞争环境，成为现有研究讨论的一个焦点。实际上，诸多研究表明，父母的受教育程度、投资行为和风险偏好等特征，与其后代具有高度的代际关联性，因此对第一代人进行投资，如对父母进行教育投资或技能培训，可以通过代际之间的影响传递，用以解决既有的贫困问题。尽管大量文献都证实了对父母教育投资的代际影响，但这些文献缺乏对贫困问题的讨论，也未对投资的特定阶段做出详细的说明，我们对于如何打破代际贫困循环问题的理解尚不深入。

从投资的特定时期来看，童年阶段是一个人成长发育的关键时期，对个人一生的发展至关重要。因此，在学龄前或上小学前对一代人的教育投资，能够对其教育水平、劳动力市场表现和健康状况等产生积极的影响，这一观点也得

　　＊ 推荐人：中南财经政法大学财政税务学院，贺天祥。

推送日期：2023 年 10 月 27 日。

原文信息：Barr A. , Gibbs C. R. Breaking the cycle? Intergenerational effects of an antipoverty program in early childhood [J]. *Journal of Political Economy*，2022，130（12）：3253 – 3285.

到了许多文献的证实。进而，对第一代人的早期（童年时期）投资，能否通过代际之间的影响以改善第二代人的发展状况？这为我们应对贫困问题提供了一种新思路。

为了评估第一代人（母亲）在早期接受投资对子代长期发展的影响，本文利用美国最大的儿童早期教育项目"启智计划"（Head Start）的实施来进行分析。研究发现，对于第一代人的早期投资产生了代际影响，具体表现为孩子的受教育程度提高，其高中毕业率、大学入学率明显上升，同时孩子的早孕率、犯罪率明显下降。从 50 岁之前的工资净现值来看，孩子成年后的收入增长了 6% ~ 11%。进一步，本文发现母亲行为的变化和孩子潜在的非认知能力的提高，是发挥代际影响的重要渠道。

相较于已有研究，本文可能存在以下几点边际贡献：第一，以往文献多聚焦对第一代人青年和中老年时期的投资所产生的代际影响，忽视了对于个人十分重要阶段——幼年时期的关注。而本文则基于母亲的幼年时期，首次探讨了第一代人早期接受投资的代际影响，证明了对个人的早期投资确实会产生代际之间的传递效应。第二，本文拓宽了早期干预这一支文献的研究视角，讨论了早期干预的长期效应，强调了对于母亲早期投资的重要性，并证明了对于第一代人的投资是打破贫困循环的重要方式。

二、"启智"计划

"启智"计划由林登总统于 1965 年发起，起初是一项反贫困的项目，随后演变成了一项幼儿教育项目。该项目包含与"学前"有关的服务，如教育、营养、疫苗接种、保健、牙科服务和社会发展等方面的内容。该计划以"爆炸性"的速度和"飓风式"的覆盖面席卷整个国家，产生巨大的影响。"启智"计划的参与者多是一些弱势群体，参与者的家庭收入小于全国的平均水平，有大约一半的黑人，只有 5% 的母亲接受过高等教育，65% ~ 70% 的人是高中以下学历，有 65% ~ 70% 的女性参与者处于失业状态。参与项目的人会受到计划的资助。在计划实施的这一阶段，很少有孩子在上小学前能够参加正规的学前教育，并且在引入"启智"计划时，幼儿园的普及性不高。美国大多数的县在 1965～1970 年实施了启智"计划"，并获得了该计划的援助。

三、指标度量和研究设计

（一）数据来源

本文使用两套数据集来进行分析。第一套数据来源于对母亲（第一代人）的相关调查。1979 年，调查人员对年龄在 14～22 岁的 12 686 名参与者进行了长时期的追踪调查，所收集到的数据涉及教育和培训、健康、流动性和家庭构成等多方面的信息。本文分析的样本为 1960～1964 年出生的女性受访者（第一代人）。

第二套数据是对孩子（第二代人）的相关调查数据，这是对 NLSY79 中女性受访者所生的孩子进行的相关调查，涉及儿童的教育经历和培训情况、劳动力市场经历、风险行为参与情况等方面的数据，同时包括孩子出生体重在内的其他早期生活指标、对家庭环境的评估指标，以及一系列反映认知能力和非认知能力的指标。

（二）研究设计

$$y_{ict} = \beta_0 + \beta_1 X_i + \beta_2 HSavail_{ct} + \gamma_c + \lambda_t + \varepsilon_{ict}$$

其中，i 表示孩子，c 表示出生县，t 表示出生队列。y_{ict} 是子代的早孕率、犯罪率、高中毕业率、上大学率、50 岁之前的收入水平。$HSavail_{ct}$ 表示母亲受到"启智"计划的影响程度，如果县 c 中出生队列 t 的母亲（出生年份后 4 年或 5 年）受到计划资助水平在整个期间超过资助水平相对排名的 10% 以上，则 $HSavail_{ct}$ 为 1，否则为 0。家庭层面的特征分为两个方面：X_i 表示母亲和孩子的基本特征，包括母亲的出生顺序和种族、孩子的性别和年龄等；γ_c 是县层面的固定效应、γ_t 是出生年份的固定效应。标准误在母亲出生县层面聚类。

四、实证结果

（一）早期投资的代际效应

表 1 报告了母亲受"启智"计划影响程度与子代相关指标结果之间的关系，验证了对第一代人早期干预的代际影响。当母亲受到"启智"计划影响后，孩子的早孕率、犯罪率下降，高中毕业率、上大学率均上升，且工资的折现值也有明显的增长（6%～11%的增幅）。

表 1 县级幼儿启蒙教育普及率的缩减形式效应

	（1） Teen Parent	（2） Crime	（3） High School	（4） Some College	（5） NPV Wages
Grandmother < High School	− 0. 078 ** （0. 031）	− 0. 125 *** （0. 040）	0. 109 *** （0. 032）	0. 182 *** （0. 048）	35 471 *** （8 012）
Sensitivity to Availability Measure[a]	[− 0. 085, − 0. 023]	[− 0. 125, − 0. 054]	[0. 055, 0. 115]	[0. 099, 0. 187]	[17 858, 35 471]
Sensitivity to Alternative Specifications[b]	[− 0. 082, − 0. 038]	[− 0. 140, − 0. 096]	[0. 075, 0. 121]	[0. 097, 0. 182]	[20 852, 43 372]
Observations	1 978	1 978	1 978	1 978	1 880
Mean	0. 205	0. 283	0. 809	0. 499	316 903
Grandmother ≤ High School	− 0. 037 （0. 024）	− 0. 057 * （0. 031）	0. 049 * （0. 027）	0. 097 *** （0. 036）	13 624 * （7 299）
Sensitivity to Availability Measure	[− 0. 042, − 0. 003]	[− 0. 058, − 0. 001]	[0. 013, 0. 052]	[0. 044, 0. 099]	[2 019, 14 005]

续表

	（1） Teen Parent	（2） Crime	（3） High School	（4） Some College	（5） NPV Wages
Sensitivity to Alternative Specifications	[−0.046, −0.028]	[−0.073, −0.051]	[0.033, 0.052]	[0.090, 0.118]	[12 042, 15 164]
Observations	3 321	3 321	3 321	3 321	3 143
Mean	0.173	0.266	0.842	0.556	331 431
Grandmother ≥ High School	−0.003 (0.032)	0.008 (0.043)	−0.006 (0.031)	−0.018 (0.050)	−8 104 (10 258)
Observations	1 769	1 769	1 769	1 769	1 669
Mean	0.115	0.223	0.902	0.682	359 753

（二）"启智"计划的异质性影响：性别与种族

本文进一步根据性别和人种，考察了"启智"计划的异质性影响结果。从工资收入来看，"启智"计划对男孩的影响高于女孩、对黑人群体的影响高于非黑人群体，可能的解释是：男性在整个生命周期拥有更多的收入，黑人相对拥有更高的参与率。从早孕率来看，计划对于女性、黑人的影响更高。从教育指标（高中毕业率和大学入学率）来看，计划对于男孩与女孩的影响大致相当，对黑人群体的影响高于非黑人群体，这可能是因为黑人相较白人整体教育水平较低，"启智计划"对黑人的边际影响更高。

（三）代际效应的传导路径：家庭环境与子代学前参与

本文从家庭环境和子代学前参与两个角度，分析了母亲参与"启智"计划后对其子代产生长期影响的可能机制（见表2）。结果发现，母亲参与"启智"计划后，改善了孩子所处的家庭环境，提高了孩子学前参与教育培训的可能，且参与计划的母亲更愿意让她们的子代去参加这一计划。另外，参与计划母亲的子代，留级率更低、自尊度更高。

表 2 县级幼儿启蒙教育普及率的缩减形式效应（早期成果）

Early Childhood	(1) Birthweight	(2) Preschool	(3) Head Start	(4) HOME	(5) HOME （Cog）	(6) Home （Emot）	(7) BPIE
HS in County	1.030 (2.912)	0.133 *** (0.044)	0.112 *** (0.036)	0.235 *** (0.070)	0.198 ** (0.081)	0.203 *** (0.062)	−0.053 (0.107)
Observations	1 817	1 889	1 912	10 860	10 258	9 620	8 469
Mean	114.7	0.636	0.297	−0.276	−0.263	−0.191	0.0965
Later Childhood	(8) Test Scores	(9) LD	(10) Repeat	(11) Crime	(12) Poor Health	(13) CES−D	(14) Rosenberg
HS in County	0.095 (0.081)	−0.010 (0.025)	−0.103 ** (0.043)	−0.057 ** (0.022)	0.020 (0.033)	0.002 (0.075)	0.194 ** (0.077)
Observations	8 845	1 974	1 965	1 777	1 845	4 811	3 522
Mean	−0.318	0.0502	0.308	0.0972	0.140	0.0310	0.0236

五、研究结论

为了探讨对第一代人的早期投资是否会对第二代人产生影响。本文利用美国实施"启智"计划的事件冲击研究发现，母亲在 4~5 岁参加该计划后，子代的早孕率、犯罪率下降，高中毕业率、上大学率均上升，相应地，孩子 50 岁之前的工资的增加了 6%~11%。另外，本文发现第二代的家庭生活（母亲行为的改变）和早期教育（孩子参与更多的学前教育）都方面发生了重大变化，这些变化会给孩子的发展带来持续的影响，改善其一生。

推荐理由

代际贫困问题是许多国家存在的社会现象。研究如何保证出身贫穷的人的起点公平和机会公平，进而打破贫困在代际上的循环，是研究人员和政策制定者十分关注的问题。然而很少有政策设定能够为研究代际贫困问题提供合适的识别条件，因此很难估计脱贫计划的长期效果。本文探讨了对第一代人的早期（童年时期）投资的代际影响及其机制，对我们研究国家的代际流动与儿童培育等问题具有启示意义。但在具体的影响机制上，如何将对第一代人的投资更有效地传递给后代，提高代际流动的效应，这是我们未来值得思考的一个问题。

望子成龙，望女成凤：父母竞争性选择的性别差异[*]

一、引　　言

父母的选择和决策一直是家庭经济学中的重要议题，对孩子的人力资本积累和职业发展等方面发挥着至关重要的作用。然而，目前对于父母如何为孩子做出选择，以及这些选择能否影响孩子的长期发展，都缺乏充分的讨论。特别地，在具有竞争性的问题和事物选择上，父母的选择显得尤为重要。从性别上看，现有文献表明，男孩所做的选择往往比女孩更具竞争性，并且竞争性选择通常会影响其受教育水平以及劳动力市场的表现（职业选择、收入）。追踪溯源，孩子在教育和职业方面的结果可能与父母的早期选择有关，而父母为孩子做竞争性选择时的性别偏好很可能是解释子代在诸多方面表现出性别差异的重要原因。

本文基于大规模田野实验的调查数据，研究了父母如何为子代做出竞争性选择，以及父母的竞争性选择是否存在性别差异；进一步，在实验结束三年后将实验数据与挪威行政数据相匹配，探讨了父母的竞争性选择是否影响子代未来的教育选择。研究发现，父母为儿子和女儿做竞争性选择时依赖子代性别，

　　* 推荐人：中南财经政法大学财政税务学院，裴慧赢。

　　推送日期：2023 年 11 月 24 日。

　　原文信息：Tungodden J. , & Willén A. When parents decide：Gender differences in competitiveness ［J］. *Journal of Political Economy*，2023，131（3）：751 – 801.

即父母更有可能为儿子选择竞争性道路，而为女儿选择非竞争性道路。具体来看，父母的竞争性选择体现为两种目标的权衡，一种是尊重孩子的意愿，任其自由成长（child perspective）；另一种是按照自己的偏好和意愿替孩子做出选择，干预孩子的成长过程（parent perspective）。两种目标的权衡也存在性别上的差异，表现为父母更尊重男孩的意愿，但更多的按照自己的意愿为女儿做出选择。文章后续还发现父母在实验中的竞争性选择可以影响子女未来的教育选择。

相较于已有研究，本文可能存在以下几点边际贡献：一是本文提供了新的视角解释父母如何影响孩子的教育选择，并且利用田野实验的方法排除孩子对父母竞争性选择的干扰；二是通过分析父母为孩子做出竞争性选择时的影响因素，补充了关于竞争性选择的文献；三是本文从竞争性视角解释了在诸多方面存在性别差异的原因。

二、挪威教育制度

挪威是一个致力于追求性别平等的国家，在 2021 年全球性别平等指数排名第三。以挪威为背景，本文选择在一个性别较为平等的国家进行实验，但仍观察到教育资源获取的性别差异，以说明这一研究问题的重要性和普遍性。此外，挪威教育系统也为本文开展实验创造良好的条件。在挪威，一个孩子需要完成十年义务教育之后，凭借其十年级 GPA 申请上普通高中（academic track）还是职业高中（vocational track）。本文将申请上普通高中定义为竞争性选择，这是因为申请普通高中需要更高的绩点，但后续有机会接受高等教育进而获得更高的收入，而申请职业高中只能获得相关技能证书。

三、竞争性选择实验

实验者的招募在挪威第二大城市卑尔根进行。相关研究表明，卑尔根的收入分布、教育水平以及职业分布等情况都比较接近国家平均水平，能够反映挪威的真实情况。作者联系了距离卑尔根两小时车程的全部中学，告知这些中学本实验目的是探讨影响青少年教育选择的因素。作者一共联系了 38 所中学，其中有 17 所中学答复允许进行实验，并且参与实验的学校与不参与实验的学校地理分布不存在系统性差异。在每一个学校，作者都随机选择三个班级进行实验，学生的参与率为 81%；另外，对于每一个参与实验的学生，作者会随机邀请他们的父亲或者母亲参加线上实验。

(一) 竞争性选择的度量

首先，实验将任务设定为孩子在三分钟之内完成多道四个两位数的加法运算（例如，$21 + 25 + 77 + 64 =$），其次实验将为参与者提供两种答题方式。第一种是固定收益制，根据孩子在三分钟内正确答案的数量计算收益，一道题 5 挪威克朗；第二种是竞赛制，如果孩子三分钟内答对题目的数量多于对照组，则一个正确答案 15 挪威克朗，否则收益为 0。因此，如果实验者选择第二种赛制，则定义为竞争性选择，在选择赛制之后即可进行答题。

(二) 父母的实验设定

为阻断父母与孩子的交流，父母和孩子的实验选择在同一天进行，并且实验日期选择为孩子上学的日子。父母在孩子上学后的上午在家完成线上实验，实验内容是为孩子选择答题方式以及回答其他相关问题。本文把父母给孩子选择竞赛制的答题方式定义为父母为孩子选择竞争性道路。此外，作者会告知父母，孩子做题时并不了解赛制的设定来源于父母的选择。

(三) 孩子的实验设定

上午 11:30 关于父母的线上问卷调查实验全部结束，接下来孩子将在学校电脑指定系统上完成三轮任务。第一轮，孩子被要求选择一种答题赛制，并按照自己选择的赛制完成三分钟的计算题作答任务；第二轮，孩子被要求按照系统设定的赛制进行答题，此赛制的设定来源于父母上午的实验结果；第三轮，孩子被要求按照统一设定的激励方式进行答题，每答对一题，奖励一张可能获得一部 iPhone 手机的彩票。设定第三轮的目的在于吸引更多的学生参与实验，同时也可以获得在相同激励方式下全部样本的答题情况，用以排除不同激励方式导致的结果差异。

四、父母的竞争性选择

（一）基准结果：竞争性选择的性别差异

为探究父母的竞争性选择是否会由于子代性别而存在差异，本文根据实验结果报告了父母为女儿和儿子选择竞争性赛制的比例，如面板 A 所示。本文发现，父母在给孩子做竞争性选择时明显考虑到了子代的性别，具体来看，父母有35%的可能性给儿子选择竞争性赛制，而给女儿选择竞争性赛制的比例仅为27%。进一步，本文比较了父母的竞争性选择与孩子自己的竞争性选择，平均来看，父母给儿子选择竞争的可能性与儿子自己做选择时的可能性相同，但父母为女儿选择竞争性赛制的可能性远高于女儿自己选择竞争性赛制的可能性，这说明当把选择权交给父母时，男孩和女孩在竞争性选择方面的差异依旧存在（见图1）。

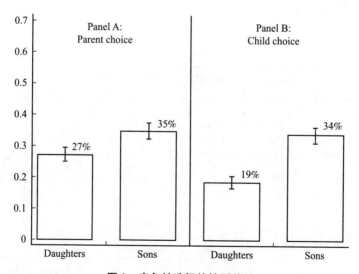

图1　竞争性选择的性别差异

为验证上述结论的稳健性，本文控制了影响竞争性选择的两个关键变量，父母对子女表现的自信程度和风险偏好，实证检验了子代性别和父母竞争性选择的关系。研究结论与上述结果一致，当子代是女孩时，父母为其选择竞争性赛制的概率会显著降低。

（二）机制探讨：任其成长 vs. 一手包办

本文将父母给孩子做出的竞争性选择定义为"孩子视角"与"父母视角"下的权衡。孩子视角是指父母在给孩子做选择时，选择孩子喜欢的道路，任其自由成长；而父母视角是指将自己的偏好加在孩子身上，为孩子选择父母喜欢的道路，主导孩子的行为决策。此外，父母在面对儿子和女儿时，这两种视角的权重也存在性别上的差异。概念框架设定如下：

$$V_{pc} = \alpha_{pc}\hat{U}_{pc} + (1 - \alpha_{pc})Q_{pc}$$

其中，V_{pc}代表父母 p 给孩子 c 做竞争性选择时获得的效用，$\hat{U}_{pc}$代表孩子视角，Q_{pc}代表父母视角，α_{pc} 和 $1 - \alpha_{pc}$ 代表两种视角的权重。基于以上概念框架，文章分析了两种视角对于父母竞争性选择的影响，如表1所示，这两种视角都会影响父母做出的竞争性选择，但相比之下父母更尊重儿子自己的意愿，而将更多的个人偏好加在女儿身上，表现为在男性样本中"孩子视角"的系数更大，女性样本中"父母视角"的系数更大。

表 1 从两个角度检验重量差异

| | DEPENDENT VARIABLE: PARENT CHOOSES COMPETITION FOR CHILD | | | | |
	（1）	（2）	（3）	（4）	（5）
Daughter	−0.076 ** (0.034)	0.032 (0.032)	0.031 (0.030)	a = 0.62	a = 0.43
Child perspective		0.423 *** (0.035)	0.340 *** (0.036)	0.360 *** (0.047)	0.306 *** (0.053)
Parent perspective			0.309 *** (0.034)	0.215 *** (0.049)	0.402 *** (0.048)
Observations	740	740	740	347	393
Sample				Only sons	Only daughters

（三）进一步分析"严父慈母"

以往的研究探讨了父亲和母亲在培养子女方面思路的不同，本文进一步分析父亲和母亲在子女竞争性选择方面的差异。文章探讨了"父母视角"和"孩子视角"分别在父亲和母亲做竞争性选择时的影响程度，发现母亲在做竞争性选择时更多从"孩子视角"出发，尊重孩子的选择，而父亲更倾向于按照自己的偏好为孩子做出选择。

（四）竞争性选择的长期效应

本文进一步探讨了父母的竞争性选择是否产生长期效应，分析父母为孩子做出的竞争性选择能否影响孩子的教育选择（是否进入普通高中）。研究发现，父母为孩子在实验中选择竞争性赛制与三年后孩子上普通高中显著相关，而孩子自己的竞争性选择则不能影响其未来的教育选择结果，这证明了父母在孩子成长发展过程中的重要作用。

五、结　　论

本文利用田野实验和挪威行政数据，从竞争性视角讨论了父母给子代做选择时的性别差异。研究发现父母更倾向于给儿子而不是女儿选择竞争性道路。此外，父母的选择源于两种视角的权衡，一种是尊重孩子意愿（child perspective），另一种是按照父母自己的偏好进行选择（parent perspective），但两种视角存在性别差异，表现为父母更尊重儿子的意愿，但更多按照自己的偏好和意愿为女儿做出选择。最后，文章发现父母在给子代做竞争性选择时的性别差异存在长期效应，父母的竞争性选择能够影响孩子三年后的教育选择。

推 荐 理 由

性别差异是世界各国存在的共性问题，尤其是在教育和劳动力市场领域表现得更为明显。如何对性别差异问题进行归因是创造更加公平的市场环境的重要前提。在理解个体人力资本形成和职业发展过程中的性别差异时，父母的角色是不可忽视的因素。本文从竞争性选择视角出发，证明了父母在为子代做出竞争性选择时的性别差异。因此旨在缩小性别差距的相关政策需要考虑父母的性别观念。同时，本文也为我们理解子代性别不平等问题提供了新的视角。追踪溯源，竞争性选择偏好在代际之间的传递可能造成教育方面的性别不平等。未来我们也可以研究父母的竞争性选择对子代收入、婚育等方面的潜在长期效应。

久沉下僚：内部劳动力市场的
职业溢出效应[*]

一、引　　言

　　资源的合理配置是市场经济发展的重要方面。作为市场的主要主体，企业通常利用人事晋升政策来选贤任能。但是当年长的员工在高级职位上留任时间更长时，其他员工的职业生涯是否受到影响以及受到何种影响，成为年轻员工的普遍担忧和企业发展面临的一个问题。尽管这些职业溢出效应受到了普遍关注，但经济学领域关于内部劳动力市场的理论分析和实证研究都忽略了企业层面因素，如职位约束对职业溢出效应的重要性。

　　本文利用意大利一项养老金制度改革，并结合意大利社会保障局（INPS）提供的行政数据，考察了企业内部的职业溢出效应。研究结果显示：（1）较长的延迟退休导致较年轻员工的工资增长率大幅下降。相较于改革前的工资增长，延迟退休每提高一个标准差，将导致年轻员工的工资增长下降2.7%，且这些影响在改革后四年内持续存在。（2）高级职位中老年员工的延迟退休减少了年轻员工的晋升率。（3）职业溢出效应在增长较慢、组织管理幅度较大的公司中更为明显，对55岁以上员工的影响更大。（4）广延边际效应分析发

　　* 推荐人：中南财经政法大学财政税务学院，盛倩。
　　推送日期：2023年1月5日。
　　原文信息：Nicola B., Giulia B., Jin L., Matteo P. and Michael P. Career Spillovers in Internal Labour Markets [J]. *The Review of Economic Studies*, 2023, 4 (90): 1800 – 1831.

现，年长员工延迟退休没有引起年轻员工自愿离职，但是促使企业增加了裁员，减少了新员工雇佣数量。

本文的边际贡献有以下几点：（1）通过强调职位约束在决定员工职业发展中的经验相关性，拓展了内部劳动力市场的相关理论研究，为职业溢出效应提供了系统性的经验证据；（2）本文为研究养老金改革对劳动力市场的影响提供了证据，丰富了已有研究；（3）本文丰富了职业溢出效应产生渠道的相关研究。

二、制度背景与数据来源

意大利政府于 2011 年 12 月 6 日颁布了一项养老金制度改革，即福内罗养老金改革，并于 2012 年 1 月 1 日全面生效（见图 1）。改革目的是通过提高领取养老金的资格要求，迅速减少公共支出。福内罗改革有三个关键特征。首先，改革使得许多员工的退休年龄大幅提高。员工领取全额养老金时存在 2 套标准。一是单独基于年龄计算，二是基于年龄和社保缴费年限相结合计算。改革使得在年龄标准下，男性最低退休年龄提高了 1 岁，女性的最低退休年龄提高了 2 岁。在资历标准下，改革使得男性的最低缴费年限增加了 2~7 年，女性增加了 1~6 年。其次，改革对企业和个人来说是出乎意料的，企业和个人没有预期到改革的制度细节。因为改革在新政府任命后 20 天后提出，并在提出后 26 天就迅速全面生效。最后，性别、年龄和养老金缴费年限等可观测特征的微小个体差异带来了退休延迟的巨大差异。

本文主要使用意大利社会保障局（INPS）提供的行政数据。利用匹配雇主—雇员数据构建企业层面的职业发展衡量标准，计算 2009~2015 年企业内月均合同工资增长以及分类晋升，并使用这些企业所有员工的完整养老金缴费历史数据，计算个人层面由于改革导致的延迟退休时长。最后，将样本限制在 2009~2015 年持续经营，且每年至少雇用一名永久性全职员工的企业。

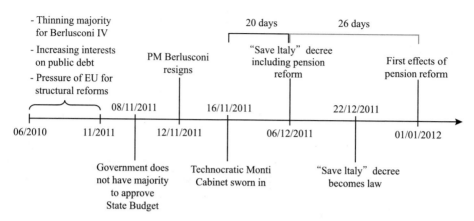

图1　福内罗养老金改革时间

三、识别策略

（一）处理变量构建

为构建处理变量以衡量每个企业受养老金改革的影响程度，作者首先识别出每个企业中的 CTR（close-to-retire）员工，即在 2011 年 12 月为全职永久性雇员，并且根据改革前规定有资格在 2014 年 12 月退休的那部分人。利用 INPS 提供的数据，计算改革前养老金领取标准下每个 CTR 员工的退休日期，以及改革后规定下 CTR 员工的退休日期，进而获得员工层面的延迟退休时长。在此基础上，利用如下公式构建企业层面的处理变量：

$$Delay_i = \sum_{\psi} \pi_{\psi i} \times D_{\psi} \tag{1}$$

$$\pi_{\psi i} = \frac{\#CTR\ workers_{\psi i}}{\#ALL\ workers_i}$$

其中，$Delay_i$ 表示企业 i 的平均延迟退休时长；$\pi_{\psi i}$ 为每个企业各员工组别中 CTR 员工占企业所有劳动力的比例。D_{ψ} 为个人层面的延迟退休时长；ψ 为按照员工年龄、性别和截至 2011 年 12 月的缴费年限进行划分的员工组别。图2 显示了 CTR 员工由于改革导致的延迟退休时长在员工个人层面和企业层面的分布情况。其中，CTR 员工的平均延迟退休时长为 1.36 年，企业的平均延迟退休时长为 0.03 年。

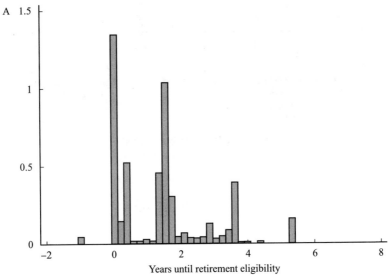

Years until retirement eligibility
Distribution of worker-level retirement delays

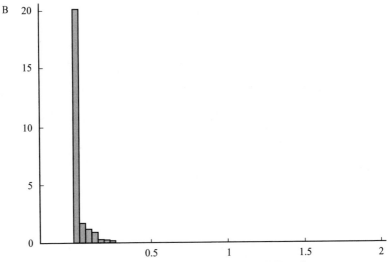

Years until retirement eligibility per CTR worker
Distribution of average firm-level retirement delays

图 2　工人和公司层面的待遇

（二）回归模型

首先，为了分析改革对非 CTR 员工的合同工资增长率的影响，利用如下基准模型进行估计：

$$y_{it} = \sum_t \beta_t \cdot Delay_i \cdot time_t + \alpha_i + \gamma_t + \sum_k \sum_t \zeta_{kt} \cdot \gamma_t \cdot X_{ki} + \epsilon_{it} \qquad (2)$$

其中，y_{it} 为第 t 年企业 i 的非 CTR 员工的月均合同工资增长。$time_t$ 表示改革后虚拟变量或者年份固定效应。α_i 和 γ_t 表示企业和年份固定效应。模型还加入了年份虚拟变量 γ_t 与 2009 年企业特征 X_{ki} 的交互项。

其次，利用式（3）研究退休延迟对非 CTR 员工分类晋升的影响：

$$Promotion\ WC_{it} = \sum_t \beta_t^{BC} \cdot Delay\ BC_i \cdot time_t + \sum_t \beta_t^{WC} \cdot Delay\ WC_i \cdot time_t$$

$$+ \alpha_i + \gamma_t + \sum_k \sum_t \zeta_{kt} \cdot \gamma_t \cdot X_{ki} + \epsilon_{it} \qquad (3)$$

其中，$Promotion\ WC_{it}$ 表示第 t 年企业 i 中晋升为白领的蓝领员工数。$Delay\ BC_i$ 是企业 i 中蓝领员工的延迟退休；$Delay\ WC_i$ 是企业 i 中白领员工的延迟退休。

类似地，利用如下模型分析晋升到管理职位的数量变化：

$$Promotion\ MNG_{it} = \sum_t \beta_t^{BWC} \cdot Delay\ BWC_i \cdot time_t + \sum_t \beta_t^{BWC} \cdot Delay\ MNG_i \cdot time_t$$

$$+ \alpha_i + \gamma_t + \sum_k \sum_t \zeta_{kt} \cdot \gamma_t \cdot X_{ki} + \epsilon_{it} \qquad (4)$$

其中，$Promotion\ MNG_{it}$ 是第 t 年企业 i 中晋升为管理职位的蓝领和白领人数。$Delay\ BWC_i$ 度量了企业 i 的蓝领和白领延迟退休；$Delay\ MNG_i$ 度量了企业 i 的管理员工的延迟退休。

最后，在进一步分析中，作者首先计算了样本中每家企业在 2009～2011 年的年均就业增长率，并将处于分布的前 1/3 的企业定义为快速增长型企业，估计了如下模型：

$$y_{it} = \sum_t \beta_t^s Delay_i \times time_t \times Slow_i + \sum_t \beta_t^f Delay_i \times time_t \times Fast_i$$

$$+ \sum_t k_t^s time_t \times Slow_i + \sum_t k_t^f time_t \times Fast_i + \sum_t k_i Delay_i \times time_t$$

$$+ \alpha_i + \gamma_t + \sum_k \sum_t \zeta_{kt} \cdot \gamma_t \cdot X_{ki} + \epsilon_{it} \qquad (5)$$

其中，对于改革前就业增长率处于底部 1/3 的企业，虚拟变量 $Slow_i$ 等于 1；而对于顶部 1/3 的企业，虚拟变量 $Fast_i$ 等于 1。β_t^s 与 β_t^f 表示，与就业增长处于中间 1/3 的企业相比，延迟退休对不同类型企业中非 CTR 员工合同工资增长的影响差异。

四、实 证 结 果

（一）延迟退休的职业溢出效应

表 1 的结果显示，老年员工的延迟退休显著降低了年轻员工的工资增长和职业晋升率。2011 年以后退休延迟增加每 1 个标准差，合同工资增长下降 0.017 个百分点。与改革前的均值 0.64% 相比，这些估计表明改革后的合同工资增长率每年下降了 2.7%（第 1 列）。另外，只有在高层职位中的老员工延迟退休才会降低年轻员工的晋升率。白领退休延迟时间每增加 1 个标准差，2011 年后晋升到白领职位的人数就会减少 6%（第 2 列）。同时，只有管理人员延迟退休才会影响晋升到管理职位的数量。管理人员的退休延迟每增加 1 个标准差，晋升为管理人员的非 CTR 员工的数量就会减少 10%（第 3 列）。相比之下，低职位员工的延迟退休没有产生负的职业溢出效应。

表 1　　　　　　　　　　延迟退休对非职业培训和职业发展的影响

	Wage growth (1)	Promotion to white (2)	Promotion to manager (3)	Wage growth (4)	Promotion to white (5)	Promotion to manager (6)
Delay × Post 2011	− 0.248 *** (0.085)			− 0.260 ** (0.105)		
Delay BC × Post 2011		0.065 * (0.037)			0.076 * (0.046)	
Delay WC × Post 2011		− 0.077 *** (0.029)			− 0.091 *** (0.034)	

续表

	Wage growth (1)	Promotion to white (2)	Promotion to manager (3)	Wage growth (4)	Promotion to white (5)	Promotion to manager (6)
Delay BWC × Post 2011			0.042 *** (0.011)			0.051 *** (0.017)
Delay MNG × Post 2011			− 0.340 * (0.189)			− 0.270 (0.178)
Sample	Full	Full	Full	Restricted	Restricted	Restricted
Observations	729 274	729 274	729 274	237 272	237 272	237 272
R^2	0.26	0.19	0.26	0.29	0.19	0.28
Mean outcome	0.64	0.05	0.05	0.53	0.07	0.09
Treatment mean	0.03	0.01 (WC)	0.002 (MNG)	0.08	0.03 (WC)	0.005 (MNG)
Treatment std. dev.	0.07	0.04 (WC)	0.015 (MNG)	0.10	0.07 (WC)	0.026 (MNG)
p-value WC < BC		0.001			< 0.001	
p-value MNG < BWC			0.022			0.036

（二）职业溢出效应来自哪些企业和员工？

异质性分析的证据表明，老年员工退休延迟对年轻员工合同工资增长的总体影响主要集中在增长缓慢的企业中。与中间企业相比，在 2011 年后退休延迟每增加 1 个标准差，慢增长企业中的合同工资增长率就会额外下降 0.043 个百分点，即工资增长下降 6.7%。而在快速增长的企业中，退休延迟对合同工资增长没有负面影响。另外，延迟退休会降低非 CTR 员工的合同工资增长，但是这种效应主要集中在组织管理幅度较大的企业中，即只会在高层职位占比低于中位数的企业中出现。因为在这些企业里，高层职位的空缺可能更少，因此推迟退休更有可能减缓其年轻员工的职业发展。最后，利用年龄作为任职时长的代理变量进行分组回归后发现，对于那些资历相对较高的非 CTR 员工，特别是 55 岁以上的员工，退休延迟对其合同工资增长的影响更大。

（三）退休延迟是否对人员流动和雇佣产生影响？

如果需要太长时间才能晋升，非 CTR 员工可能会去寻求其他的发展机会，从而增加其自愿离职。表 2 的结果显示，延迟退休并没有增加非 CTR 员工的自愿离职［第（1）列］。原因在于，如果企业将资历作为内部晋升的标准之一，离开企业意味着员工在晋升方面取得的进展归零。而且职业溢出效应对年龄相对较大、在企业任职较长的非 CTR 员工的影响更大。这两种效应的结合使得受职业溢出效应影响最大的非 CTR 员工辞职损失最大。因此，推迟退休不足以促使员工离开企业。而对于企业来说，他们非常重视晋升机会，为了应对延迟退休，企业会增加解雇员工（非自愿离职），减少新雇佣。第（2）列表明，延迟退休增加 1 个标准差，会使非 CTR 员工的裁员人数增加 0.038 名，并使新雇员人数减少 0.069 名［第（5）列］。与其他类别相比，特定类别内（即蓝领、白领或管理人员）的延迟退休导致同类别中裁员更多，雇佣更少［第（4）列和第（6）列］。

表 2　　　　　　　　　　延迟退休对人员流动和招聘的影响

	Voluntary quits (1)	Layoffs (2)	Layoffs (3)	Layoffs (4)	Hires (5)	Hires (6)	Total employment (7)
Panel A：Full sample							
Delay × Post 2011	−0.007 (0.039)	0.537*** (0.054)	0.676*** (0.057)		−0.983 (0.765)		3.364*** (1.034)
Delay Inside × Post 2011				0.640*** (0.070)		−0.936 (0.940)	
Delay Outside × Post 2011				0.101*** (0.020)		−0.292 (0.323)	
Observations	729 274	729 274	729 274	1 133 265	729 274	1 133 265	729 274
Mean outcome	0.92	0.47	0.48	0.14	5.28	1.86	26.5
Treatment mean	0.03	0.03	0.03	0.01	0.03	0.15	0.03
Treatment std. dev.	0.07	0.07	0.07	0.03	0.07	0.59	0.07

续表

	Voluntary quits (1)	Layoffs (2)	Layoffs (3)	Layoffs (4)	Hires (5)	Hires (6)	Total employment (7)
				Panel A：Full sample			
p-value Inside > Outside				<0.001			
p-value Inside < Outside						0.224	
				Panel B：Restricted sample			
Delay × Post 2011	0.020 (0.051)	0.389*** (0.073)	0.493*** (0.077)		−1.076 (0.974)		2.802** (1.297)
Delay Inside × Post 2011				0.482*** (0.080)		−1.232 (0.951)	
Delay Outside × Post 2011				0.073** (0.030)		−0.556 (0.476)	
Observations	237 272	237 272	237 272	536 760	237 272	536 760	237 272
Mean outcome	1.04	0.43	0.45	0.14	5.90	2.19	39.51
Treatment mean	0.08	0.08	0.08	0.01	0.08	0.32	0.08
Treatment std. dev.	0.10	0.10	0.10	0.05	0.10	0.82	0.10
p-value Inside > Outside				<0.001			
p-value Inside < Outside						0.185	
Workers	Non-CTR	Non-CTR	All	All	Non-CTR	Non-CTR	All
Unit of observation	Firm-year	Firm-year	Firm-year	Firm-job-year	Firm-year	Firm-job-year	Firm-year

五、研究结论

本文利用意大利在 2011 年的养老金改革研究了内部劳动力市场的职业溢出效应。研究发现，首先，企业中老年员工的延迟退休既降低了年轻同事的合同工资增长，也减少了他们的晋升机会。其次，高级职位员工的延迟退休对年轻同事晋升的影响显著，而同级员工的延迟退休对晋升没有显著影响。再次，职业溢出效应主要集中在规模不断缩小和组织管理幅度较大的企业，这些企业在创造额外晋升机会的能力方面更为有限。最后，与按照资历作为职位晋升的重要标准一致，年长员工的职业发展受到的影响更大。

推 荐 理 由

企业内部劳动力市场资源的合理配置对员工职业发展和企业生产绩效具有重要意义。本文表明，职业溢出在个体员工的职业发展中发挥着重要作用，尤其是在晋升机会有限的企业中。当企业利用职业发展的承诺以吸引、保留和激励员工时，企业应该内化员工的职业相互依赖程度。对于公共政策的设计来说，改变养老金领取资格要求的政策不仅影响即将退休的老年员工，对年轻员工的职业生涯同样产生重大影响。在我国进入老龄化背景下，延迟退休带来的职业溢出问题也越发重要，因为这不仅可能引起企业增加裁员，减少年轻人就业，还可能扩大企业内部的收入不平等，这两方面都将对社会整体的经济效率产生不利影响。因此，在关注延迟退休政策对缓解养老金的财政可持续性时，还需要考虑其对社会经济发展的负面效应。

知足常乐：收入透明度对主观
幸福感的影响[*]

一、引　　言

  幸福与收入之间的关系是幸福经济学的经典话题，社会比较理论是解释幸福—收入之谜的重要机制之一。当前，技术进步提高了信息可及性，越来越多的国家选择公开居民纳税记录，该举措一方面有利于加强公众监督、减少腐败行为，另一方面提高了个体收入透明度，为居民进行收入比较提供了便利。伊斯特林于 1974 年指出，个体的主观幸福感在很大程度上取决于自己的收入与他人收入的比较。因此，厘清收入透明度对于个体主观幸福感的影响机制具有重要的理论与现实意义，然而学界对于这一问题尚未形成共识。

  2001 年挪威部分媒体建立网站，在网站中将个人纳税记录以在线税单的形式进行公开，该政策极大提高了居民收入透明度。本文将这一改革作为外生冲击，利用自然实验研究收入透明度提高时，处于不同收入等级的个体的主观幸福感会发生何种变化（以下简称幸福—收入梯度）。研究发现：（1）收入透明度的提高会加剧低收入群体与高收入群体之间的主观幸福感差距，即幸福—收入梯度扩大；（2）自我感知是上述影响的机制之一，即收入透明度的提高

  * 推荐人：中南财经政法大学公共管理学院，刘桦。

  推送日期：2023 年 1 月 12 日。

  原文信息：Perez – Truglia R. The effects of income transparency on well-being：Evidence from a natural experiment ［J］. *American Economic Review*，2020，110（4）：1019 – 1054.

使得处于不同收入等级的个体对自身的收入水平与经济状况有了更为准确的认知；（3）保守估计表明，收入比较这一行为对幸福感—收入梯度的影响程度约为 22%。

本文的贡献在于，该研究基于独特的自然实验，通过多种识别策略，为幸福—收入之谜提供了与收入透明度有关的新证据，同时量化了收入比较这一行为影响个体主观幸福感的重要性。此外，尽管本文结论与既有研究的观点保持一致，但之前的研究主要基于定性或轶事证据，本文首次提供了关于收入透明度对个体福祉影响的定量证据。

二、政 策 背 景

（一）挪威的在线税单

早在 19 世纪中叶，挪威就公布了居民的纳税记录，但当时纳税记录的信息查询门槛较高。2001 年，挪威一家报社首次建立纳税记录的查询网站，该网站以在线税单的形式提供了纳税人姓名、纳税额、净收入、净资产以及出生地、邮政编码等信息，居民登录网站不仅可以查询自己的相关信息，而且可以通过检索姓氏和邮政编码了解亲戚邻居的收入情况，因此在线税单大幅提升了居民的收入透明度。

（二）在线税单的使用

在线税单一经推出就在挪威大受欢迎，2007 年的调查数据、网站流量数据和谷歌搜索数据显示，超过 40% 的居民检索过在线税单，人均搜索量约为 7.47 次。此外，挪威公开税收记录的目的是便于社会对名人和政治家的收入与税收进行监督，防止腐败与逃税问题。然而，在线税单的实际运用与上述政策目的发生偏差，居民使用在线税单主要是为了窥探社会关系。2007 年的调查数据表明，61% 的受访者搜索了亲戚的税单，42% 的受访者搜索了朋友的税单，仅 18% 和 6% 的受访者搜索了名人和政治家的税单。

三、数据来源与识别策略

（一）数据来源与变量设置

本文使用挪威监测调查数据进行研究，该数据由市场研究机构 Ipsos MMI 在 1985～2013 年通过邮寄问卷的方式收集得到，提供了居民主观幸福感、对收入水平的自我感知以及性别、年龄等一系列个体层面的信息，最终样本来自 15 个不同年份的 48 570 个个体。变量设置如表 1 所示。

表 1 **变量设置**

变量		变量设置
主观幸福感（Subjective Well – Being）	Happiness	根据样本对"Will you mostly describe yourself as：Very happy；Quite happy；Not particularly happy；Not at all happy"这一问题的回答进行赋值，并将离散变量连续化
	Life Satisfaction	根据样本对"How satisfied are you with your life? Very satisfied；Somewhat Satisfied；Neither satisfied nor dissatisfied；Slightly dissatisfied；Very dissatisfied"这一问题的回答进行赋值，并将离散变量连续化
收入等级（Income Rank）		根据样本对"What would you estimate the household's total gross income?"这一问题的回答，计算该个体的收入在全国收入中的排名
互联网可及性（Internet Access）		由于调查数据中没有个体使用互联网的相关信息，本研究使用个体特征预测该个体是否经常使用互联网。当互联网可及性更高时，该变量 = "1"，反之为 0
控制变量		年龄、教育程度、婚姻状况、家庭规模等

（二）识别策略

本文使用式（1）作为基准回归模型考察收入透明度对福—收入梯度的影响：

$$SWB_{i,t} = \alpha_1 \cdot IncomeRank_{i,t} + \alpha_2 \cdot IncomeRank_{i,t} \cdot I_t^{01-13} + X_{i,t}\beta + \delta_t + \epsilon_{i,t} \quad (1)$$

其中，$SWB_{i,t}$ 代表衡量个体 i 在年份 t 的主观幸福感得分，$IncomeRank_{i,t}$ 表

示个体 i 在年份 t 的收入水平，It^{01-13} 是一个虚拟变量，用于指示个体是否受到在线税单的影响，如果 $t \in [2001, 2013]$，则取值为 1，反之为 0。δ_t 是时间固定效应，$X_{i,t}$ 是一系列控制变量。α_2 是本文主要关注的系数，它衡量了收入透明度与幸福—收入梯度之间的关系。

为了排除时间趋势的影响，本文通过加入时间趋势项 [式 (2)] 和构造伪政策变量 I_t^{97-00} [式 (3)] 两种方式对实施在线税单之前可能存在的不同趋势进行更全面的考察：

$$SWB_{i,t} = \alpha_1 \cdot IncomeRank_{i,t} + \alpha_2 \cdot IncomeRank_{i,t} \cdot I_t^{01-13}$$
$$+ \gamma \cdot IncomeRank_{i,t} \cdot (t - 1985) + X_{i,t}\beta + \delta_t + \epsilon_{i,t} \tag{2}$$

$$SWB_{i,t} = \alpha_1 \cdot IncomeRank_{i,t} + \alpha_2 \cdot IncomeRank_{i,t} \cdot I_t^{01-13}$$
$$+ \alpha_3 \cdot IncomeRank_{i,t} \cdot I_t^{97-00} + X_{i,t}\beta + \delta_t + \epsilon_{i,t} \tag{3}$$

除此以外，为了进一步排除同时期其他可能因素的影响，本文首先利用与挪威具有相似特征的德国进行安慰剂检验，其次引入互联网可及性构造三重差分 [式 (4)] 进行识别。

四、实证分析

(一) 收入透明度对主观幸福感的影响

表 2 报告了挪威使用在线税单对居民幸福—收入梯度的影响。第 (1) 列中，收入等级与政策变量的交互项系数表明，使用在线税单导致收入透明度上升以后，挪威居民的幸福—收入梯度增加了 29%。如前文所述，对幸福—收入梯度的估计可能受到时间趋势的影响，因此，本文首先加入时间趋势项进行检验 [第 (2) 列]，结果表明在线税单对幸福—收入梯度仍然具有显著正向影响，时间趋势项的系数较小且不显著。其次，本文进一步构造伪政策变量 [第 (3) 列]，假定使用在线税单的时间为 1997 年，结果表明相较于 1997 年之前，1997～2000 年幸福—收入梯度并未发生显著变化。

表 2   对主观幸福感与收入等级之间梯度的影响

	Happiness (1)	Happiness (2)	Happiness (3)	Happiness (4)	Life Satisfaction (5)	Life Satisfaction (6)	Life Satisfaction (7)	Life Satisfaction (8)
Income Rank	0.311 (0.028)	0.315 (0.040)	0.310 (0.032)	0.331 (0.040)	0.585 (0.056)	0.526 (0.085)	0.539 (0.018)	0.646 (0.025)
Income Rank × I{2001 – 2013}(i)	0.090 (0.032)	0.098 (0.059)	0.090 (0.037)	−0.004 (0.051)	0.122 (0.055)	0.050 (0.088)	0.018 (0.021)	−0.049 (0.035)
Income Rank × I{2001 – 2013} × I{Higher Internet}				0.217 (0.073)		0.169 (0.131)		−0.011 (0.046)
Income Rank × (Year −1985)		−0.001 (0.004)						
Income Rank × I{1997 – 2000}(ii)			0.001 (0.048)					
p-value (i) = (ii)			0.043					
Country	Norway	Norway	Norway	Norway	Norway	Norway	Germany	Germany
Period	1985 ~ 2013	1985 ~ 2013	1985 ~ 2013	1985 ~ 2013	1999 ~ 2013	1999 ~ 2013	1985 ~ 2013	1985 ~ 2013
Observations	48 570	48 570	48 570	48 570	29 655	29 655	108 209	108 209

尽管上述检验在一定程度上表明幸福—收入梯度没有显著的时间趋势，但并不能将这一变化直接归因于在线税单和收入透明度提升。考虑到使用互联网更多的个体更可能受到在线税单的影响，本文引入互联网可及性的差异构建三重差分模型 [第 (4) 列]。结果表明，互联网可及性更高的群体对在线税单的影响更为敏感，这在一定程度上佐证了在线税单与幸福—收入梯度之间的因果关系，但仍无法排除互联网这一因素本身的影响。于是作者利用德国的数据进行安慰剂检验 [第 (7)、(8) 列]，结果表明 2001 年前后德国居民的幸福—收入梯度并未发生显著变化。因此，收入透明度是影响居民幸福—收入梯度的决定性因素。

本文还使用一系列方法对基准回归的结果进行稳健性检验：改变主观幸福

感和生活满意度的赋值方式、将个体的收入排名细化至县域层面、重新划分不同互联网可及性的群体，上述检验的结果与基准回归的结果接近一致。因此，本文的结论具有稳健性。

（二）收入透明度对个体收入感知的影响

进一步地，本文考察了一种可能的影响机制——自我收入感知。中产阶级偏见（middle-class bias）表明，受到环境影响，位于不同收入等级的个体均会认为自己更可能是中产阶级。然而，在线税单提高居民收入透明度以后，低收入群体发现自己高估了自己收入等级，高收入群体发现自己低估了自己的收入等级，因此，在线税单可能通过提高居民自我收入感知的准确性，导致幸福—收入梯度上升。

为了验证上述机制，本文参照基准回归中的模型设定，将被解释变量替换为调查数据中的居民感知收入等级。表 3 的第（1）~（4）列表明，收入透明度提升以后，居民的感知收入等级与实际等级更为接近，即居民对自己收入的认知更为准确。第（5）~（6）列将收入充足性作为被解释变量，结果显示，随着收入透明度提升，低收入群体会觉得自己的收入相对不足，而高收入群体则会认为相对充足。因此，自我感知是收入透明度影响幸福—收入梯度的机制之一。

表 3　　　　　对其他结果的影响：认为的收入水平和自身收入的充足性

	Perc Rank (1)	Perc Rank (2)	Perc Rank (3)	Perc Rank (4)	Income Adequacy (5)	Income Adequacy (6)	Income Adequacy (7)	Income Adequacy (8)
Income Rank	2.172 (0.032)	2.117 (0.060)	2.130 (0.047)	2.275 (0.048)	1.290 (0.035)	1.326 (0.065)	1.249 (0.050)	1.300 (0.049)
Income Rank × I｛2001 – 2013｝[(i)]	0.185 (0.033)	0.135 (0.056)	0.228 (0.047)	0.138 (0.053)	0.061 (0.035)	0.094 (0.060)	0.101 (0.050)	−0.013 (0.054)
Income Rank × I｛2001 – 2013｝× I｛Higher Internet｝				0.092 (0.077)				0.101 (0.083)

续表

	Perc Rank (1)	Perc Rank (2)	Perc Rank (3)	Perc Rank (4)	Income Adequacy (5)	Income Adequacy (6)	Income Adequacy (7)	Income Adequacy (8)
Income Rank × (Year − 1985)		0.005 (0.004)				−0.003 (0.005)		
Income Rank × I｛1997 − 2000｝(ii)			0.069 (0.055)				0.066 (0.059)	
p-value (i) = (ii)			< 0.001				0.396	
Country	Norway	Norway	Norway	Norway	Norway	Norway	Norway	Norway
Period	93 ~ 13	93 ~ 13	93 ~ 13	93 ~ 13	93 ~ 13	93 ~ 13	93 ~ 13	93 ~ 13
Observations	38 938	38 938	38 938	38 938	38 950	38 950	38 950	38 950

（三）收入比较的封底测算

本文粗略估计了收入比较在幸福—收入梯度中的重要性。既有理论认为，收入通过两条渠道影响个体主观幸福感：内在效用和收入比较。因此，本文在一种极端情况下进行分析，假设在 2001 年前，挪威居民的幸福—收入梯度完全由收入的内在效用导致，2001 年挪威使用在线税单后，幸福—收入梯度的变化完全由收入比较导致，根据表 2 第 1 列的估计系数计算可得，收入比较重要性的下限为 22%［29%／（1 + 29%）］，这表明幸福—收入梯度扩大的成因至少有 22% 可以归咎于收入比较这一行为。

五、结　论

本文以挪威使用在线税单的政策改革作为自然实验，利用调查数据研究了收入透明度对幸福—收入梯度的影响。研究发现，收入透明度的提升会扩大贫富群体的幸福感差距，自我感知是这一影响的可能机制之一，收入比较对于幸福—收入梯度的扩大具有重要作用。上述结论表明，提升收入透明度的政策不利于增进低收入群体的福祉，但本文并没有完全否定信息披露政策，而是认为公共部门应优化信息披露方式，在信息发布和查询过程中予以规制，例如禁止匿名查询、用更高层级的数据代替个体数据，从而减轻信息披露的负面影响。

推 荐 理 由

　　"幸福—收入之谜"是幸福经济学的经典命题之一，本文利用 2001 年挪威在线公开税务记录这一独特的自然实验，深入探讨了收入透明度对个体主观幸福感的影响。论文实证部分使用安慰剂检验、三重差分模型等多种识别策略，尽可能地厘清收入透明度与主观幸福感之间的因果关系，以实证证据回应了有关政府数据公开的争议。除此以外，本文从全社会这一宏观视角研究不平等的问题，后续选题可以考虑将研究视角下沉至组织内部，进一步考察收入透明度如何影响企业员工的工作满意度、忠诚度和人才流动情况。

后　　记

2007 年夏天至今，567Seminar 已经度过了 16 个春秋，从最早的 3 名成员发展到如今之规模以及影响力，殊为不易。这一路正如 567Seminar 的名字寓意一样，帮助许多学员一步一步地迈向更高的台阶。一部分学员已经走完求学的历程，步入了高等院校的讲堂，一部分学子毕业后在不同的企业和政府部门同样发光发热。

在 567Seminar 成立之初，就定位于"读经典之文献，学先进之方法，铸坚实之基础，享深邃之思想"。步入财政学和税收学的殿堂，曾有高山仰止的感慨，但我们并不英雄气短，我们选择站在前人的肩膀上，碰撞学术思想的火花，力争为财政学和税收学的研究提供中国经验。改革开放四十年后的今天，中国经济转型和发展也进入了关键而富有挑战的阶段。对中国经济问题和财税改革的学术探讨也正处于百家争鸣的阶段。我们立足中国，洞悉世界，展望未来，让中南大、华科大的财税学术之声广为流传。

2018 年 11 月 13 日，567Seminar 公众号正式开始运营，并推送第一篇文章。2023 年，公众号坚持每周五定期推送，共推送了 39 篇优秀国外顶级经济学期刊论文，共计 15.3 万字，总阅读人次达 5.9 万次，粉丝数增长 42%，达到 7 760 人。越来越多的老师和学术开始关注公众号，公众号的影响力不断扩大，567Seminar 也被更多人所认识和认可。这一切进步和成果都离不开 567Seminar 每位推送分享者的努力，感谢大家的支持和辛苦付出！

特将近几年推送文章整理成册。感谢盛倩、阮慧、汪慕晗、何炳林、王晗玥、黄永颖、贺天祥、孔子云、马婷钰、胡龙海、刘桦、李东颖、陈颖、蒋飞、李文雅、李玥彤、裴慧嬴、汪家纬、王璦媂、许文睿。祝大家节节攀升，成果丰硕！也愿 567Seminar 各位成员温故知新，继续努力，为 567Seminar 的成长和进步添砖加瓦！